大東文化大学
国際比較政治研究所
叢書　第10巻

POLITICAL UNITY AND PARTY COMPETITION
: Development and Transformation of Czech Party Politics in the Early 20th Century

政治的一体性と政党間競合

20世紀初頭チェコ政党政治の展開と変容

中根一貴[著]

吉田書店

政治的一体性と政党間競合
20 世紀初頭チェコ政党政治の展開と変容

目　次

はじめに　1

第1章　チェコ政党政治における統一的な政治行動と政党間競合⋯⋯⋯15
第1節　チェコ政治における多極化と政党政治　15
第2節　議会制民主主義の成立と政党・政党間競合　24
第3節　分析枠組みと本書の射程　31
第4節　小　括　36

第2章　19世紀後半から20世紀初頭までのチェコ諸領邦と
　　　　チェコ人政党⋯⋯⋯⋯⋯⋯⋯⋯⋯⋯⋯⋯⋯⋯⋯⋯⋯⋯⋯⋯⋯⋯39
第1節　近代チェコ諸領邦における社会・経済・政治　39
第2節　チェコ人政党　46
第3節　小　括　58

第3章　統一的な政治行動の変遷――20世紀初頭までのチェコ政治⋯⋯⋯59
第1節　老チェコ党による統一的な政治行動　59
第2節　指導政党の交代――青年チェコ党による統一的な政治行動の確立　66
第3節　青年チェコ党による統一的な政治行動の動揺と多党化現象　73
第4節　小　括　80

第4章　20世紀初頭のチェコ政党政治における政党間競合の現出⋯⋯⋯83
第1節　ベック内閣期における統一的な政治行動と政党間競合の兆し　83
　（1）1907年帝国議会選挙とチェコ人政党　83
　（2）チェコクラブの設立と崩壊　88
　（3）第二次ベック内閣と国民クラブの設立　96
　（4）小　括　104
第2節　ビーネルト内閣期における統一的な政治行動の動揺と政党間競合　106
　（1）国民クラブの崩壊　106
　（2）スラヴ同盟と統一的な政治行動の綻び　109
　（3）1911年帝国議会選挙における「カルテル」の形成　125
　（4）小　括　129

第3節　統一的な政治行動の崩壊と政党間競合の現出　131
　　（1）第三次ガウチュ内閣と統一チェコクラブの再編　131
　　（2）シュトゥルク内閣と統一的な政治行動の崩壊　135
　　（3）チェコ政党政治における議会政治の縮小と政党間競合の現出　140
　　（4）小　括　153

第5章　第一次世界大戦とチェコ政党政治の変容 157
　第1節　積極派と急進派――開戦と新たな対立軸の生成　157
　第2節　国民連合・「国民党」構想とその挫折　165
　第3節　チェコ連盟と国民委員会の設立　174
　第4節　積極派の黄昏――「5月30日宣言」の作成　183
　第5節　急進派によるチェコ政党政治再編の試みとその帰結　194
　第6節　小　括　203

おわりに　205

付　録
　地図1　20世紀初頭のハプスブルク君主国　216
　地図2　20世紀初頭のチェコ諸領邦　217
　選挙結果　218

参考文献　221
図版典拠一覧　239
あとがき　241
事項索引　246
人名索引　251

凡　例

(1) ネイション（nation、国民／民族）とチェコ人について

　本書では nation をネイションと表記する。そのうえで、自分がチェコ人であるというナショナルな意識を有している人、さらには将来においてそのような意識を獲得することが他者から想定されている人、これらの人々の総体をチェコ人として表す。他のネイションに関しても、この用語法に従う。ただし、国民社会や国民社会党など、定訳や慣例が存在している場合はそれに従う。

(2) 地名について

　本書で登場する地名については、正確を期するよりもわかりやすさを優先して、以下のように表記する。

　1867 年のアウスグライヒ以降、ハプスブルク君主国の非ハンガリー部分は「帝国議会に代表を送る諸王国と諸領邦」であった。また両部分の境界の一部を形成したライタ川の名にちなんで、同部分に対して「シスライタニア（Cislaitania）」が非公式に使用されてきた。対外的には、「帝国議会に代表を送る諸王国と諸領邦」にあたる地域に「オーストリア」という名称が用いられた。本書では、アウスグライヒ以前の時期も含めて、ハプスブルク君主国の非ハンガリー部分に対して「シスライタニア」という名称を採用する。ただし、定訳や慣例が存在している場合はそれに従う。

　現在のチェコ共和国の領域を指すチェコ語の名詞については複雑な事情が存在する。日本語のチェコにあたる名詞（Čechy）は、現在のチェコ共和国の西側を構成する、英語では「ボヘミア（Bohemia）」と表記される地域のみを指している。チェコ共和国の領域を指すチェコ語の名詞である「チェスコ（Česko）」は、近年では新聞などで使用されるようになってきたとはいえ、かつてはナチス占領期を想起させる表現として好まれなかった。また、チェコ共和国の領域を指す英語の名詞として「チェチア（Czechia）」を広めようとする動きがあるが、この名称は国内外において浸透していない。それゆえ、本書では、原則として、当時の多くのチェコ人政治家や新聞などが用いていた「チェコ諸領邦（České země）」という名称を採用した。

　なお、一部の政党名で使用される「チェコスラヴの（českoslovanský）」は、チェコ諸領邦のスラヴ人（つまりチェコ人）の統一を含意しており（小沢 1986, 20）、「チェコスロヴァキアの（československý）」とはまったく異なる言葉である。

　市町村名や地形の名称については、原則、現在の現地語もしくは日本において使用されている名称を採用した。また、必要に応じてドイツ語表記を併記する。

（3）略語表記
 定期刊行物 ČS：*České slovo*
      NL：*Národní listy*
      PL：*Právo lidu*
 組織 AV ČR：Akademie věd České republiky
    SÚA：Státní ústřední archiv v Praze（現：Národní archiv）

（4）主なチェコ人政党の原語表記
 青年チェコ党：Mladočeská strana（正式名称は国民自由党：Národní strana svobodomyslná）
 国民社会党：Česká strana národně sociální
 農業党：Českoslovanská strana agrární
 チェコ社民党：Českoslovanská sociálně demokratická strana dělnická
 チェコ国家権進歩党：Česká strana státoprávně pokroková
 リアリスト党：Realisté（1906年以降の正式名称はチェコ進歩党：Česká strana pokroková）
 老チェコ党：Staročeská strana（正式名称は国民党：Národní strana）
 モラヴィア人民党：Lidová strana na Moravě（1909年以降の正式名称はモラヴィア進歩人民党：Lidová strana pokroková na Moravě）

はじめに

　1989 年のいわゆる「東欧革命」は、政治学における民主化研究のさらなる発展を促すだけにとどまらなかった。体制転換後の旧東欧諸国における議会制民主主義の固定化 (consolidation)[1] により、民主主義は世界の標準的な政治体制であるという認識が受容されたように思われた。その認識は、旧ソ連諸国におけるいわゆる「カラー革命 (Colored Revolution)」や北アフリカ・中東諸国における「アラブの春」によっていっそう強化されたのであった。

　しかし、2010 年代後半になると、民主主義はむしろ疑いの眼差しを向けられているのかもしれない。当時から指摘されていたように、「カラー革命」は、むしろ「脆弱な権威主義」のもとでの政権崩壊であり（宇山・前田・藤森 2006, 84)、「広場の政治」を伴った政治エリート間での権力移行に過ぎなかった[2]。「アラブの春」では、エジプトにおけるクーデタやシリアにおける内戦を挙げるまでもなく、総じて民主化は達成されなかった。一方、固定化に成功したと思われていた中東欧諸国の議会制民主主義についても、民主主義の「後退 (backsliding)」が議論されるようになっている[3]。西欧諸国やアメリカにおいても、「ブレグジット (Brexit)」や「トランプ現象」が語られるようになり、「ポピュリズム」という言葉が新聞や書籍で頻出している。以上のことから民主主義の終焉や変容を安易に語るのは慎まなければならない

---

[1] 本書では、民主主義が「街で唯一のゲーム」となった政治状況 (Linz and Stepan 1996, 5；邦訳 , 24) を議会制民主主義が固定化したと考えることとする。

[2] 「パトロネージ大統領制」と「レームダック・シンロドーム」という概念を用いて、旧共産圏における政権の変遷を政治エリート間の循環論的なプロセスとして説明しようとしたヘイル (Hale 2005) も参照せよ。

[3] 例えば、ルプニク (Rupnik 2007：2013)、ムンジウ＝ピピディ (Mungiu-Pippidi 2015)、ハンリー (Hanley 2014)、平田 (2014) が挙げられる。

が、少なくとも以下のことは再確認することができたのではないか。社会情勢や経済状況の変動はもちろんのこと、政党や政治家の行動や実践、政党・政治家間の激しい対立などによっても議会制民主主義の安定は容易に損なわれるのである。

それゆえ、議会制民主主義の安定は、様々な分野の研究者の関心を集めてきた。立憲主義、政治教育、正統性など、議会制民主主義の安定を担保する機制に関する研究は枚挙に暇がない。多くの政治学者にとっては、政治対立とその様態、政党間関係、政府と議会の関係が議会制民主主義の安定を左右する要因であろう。本書は、20世紀初頭のチェコ政党政治を分析することを主たる目的としつつも、議会制民主主義の成立・安定と政党間関係との間の関係に関する膨大な研究にもささやかな貢献を目指すものである。

ラストウの段階論的モデル

本書の立場を明確にするためにラストウ（Rustow 1970）の議論を検討しよう。ラストウは、民主化論に関する古典とも評することができる論文において、民主主義の成立過程における闘争や対立、さらには民主的な手続きの習得をも強調している。

ラストウは、民主化とその安定における経済的要因の強調に代表される当時の研究を批判したうえで、民主主義の成立に関する段階論的なモデルを提案した。彼によれば、民主主義の成立過程に先行して、国民的一体性（national unity）が確立されていなければならない。本書の第1章における議論とは異なり、彼の議論における国民的一体性は、市民の大半が自らの所属している政治共同体の存在に疑念を抱かないことと定義されている（Rustow 1970, 350）。この国民的一体性の存在を背景として、最終的な解決を見いだせない政治的闘争が長期にわたり続くのが準備段階（Preparatory Phase）である。準備段階においては、社会集団間での激しい闘争と分極化が特徴とされる。このような闘争に対して、一部の政治指導者が、「統一の中の多様性」が存在することを認め、民主的な手続きの主要な側面を制度化するのが決定段階（Decision Phase）である。ただし、民主的な手続きはこの合意において

付随的な意味しか有していない。何より、この合意自体が交渉参加者にとってセカンドベストに過ぎない。存在する政治対立がこの合意により解消するのでもなければ、いまだに多くの市民がこの合意に同意したのではないのである。それゆえ、習熟段階（Habituation Phase）において、政治家と市民が民主的な手続きによる問題解決方法を習得しなければならない。とりわけ、民主的な諸制度における経験をつうじて、政治家が民主的な実践と信念を自らのものにする一方、政党組織をつうじて市民が民主主義体制に統合されていくのである（Rustow 1970, 352-361）。

ラストウの段階論は、民主化論におけるアクター中心アプローチの嚆矢として有名である。同時に、彼の議論を闘争や対立を強調した側面からも組み直すことも可能である。ラストウ自身は、各段階におけるロジックとアクターが異なることを理由として単線的発展論に対して批判的であるのにもかかわらず、彼の定義する国民的一体性の確立から習熟段階までを段階的に論じている（Rustow 1970, 361）。この点については検討の余地がある。まず、政治共同体を所与のものと考えるようになる国民的一体性が民主主義にとって欠かすことのできない条件であるとされていることについては、歴史的にも規範的にも批判することが容易である[4]。政治共同体の境界と構成員に対する合意が欠いていても民主主義が安定的に存続できる可能性があるのであれば、彼の定義する国民的一体性は必ずしも必要条件ではない。

同様に、準備段階や決定段階についても再考する必要がある。なぜなら、歴史的には多くの政治家や思想家が党派や政治対立の存在を忌避してきたからである。闘争や対立を強調する観点からすると、主要な民主的手続きの制

---

[4] 歴史的には、本書でも後述するが、ハプスブルク君主国のシスライタニアの帝国議会は、ナショナルな対立による機能不全に必ずしも常に陥っていたわけではなかった。当時の他のヨーロッパ諸国の議会政治と比べても、シスライタニアの議会政治は十分な内実を有していた。民主主義の固定化と国家性（stateness）について検討したリンスとステパンも、その困難を強調しつつも、マルチ・ナショナルな国家における民主主義の固定化を否定しているわけではない（Linz and Stepan 1996, 17-37；邦訳, 47-89）。また、マルチ・ナショナルな国家における民主化の可能性を検討した研究も存在する（三竹 2014）。規範的な点については、さしあたりベンハビフ（2006）を参照せよ。

度化に政治指導者が合意することと分離して[5]、政治対立や政党間競合の現出と主要な政治指導者間におけるその存在の受容が強調されなければならない。さらに、準備段階、決定段階、習熟段階という３つの段階が、異なる順序で生じることや同時に生じることを想定することが可能である。また、各段階で異なるレヴェルのアクターの役割を強調するラストウとは異なり、社会集団や政党などのレヴェルの異なる各アクターが相互に影響しつつ３つの段階で果たした役割を識別する必要もある。

すなわち、論文に「ダイナミックなモデルに向けて」という副題をつけたラストウの目的を徹底するためには、市民社会や政党、政治家などの各レヴェルにおいて、政治対立や政党間競合が現出していく段階と政治対立と政党間競合の存在が受容される段階、民主的な手続きという手段が習得されていく習熟段階を分析する必要がある。ラストウが定義する習熟段階については、その用語を用いていないとはいえ、多くの研究者が各国における習熟段階に該当する時期に関心を抱いてきた。しかし、政治対立や政党間競合と民主主

---

[5] 主要な民主的手続きの制度化への同意を政治対立の受容から分離した理由は他にもある。１点目は、ラストウが想定しているような事例の実在が疑問に付されているからである。例えば、彼は、比例代表制と組み合わせて男子普通選挙を導入した、1907年のスウェーデンにおける「大妥協」を挙げている。しかし、議院内閣制導入における分極的対決を重視する小川（1992）や右派の「政党観」の転換を重視する安武（2006）は、それぞれ異なる論理から「大妥協」の画期性を否定している。また、ラストウ自身は言及していないが、宗派学校への国庫補助と普通選挙権導入がエリート間の妥協によって一挙に解決したとされる、1917年におけるオランダの「和協」もスウェーデンの「大妥協」と類似した事例として挙げることができるかもしれない（Lijphart 1975, 104-121）。しかし、オランダの「和協」が過大評価されていることも批判されている。例えば、水島は、むしろ階級協調を掲げる宗派政党と穏健な社会民主主義政党が政治領域の大半を占めるようになったことの重要性を強調している（水島 1993, 739）。

２点目は、民主的な諸制度の導入については、民主主義の移行（transition）論が膨大な研究を重ねているからである。そのような分析の出発点として、オドンネルとシュミッター（1986）を挙げることができる。ただし、彼らのモデルに対しては様々な点から多くの検討がなされている。例えば、永田（2016）は、スペインの民主化を政治指導の観点から分析することにより、スペインの事例を１つの参考にして構築されたオドンネルとシュミッターの分析枠組みを批判的に検討している。

義の成立との間の関係については、いまだに十分に議論されていない。政治対立や政党間競合の負荷に耐えきれずに議会制民主主義の不安定化や崩壊がいまだに観察されるゆえに、政党間競合と民主主義の関係を解明することは現代においても重要な課題なのである。

　本書は、議会制民主主義が成立する以前における政党間競合の現出と受容がその後の議会制民主主義の固定化に寄与する1つの要因であることを主張する。しかし、この仮説をヨーロッパのすべての議会制民主主義について検証することは非常に困難である。そこで、20世紀初頭のチェコ政党政治を分析することにより、さらにシスライタニアの他の継承諸国との簡単な比較をつうじて、この仮説の有効性を示すことを目指す。では、なぜ20世紀初頭のチェコ政党政治を取り上げるのか、その理由について説明しよう。

世紀転換期から20世紀初頭までのヨーロッパ政治

　まず、20世紀初頭という時期を取り上げる理由について、世紀転換期からの政治変容と、それがその後の政治に及ぼした影響という点から検討する。ヨーロッパ各国にとって19世紀末から20世紀初頭までの時期は、変化と変動に彩られていた時代であった。一方では、「徒党」や「党派」として批判の対象であった政党が、国家や時期による差異が大きいとはいえ、「部分」を代表する存在として認知されていった。それにより、普遍性と絶対性を標榜する政治勢力も次第に政党という組織形態を採用することを迫られた。同時に、議会政治の手続きのなかに様々な争点が不可避的に回収されていくことにより、ヨーロッパ各国において議会政治が進展した（作内 2016, 59）。

　他方では、この時期は、名望家政治と大衆政治という2つの相異なる潮流が交錯していた。社会・経済的な近代化に伴う大衆政治の到来により、各国の既存の体制がその根幹を揺さぶられただけでなく、普通選挙権の導入と議院内閣制の実現との2つをメルクマールとする、体制の民主化が各国の政治指導者に要求されることとなった。その結果、体制の民主化をめぐって、ないしは社会・経済的な問題をめぐって、従来の政治指導者が分裂した一方で、新規参入者の側も互いに協働することは必ずしも容易でなかった。複雑な様

相を呈した政治的な対立は古典的自由主義時代における政治的な対立の形態をも変容させた。

その帰結は各国によって様々であった。デンマークやノルウェーでは、右派と左派との間における「分極的対決」の局面を経て議院内閣制の実現（「執行権の閾」の突破）が果たされた一方、スウェーデンでは、右派と左派の妥協的解決の優位が後の議院内閣制化の地ならしをするにとどまった（小川 1992；安武 2006；2007）。また、オランダやベルギーにおいては、社会における柱状化と政治的な対立が進展していくなかで、分断社会における政治エリートの協調を特徴とする多極共存型デモクラシー（consociational democracy）への途が開けてくるのである。逆に、イタリア、スペイン、ポルトガルでは、社会・経済的な近代化と政治的な対立の負荷に耐えられず、政治的・行政的資源を活用したクライエンティリズムのネットワークに依拠した一握りの政治エリートによる支配は行き詰まりの様相を示した[6]。その様相は戦間期の南欧諸国における議会制民主主義の崩壊と非民主主義体制の成立を予兆するものであった。また、議会統治を変革しようとする様々な試みが頓挫していった結果、社会民主党を除く諸政党と政府によって構成される枠組みが、「現状維持」の下で格別な政策を産出しえない消極的な「安定」に陥ったドイツを忘れてはなるまい（飯田 1999）。19世紀末から20世紀初頭までの時期の政治的な対立とその帰結が、戦間期の政治体制に深い刻印を刻み込んだことは言を俟たない。

それだけにとどまらず、この時期における政治対立や協力関係の構築が第二次世界大戦以降のヨーロッパ政治にも影響を与えているのである。例えば、1960年代の西欧諸国の政党システムを亀裂構造（cleavage structure）によって説明したリプセットとロッカンは、20世紀初頭までに形成された「中心―周辺」、「国家―教会」、「農業―工業」の亀裂の相互作用が各国の政党システムの差異を生み出したことを指摘している（Lipset and Rokkan 1967, 46）[7]。

6）このような寡頭的議会政（parliamentary oligarchy）の動態と機能不全に至る過程については、馬場（1979；1980；1988）や横田（1997）を参照せよ。

7）西欧10カ国における政党システムの「凍結」に至るメカニズムが解明されていな

また、旧東欧諸国における体制転換とその後の政党システムの差異が生じた基点として、キッチェルトが戦間期の政治動員の差異を挙げていることも指摘されてよい（Kitschelt 2001；cf. Kitschelt 2003）。官僚制権威主義的な共産主義体制（bureaucratic-authoritarian communism）、短期間の抗議行動と体制の内部崩壊（implosion）による体制転換、ポスト共産主義期の政党システムにおける綱領の重要性、といったその後の展開の基点となっている、現在のチェコ共和国とかつての東ドイツ地域における労働者と都市中間層の政治動員は、すでに第一次世界大戦前に実現していたのである。

　以上のように、19世紀末から20世紀初頭までのヨーロッパ各国の政治変容は、それのみで戦間期の議会制民主主義の存続と崩壊を決定するわけではないが、その帰趨を左右する、無視することができない要因なのである。さらに、本書では指摘のみにとどまるが、第二次世界大戦後のヨーロッパ各国の政治にもこの時代の政治変容は痕跡を残しているのである。

チェコ政党政治の位置づけ

　一方、19世紀末から第一次世界大戦までのハプスブルク君主国の非ハンガリー部分であるシスライタニア政治については、他のヨーロッパ諸国との比較可能性が考慮されることは稀であった。世紀転換期以降におけるネイション間の激しい対立に起因する議事妨害の常態化、それによる帝国議会の機能不全と緊急令による統治がシスライタニア政治の特徴とされてきた[8]。同

　　いことを指摘した中山は、世界観を共有した政党と職能団体が互いに強化しながら極めて密度の高い大衆組織のネットワーク（「政治的サブカルチュア構造（organized political structure）」）を形成したことが「凍結」に作用したことを説明したうえで、各国の社会福祉構造が「補助線」としての役割を果たしていることを指摘している（中山 2016）。他の国と並んで福祉国家が政治的サブカルチュア構造の興亡に作用していく過程も19世紀末以降から進行しているのである。

　　　なお、1960年代以降に政党システムの「凍結」が解除したとされるヨーロッパにおいて、現在でも亀裂構造が各国の政党システムにおいて重要な役割を果たしていることを解明しようとした研究として、杉村（2015）を挙げることができる。

　8）また、この解釈は、ハプスブルク君主国の統治能力の限界を示す事例として、第一次世界大戦において同君主国が必然的に崩壊したという「生存不可能論」にとって

時期のチェコ政党政治についても、帝国議会におけるナショナルな対立と議会の機能不全を前提として、シスライタニア政府、ドイツ人政党・政治家とチェコ人政党・政治家の間の関係や、第 1 章で検討するチェコ人政党の多党化が関心を集めてきた。近世以前からの複合国家の特徴を色濃く残す国制と 19 世紀後半以降に人目を引いたナショナルな問題は、チェコ政党政治を含めたシスライタニア政治が他のヨーロッパ諸国の政治とは異なる特質を有するという解釈の根拠になったのである。また、政党レヴェルでの連続性への指摘を除けば、シスライタニア政治と第一次世界大戦後の継承諸国の政治との連関にはほとんど関心が寄せられてこなかった。

しかし、1990 年代以降、ハプスブルク君主国の存続可能性をめぐる議論とナショナルな問題のみへの関心から脱却して、他のヨーロッパ諸国の国制や政治との比較可能性を意識した、シスライタニア政治やハプスブルク君主国に関する研究が増加している。シスライタニア政治についても、社会・経済的な変容と選挙権の漸進的な拡大に起因する政治変容がより詳細に分析されるようになった。その結果、世紀転換期以降も帝国議会が必ずしも機能不全に陥っていなかったことが解明されている。それだけにとどまらず、ナショナルな運動がハプスブルク君主国の国制に適応するかたちで自らの要求を打ち出していることや、国家官僚が選出機関や政党と関係を構築する必要に迫られていくことが指摘されている[9]。同様に、チェコ政党政治に関しても、大衆政党や大衆組織のネットワークの発展や政治における政党の位置づけは他のヨーロッパ諸国と比肩しうるものであった。ハプスブルク君主国の特殊性に囚われずに、他のヨーロッパ諸国との比較可能性に留意しつつ、チェコ政治を含むシスライタニア政治に関する研究をさらに進展させる必要がある。

第一次世界大戦後、国外独立運動の指導者であったマサリク（Tomáš Garrigue Masaryk）を初代大統領として、チェコスロヴァキアが建国された。戦

の 1 つの証左となってきた。

9）同時代のヨーロッパ諸国との類似性を強調して、ハプスブルク君主国の通史を描いたものとしてジャドソン（Judson 2016）が挙げられる。また、オーキー（Okey 2001）やコーエン（Cohen 1998；2007）も参照せよ。

間期のチェコスロヴァキアが議会制民主主義の固定化に成功した東中欧で唯一の国家であったことは、独立以前の政治についても検討することを要請している[10]。シスライタニアにおいて、男子普通選挙権に基づいて選出された帝国議会と、執行権がそうした議会に政治的責任を負わない二元的立憲制 (Therborn 1977) という2つの共通の条件の下で政治的経験を積みながらも、戦間期における政治的な帰結は継承諸国によって異なった。チェコスロヴァキアは戦間期をつうじて、オーストリアは1934年まで議会制民主主義を維持した一方、ポーランド、ユーゴスラヴィア（セルビア人・クロアチア人・スロヴェニア人王国）においては1920年代に議会制民主主義の崩壊と権威主義体制への移行が観察された。このような差異を説明するために、20世紀初頭のシスライタニアにおける諸ネイションの政治を検討することが必要とされている。本書の最大の目的は、戦間期に議会制民主主義の固定化に成功したチェコスロヴァキアに焦点をあて、その固定化の要因の1つを20世紀初頭のチェコ政党政治の分析をつうじて明らかにすることにある。

戦間期チェコスロヴァキアの議会制民主主義固定化をめぐる謎

　しかしながら、20世紀初頭のチェコ政党政治の状況から戦間期の議会制民主主義の固定化につながるような要因を発見することは必ずしも容易ではない。20世紀初頭には、社会・経済的な亀裂を反映した多党制がチェコ政治において確立した。こうした状況の下でも、チェコ人自由主義者は、ネイションを単位とする共同議員クラブを設立することにより、19世紀後半をつうじて実現してきた政治代表の一元化を継続することを繰り返し試みた。本書では、彼らが実現しようとした「ある政治単位における政治的な代表が1つの議員クラブなどに事実上一元化されている状態」は「統一的な政治行動」として定義される。彼らによるその試みが成功と失敗を繰り返すうちに、

---

[10] 戦間期チェコスロヴァキアにおける議会制民主主義の固定化にマサリクが果たした役割が強調されてきた。近年では、政党間の協調関係に代表される、政党が果たした役割が大きいことが指摘されている。戦間期チェコスロヴァキアの民主主義の成立・固定化に関する研究の紹介は、中田（2012）を参照せよ。

政党間の対立は悪化の一途を辿っていった[11]。むしろ、戦間期の議会制民主主義に否定的な影響を与えかねない現象を容易に発見できるのが当時のチェコ政党政治だったのである。

　実際、従来の研究は、20世紀初頭のチェコ政党政治を厳しく批判することにより、この時期のチェコ政党政治において戦間期の議会制民主主義の固定化に寄与したと考えられる要因はないことを仄めかしてきた。チェコ・ネイションの発展を重視する「国民史」や同時代人の観点からすると、「全員の全員に対する闘争」（Hoch 1934, 130）という表現から読み取れるように、20世紀初頭の政党間対立の悪化は、チェコ人の利益を最大限に実現するために必要とされた、政治指導者の間の統一的な行動が崩壊した事例として批判の対象とされる。逆に、第一次世界大戦期のシスライタニア国内におけるチェコ政治に関しては、独立宣言が行われた日に由来する「10月28日の男達（Muži 28. října）」と称賛された、大戦末期に国外独立運動と呼応しながら「挙国一致体制」を構築していった国内の政治指導者とその結果として平和裏に実現されたシスライタニア政府からチェコスロヴァキア臨時政府への政権移行が評価されるのである。

　一方、第1章で紹介する近年のチェコ史研究からは、社会・経済的な亀裂を反映した多党制が確立されたのにもかかわらず、ネイションを単位とする統一的な政治行動を続けようとしたことが時代錯誤的と評されている[12]。こ

---

11) 戦間期チェコスロヴァキアにおける議会制民主主義の固定化を初代大統領のマサリクのリーダーシップに帰す立場からすれば、第一次世界大戦前のチェコ政党政治の状況は自らの主張を傍証するものになるかもしれない。この立場からすれば、この時期のチェコ政治の傍流であった帝国議会議員であり小党の指導者でもあったマサリクを、この時期の政争と対置することにより、戦間期につながる道義的な存在として捉えられることになろう。しかしながら、第一次世界大戦前においても重要な出来事に対してマサリクが常に発言していたことを考慮すれば、彼の言説が事態を好転させることがなかったことは、むしろ彼の影響力の限界を示していると思われる。

12) また、共産主義時代に特徴的な歴史解釈では、20世紀初頭における統一的な政治行動を実現しようとする試みについては、労働運動に対抗するという目的とチェコ人市民層における利益の多様性という要因が強調されるとはいえ、繰り返し失敗したことが指摘されている（ex. Historický ústav AV ČR 1960, 1006）。

の 2 つの解釈は、統一的な政治行動と政党間対立をめぐって相反しているとはいえ、当時のチェコ政治を批判している点では軌を一にしている。

　しかし、「国民史」や同時代人による政党間対立の悪化に対する非難は、ネイションを単位とする団結の礼賛を裏返した道義的なものであることに注意しなければならない。一方、多党制の確立をチェコ社会の発展の到達点として評価する近年のチェコ史研究では、統一的な政治行動の試みが表層的に評価されることにより、実際には多党制と密接な関係にあるはずの 20 世紀初頭の政党間対立の悪化と第一次世界大戦中における政党間関係の再構築については関心が寄せられてこなかった。光を当てている側面は異なるとはいえ、両方の立場は事実の一面しか捉えようとしていないのである。

　これに対して本書は、「国民史」や同時代人から非難されてきた 20 世紀初頭の政党間対立の激化と、近年のチェコ史研究から批判的に捉えられてきた同時期のネイションを単位とする統一的な政治行動の試みとの間の、相互に絡み合った関係に戦間期チェコスロヴァキアの議会制民主主義の固定化に寄与した 1 つの要因を見いだそうとしている。従来は否定的な側面のみが強調されてきたこの 2 つの事象は、積極的に評価できる側面も有している。20 世紀初頭のネイションを単位とする統一的な政治行動は、当時の政治情勢を考慮するならば、チェコ人の利益擁護と安定的な政党間関係を目指した、一定の合理性を有する試みであった。統一的な政治行動を手札にして、チェコ人政党は、円滑な議会運営の実現に腐心する政府との良好な関係を構築し、チェコ人の要求を実現しようとしたのであった。しかし、政党間競合の抑制・排除に加えて、議席数のうえでは 3 番目の規模に過ぎない自由主義政党が自らの主導権を維持しようとしたことは、統一的な政治行動の非民主的な性格を示していた。さらに、同時期に二元的立憲制が「再生」した（平田 2007, 224）シスライタニア政治の非民主的な性格は、政府との協力をつうじて少なくとも黙認されたことによって、統一的な政治行動のそれをも強化したのであった。それゆえ、統一的な政治行動が打ち破られて諸政党間に対等な競合関係が成立することが、多党化の完成に必要なプロセスだったのである。政党間対立の激化は、そのような関係が成立した証であったとともに、その

ために負わなければならなかった代償でもあった。同時に、このことが、チェコスロヴァキアと1920年代に議会制民主主義の崩壊を経験したシスライタニアの継承諸国とをわけた分水嶺なのである。

　しかし、以上の過程を統一的な政治行動の崩壊により政党間競合が出現したと単純に解釈することはできない。チェコ政党政治においては、ナショナルな問題における政党間競合の抑制と排除を目的としていたはずの統一的な政治行動が、かえって政党間の競合を促進することになったのである。なぜならば、男子普通選挙権の導入により議席の「数」が政党間の関係において重視されるようになったのにもかかわらず、議席数のうえで3番目の規模に過ぎない自由主義政党が19世紀後半以来の「伝統」に依拠して自らの主導権を維持しようとしたからであった。自由主義政党の主導権への固執と「数」の論理の相克に他の政党による批判や不満が累積することによって、ナショナルな利益の実現手法を巡る対立軸が構成されていった。この軸における競合の激化が最終的に統一的な政治行動を打ち破ったのであった。ただし、長年にわたる統一的な政治行動を打ち破るほどの政党間競合は、戦間期に議会制民主主義の崩壊を経験した一部の国家を想起させるような、遠心化と過熱化という傾向を有するものであった。

　統一的な政治行動の終焉と政党間競合の現出から日の浅いうちに、偶然にも第一次世界大戦が開戦した。開戦を契機として、ハプスブルク君主国に対する認識の違いがチェコ人政治家の間で顕在化することになる。大戦初期から中期までのチェコ政党政治において主導権を確保したのは、ハプスブルク君主国の存続を前提としたうえでチェコ人にとって有利な条件を獲得しようとした積極派と呼ばれた政治家たちであった。積極派は、政府との交渉力を高めるためにチェコ人政党・政治家が一体であることを示す必要があり、それゆえに分極的な傾向を有する政党間競合と向き合うという課題も同時に引き受けることになる。最終的には、帝国議会の共同議員クラブであるチェコ連盟（Český svaz）とチェコ人政党・政治家の在プラハ常設協議機関である国民委員会（Národní výbor）が設立されることにより、積極派主導の下で政党間競合の受容に先鞭がつけられた。

チェコ連盟と国民委員会の設立後、政府への対応や帝国議会対策をつうじて両組織を舞台としたチェコ人政党間関係における新たな実践が積み重ねられていく。しかし、戦況の変化と経済状況の悪化は積極派に対して不利に作用した。その結果、ハプスブルク君主国の存在を前提条件とせずにチェコ人にとって有利な条件を得ることを模索した急進派が最終的に大勢を占めることになる。この急進派が、積極派によって構築された両組織を引き継ぐことにより、チェコ人政党間の政党間競合の受容が最終的に実現したのであった。

本書の目的と構成

　以上のことから、本書は、戦間期チェコスロヴァキアの議会制民主主義の固定化を踏まえて、20世紀初頭のチェコ政党政治における統一的な政治行動と政党間競合を分析することを目的とする。まず、男子普通選挙権に基づく初の帝国議会選挙が実施された1907年から1914年までのチェコ人政党・政治家によるネイションを単位とする統一的な政治行動の展開を跡づける。それにより、この時期の統一的な政治行動によって逆説的に政党間競合が促進されていく過程と、政党間競合が統一的な政治行動を打ち破っていく過程を明らかにする。新たに現出した政党間競合が受容されていく過程については、第一次世界大戦中のチェコ政治を積極派を中心に分析することにより明らかにする。そのうえで、この相互に絡み合った過程こそが戦間期チェコスロヴァキアにおける議会制民主主義の固定化に寄与した1つの要因であることを主張する。

　本書の叙述は、主として回想録や同時代文献などに依拠している。主な文献として以下のものが挙げられる。まず、第5章の主要な登場人物であるトボルカ（Zdeněk Tobolka）の手による文献が挙げられる。第一次世界大戦前から政治家としてのキャリアを積み、大戦中には積極派を代表する政治家として活躍し、それゆえに大戦後半以降に政界から離れた彼は、図書館学の専門家と歴史家として多くの文献を残した。そのなかには、同時代人として自らの体験に基づいた小論や通史、第一次世界大戦中の日記がある（Tobolka 1924；1925-1926；1936；1937；2008）。次に、20世紀初頭まで青年チェコ党

の政治家として活躍したチェラコフスキー（Jaromír Čelakovský）が残した日記を挙げることができる（Čelakovský 2004）。農業党に関しては、同党で活躍したフランケンベルガーとクビーチェクが編纂した農業党史がある（Frankenberger and Kubíček 1931）。しかし、同書は、出版前に第一次世界大戦開戦後の記述の削除が指示された逸話に示されるように、当時の農業党や同党所属の政治家の意向を反映している。第一次世界大戦中では、チェコ社民党の著名な政治家の1人であったソウクプ（František Soukup）が回想録を残している（Soukup 1928）。以上の文献に加えて、事実関係や同時代の雰囲気を確認するために、当時のチェコ人政党が出版した党綱領や小冊子、定期刊行物、第一次世界大戦中のチェコ諸領邦内に関する史料などを掲載した資料集（SÚA 1993；1994；1995；1996；1997）などを参考にした。

　最後に本書の構成を説明しよう。第1章では、従来のチェコ政党政治に関する研究や議会制民主主義の成立と政党・政党間競合の関係に関する研究を概観することにより、本書の仮説と分析枠組みを提示する。第2章では、第一次世界大戦前のチェコ諸領邦の状況とチェコ人政党について検討する。第3章では、変化を被りながらもチェコ人政党・政治家による統一的な政治行動が継続した、19世紀後半から世紀転換期までのチェコ政党政治を簡潔に論ずる。第4章では、1907年から1914年までのチェコ人政党・政治家による統一的な政治行動が最終的に崩壊に至り、チェコ政治において政党間競合が現出していく過程を分析する。第5章では、第一次世界大戦中のチェコ政党政治を分析することにより、新たに現出した政党間競合が受容されていく過程を明らかにする。本書の最後に、シスライタニアの他の継承諸国との簡単な比較をすることにより、この時期の各ネイション内部における政党政治の様態と戦間期の議会制民主主義との関係について考察する。

第 1 章
チェコ政党政治における統一的な政治行動と政党間競合

> 本章の第1節と第2節では、必要最低限にとどめざるをえないが、チェコ近代史における「チェコ政治社会の多極化」と「国民的一体性（národní jednota）」に関する研究と、議会制民主主義の成立・固定化と政党間競合の関係に関する研究を検討する。その作業に基づいて、チェコ政党政治における統一的な政治行動の崩壊と政党間競合の現出・受容に関する本書の仮説を提示する。第3節では、本書の分析枠組みについて説明する。

第 1 節　チェコ政治における多極化と政党政治

「チェコ政治社会の多極化」と「国民的一体性」

　ネイションを単位とする統一的な政治行動の試みとチェコ人政党間対立の激化という特徴を有する20世紀初頭のチェコ政党政治を分析するに際して、以下の2つの研究の検討から始めるべきであろう。1つはチェコ社会の社会・経済的な亀裂を反映した多党制の確立を意味する「チェコ政治社会の多極化」に関する歴史研究である。もう1つは、統一的な行動の要請という言説と統一的な政治行動自体との両者を指し示す「国民的一体性」に関する研究である。この2つの研究は、チェコ史研究で盛んに行われている「国民社会（národní společnost）」に関する研究と密接な関係にある。以下では、これらの研究を整理することにより、20世紀初頭の統一的な政治行動と政党間対立の悪化の関係を明らかにする。

　議論に入る前に、その前提となる国民社会とチェコ政治社会の多極化につ

いて説明しておこう。「国民社会」とは、前近代的な身分制社会と地域的小世界が再編されることにより形成された、ネイションを単位とする近代的な市民社会のことである。19世紀中盤以降、チェコ人自由主義者は国民社会の形成と発展に尽力した。その一環として、彼らは、老チェコ党や青年チェコ党という名望家政党型の自由主義政党を結成することにより、19世紀後半のチェコ政治を主導した。しかし、両党は、国民社会の発展と同時期に進行した急速な社会的・経済的近代化に対応できず、様々な社会階層の社会・経済的な要求を充足することに失敗した。その失敗を受けて、各種部分利益は、自らの利益を代表する大衆政党を組織した。その結果、世紀転換期までには、労働者利益を代表するチェコ社民党、農業利益を代表する農業党、主にナショナルな意識の強い労働者を代表する国民社会党や宗派政党のカトリック政党が結成され、戦間期にまで引き継がれる多党制が成立したのであった[1]。「チェコ政治社会の多極化」は自由主義政党による要求充足の失敗から多党化が成立するまでの過程を指している。

　国民社会、チェコ政治社会の多極化、国民的一体性に関わる研究の一里塚となったのは、ウルバンの研究（Urban 2003［1979］；1982）である。彼は、1848年革命からチェコスロヴァキア独立までのチェコ社会の発展を多角的に検討し、チェコ国民社会に関する研究が発展する基礎を作った。本章では、彼の研究のなかからチェコ政治社会の多極化と国民的一体性に関する部分のみを取り出して検討しよう[2]。

　ウルバンは、資本主義によって前近代社会が近代市民社会に編成替えされていく過程を示した。世紀転換期における多党制の成立はその政治的な帰結として扱われている。彼によれば、資本主義の発展が、まずチェコ社会における階層分化を引き起こした。この発展は大不況が契機となって、労働者階級や中小市民層を政治的に活性化させ、都市と農村の対立を顕在化させた。

1）なお、青年チェコ党に関する詳細な研究を行ったガーヴァー（Garver 1978）も、このチェコ政治社会の多極化を重視している。
2）国民社会に関する研究については桐生（2012）が詳しく紹介している。また、福田の体操協会に関する研究（2006）も参照されたい。

これらのことが、社会内部の階層分化に対応した政党や政治運動の成立の要因となった。その帰結として、世紀転換期にはチェコ政治社会の多極化が完成したのである。

　国民的一体性に関して、ウルバンは、この概念をその時々のチェコ社会の社会・経済的な発展のなかで把握しようとした。彼は、1880 年代までの国民的一体性を、都市の知識人と上層市民層を中心に結成された老チェコ党がチェコ政治を支配することを正当化する、権威主義的なものと位置づけた。この国民的一体性は 1890 年前後に、社会・経済的分化と選挙権の拡大により、都市と農村の中間層を支持基盤とする青年チェコ党によって、民主主義的な綱領を基礎においた各集団の連合としての国民的一体性に取って代わられることになった。各社会勢力の連合体として拡大した青年チェコ党がこの時期のチェコ政治を主導することを裏づけるかたちで、国民的一体性の意味内容が変容したのであった。

　さらに、ウルバンによれば、性格が異なるとはいえ両党によって追及された国民的一体性は、ネイションの存在自体を支える「道徳的な指令」と「政治的なスローガン」として機能した。しかし、社会・経済的分化のさらなる進展によりチェコ社会が成熟した結果、1890 年代後半には国民的一体性は崩壊したとウルバンは述べている。彼によれば、チェコ政治社会の多極化と国民的一体性の崩壊は表裏の関係にあった。

　このウルバンの研究成果が基盤となって、チェコ政治社会の多極化に関する研究も国民的一体性に関する研究も進展したのであった。チェコ政治社会の多極化に関しては、ルフトとマリーシュが、名望家政党と大衆政党という政党組織の形態の違いだけでなく、多極共存型デモクラシー論などで用いられている「柱状化」概念をもチェコ諸領邦の事例に適用した。彼らの議論においては、党組織の整備や党の傘下団体の設立・拡大により、新しく誕生した労働者政党や農業党などの大衆政党が自らの支持者の囲い込みに専念したことが強調されている。世紀転換期には、これらの大衆政党は、オランダの「柱」やオーストリアの「陣営」と比肩しうる、亀裂に沿った部分社会（政治的サブカルチュア構造）である「陣営（tábor）」構築に成功した。その結果、

20世紀初頭のチェコ政治社会において、老チェコ党・青年チェコ党、進歩派政党が分類されるナショナル・リベラル陣営、国民社会党陣営、農業党陣営、社会民主党陣営、カトリック陣営という5つの陣営が並び立つことになったのである（Luft 1991a；1991b；2000；Malíř 1996a；Malíř and Marek eds. 2005）。彼らの研究は、「柱状化」概念を導入することにより、当時の社会と政党の関係に新たな視座をもたらすとともに、他のヨーロッパ大陸諸国やシスライタニアの他のネイションとの比較の可能性を切り開いた。

　一方、国民的一体性に関しては、近年、ウルバンの研究を踏まえたうえで、ヴェレクがそれを簡潔に定義し直している。ヴェレクは、国民的一体性が理想的に実現されるための条件として、政治的代表の一元化、下院議員の統一団体、共通の綱領と1人の国民的指導者の存在を挙げている。ヴェレクは、当時の政治過程において国民的一体性を把握しようとしたのである。この意味での国民的一体性は、社会・経済的分化と選挙権の拡大により、世紀転換期に崩壊したとされる。その後は、青年チェコ党が20世紀初頭に国民的一体性を他のナショナリスト政党との合同・協力を呼びかける理念に読み替えようとしたとされる（Velek 1999；2000；2001b；2005a）。彼は、ウルバンの功績を受け継ぎつつも、チェコ人政治家による統一的な行動自体に重点をおいて分析を試みている。その結果、言説から切り離された、チェコ人政治家による統一的な行動自体を指し示す国民的一体性とその変容を明らかにする可能性を示すことができた。

20世紀初頭のチェコ政党政治と「チェコ政治社会の多極化」

　しかし、チェコ政治社会の多極化が完成したとされる20世紀初頭のチェコ政党政治に関する研究は、いまだに2つの問題点が残されている。

　第一の問題は、世紀転換期におけるチェコ政治社会の多極化と柱状化の完成が1つの到達点として評価されたことによって、それに続く1918年までのチェコ政党政治との連続性や同時期の統一的な政治行動の合理性がこれらの研究では見落とされることである。世紀転換期までの国民社会の発展と国民的一体性の関係を丁寧に分析してきたウルバンは、一転して20世紀初頭

のチェコ政党政治における対立の悪化を国民社会の発展からは切り離して分析している。彼によれば、同時期の政党間対立の悪化の要因は、国民社会の発展の帰結に求められるのではなく、ハプスブルク君主国の社会的・政治的限界と政治指導者の民主的な改革を行う能力や意欲の欠如に求められる（Urban 1982, 551-552）。それに対して、国民社会の発展に関しては、この時期に事実上、「国家の内部に国家」（Urban 1982, 559）が形成されていたことを彼は評価する。すなわち、20世紀初頭のチェコ国民社会の成熟がそれまでの発展の成果とされる一方、同時期のチェコ政党政治に見られる対立が悪化した状況は逆にその発展とは無関係とされるのである。その結果、ウルバンの意図から離れたかもしれないが、多党制が確立された後もチェコ人自由主義者が統一的な政治行動を続けようとしたことは、国民社会の発展と多党制の確立という時代の流れを無視したものとして表層的に批判されることになる。実際、ウルバンの観点を継承するヴェレクは、そのような試みをほぼ4半世紀前の死んだ概念の復活と表現している（Velek 2009, 132）。

　確かに、20世紀初頭において統一的な政治行動を実現しようとした青年チェコ党とその指導者のクラマーシュ（Karel Kramář）は、自らの主導権の源泉を19世紀後半における統一的な政治行動の「伝統」に求めざるをえなかった。しかし、同党とクラマーシュが帝国議会選挙における男子普通選挙権の完全実施に代表される情勢の変化を踏まえた再編を試みていた点を忘れてはならない。例えば、男子普通選挙に基づく初の帝国議会選挙後に設立された共同議員クラブでは、ナショナルな問題のみが協議されることになっており、対立を惹起しやすい社会・経済的な問題に関しては各政党に行動の自由が認められた。また、議員クラブの安定性と凝集性を高めることができれば、安定した議会多数派を欲していた政府に対して、重要法案や予算案への賛成を取引材料にして、チェコ人議員クラブが交渉を有利に進めることができた。

　すなわち、20世紀初頭のネイションを単位とする統一的な政治行動には、19世紀後半の「伝統」に依拠する側面だけでなく、時代の変化や政治情勢に適応しようとした合理的な側面が含まれていたのである。ウルバンが指摘するハプスブルク君主国の非民主的な性格は、否定することのできない事実

ではあるが、20世紀初頭の統一的な政治行動と国民社会の発展との間にウルバンが想定する断絶の根拠にはならないであろう。

　第二の問題は、20世紀初頭におけるチェコ政治社会の多極化と諸政党間の対立や連合関係との間の連関についてである。マリーシュは、政治社会の多極化・柱状化の差異がボヘミアとモラヴィアに異なる効果を及ぼしたことを説明するために、小選挙区二回投票制のために上位2名による決選投票がなかば常態化していた帝国議会選挙の選挙連合を分析している。それにより、両地域の間では選挙連合を組む誘因が異なったことが明らかになった。彼によれば、モラヴィアでは、強力なカトリック政党とボヘミアに比べて弱体な自由主義政党が存在したために、チェコ社民党を含めた他の政党による反カトリック政党連合が結成された。一方、ボヘミアにおいては、強力な社会民主党と弱体なカトリック政党が存在したために、他の政党による反社会民主党連合が結成されたのである（Malíř 1996a, 268-269）。

　確かに、モラヴィアにおける反カトリック政党連合とその成功には目を見張るものがあり、同領邦議会においても教権主義は1つの対立軸を構成していた。しかし、ボヘミア領邦議会と帝国議会の政党間関係については、単純に反社会民主党連合のみで説明することは困難である。そもそもボヘミア領邦議会選挙は、普通選挙クーリエすら設置されていない制限選挙制度の下で行われていた。そのため、チェコ社民党は、全選挙をつうじて1議席も獲得することができず、他の政党にとって主たる脅威ではなかった。ボヘミアにおける帝国議会選挙に関しても、選挙区ごとの対立関係に着目するならば、単純に反社会民主党連合が結成されていたとは言い難い。男子普通選挙権に基づく新しい選挙制度において、青年チェコ党は大部分の農村選挙区での候補者擁立を断念していた。その結果、都市選挙区では、チェコ社民党に対して青年チェコ党と国民社会党が対峙する一方、農村選挙区ではチェコ社民党に対して農業党が対峙し、東部・南部ボヘミアではカトリック政党も加わった争いになるのが、選挙戦の基本的な構図であった。すなわち、選挙区で競合していないために、青年チェコ党と農業党が選挙連合を組む誘因は存在しなかったのである。一方、帝国議会においても、政府と非社会主義政党にと

って重要なのは、社会民主党に対する対応よりもナショナルな問題への取り組みであった。諸ネイションの政党は、反社会民主党連合を組むよりも、ナショナルな問題に対して対処することや、先に述べたように政府から譲歩を引き出すための交渉を迫られていたのである。

選挙における競合関係の事実上の不在と政府との交渉の必要性とは、ナショナルな利益の擁護・拡大を目的とする青年チェコ党・農業党の両政党を中心とする統一的な政治行動がむしろ容易に実現される可能性を浮かび上がらせる。すなわち、選挙区において競合関係にない青年チェコ党と農業党にとって、社会・経済的な問題における行動の自由が認められれば、ナショナルな利益の擁護を目的とする共同議員クラブを設立することは理論的には容易であったと考えられる。そのうえで、他の政党がその共同議員クラブに参加すれば、まさにチェコ人政党間の競合が大幅に抑制され、統一的な政治行動が実現するのである[3]。実際、制限選挙の下にあったことと極めて短い開会期間とを相当に差し引いて考慮しなければならないが、この形態に最も近似していたボヘミア領邦議会の共同議員クラブは20世紀初頭においても安定的に運営されていたのである。ただし、このような統一的な政治行動が、政党間競合を抑制し排除しようとしたことに加えて、後述する青年チェコ党とクラマーシュが主導権に固執したことから、非民主的な性格を帯びていたことを忘れてはならない。

このように、20世紀初頭におけるネイションを単位とする統一的な政治行動は、当時の多党化状況と、政府との交渉の必要性と、選挙区単位の競合関係とを踏まえた一定の合理性を有していた試みなのである。チェコ人政党・

3）実際、他の政党にも共同議員クラブに参加するメリットは少なくなかった。チェコ人政党のなかで最もハプスブルク君主国に忠実であったカトリック政党は、政府に明確に反対することさえ掲げていなければ、チェコ人政党の共同議員クラブの設立や運営方針に対して常に賛意を示していた。また、議事運営規則上、議席数が少ない政党が帝国議会においてとれる選択肢は限られた。そのために、ナショナルな利益の追求手法をめぐって青年チェコ党と相いれなかった、1911年帝国議会選挙までの国民社会党や進歩派政党などの小政党にとっても、自らの存在感を維持することを目的として共同議員クラブに参加することは十分に有効な戦略だったのである。

政治家は、競合を抑制し排除することで政府との交渉が有利に進められる安定的な政党間関係を構築することによって、ナショナルな要望の実現を目指したのであった。本書では、そのような合理性を認めるとともに、チェコ人政党・政治家による政治実践と交渉の経緯を分析するために、規範としての側面を有する「国民的一体性」ではなく、ある政治単位における政治的な代表が1つの議員クラブなどに事実上一元化されている状態である「統一的な政治行動」という概念を用いる[4]。

しかし、実際には、統一的な政治行動を継続しようとすることがかえって政党間競合を促進し、最終的には統一的な政治行動そのものが崩壊したのである。その要因となったのは、青年チェコ党とクラマーシュによる統一的な政治行動における主導権への固執と、男子普通選挙権の導入により一般化した「数」の論理との相克であった。

帝国議会選挙における男子普通選挙権の完全導入は統一的な政治行動に影響を与えざるをえなかった。なぜならば、党勢や社会からの支持が議席の「数」によって把握できると思われるようになったために、統一的な政治行動においても議席の「数」に応じた執行部のポストの配分や発言権が要求されるようになったからである。しかし、チェコ人政党の間で第三党に転落したのにもかかわらず、青年チェコ党とクラマーシュは、「数」の論理に理解を示しつつも、他の政党に主導権を明け渡すことを拒絶した。クラマーシュは、19世紀後半以来の「伝統」とそれに基づく政府やドイツ人政治家との間の豊富な人脈を根拠として、自らの主導権の維持を図った。この主張が認められるかどうかは、ひとえに他の政党・政治家にかかっていた。

それにもかかわらず、青年チェコ党とクラマーシュが主導する統一的な政治行動は、対政府交渉などにおいてさしたる実績を積むことができなかった。

4）本来であれば、20世紀初頭における統一的な政治行動をめぐる言説をも分析する必要がある。しかし、言説分析を同時に行うことは、本書の叙述を過度に複雑なものにする。それゆえ、20世紀初頭における統一的な政治行動をめぐる言説の分析については他日を期したい。なお、中根（2009）では、19世紀後半における国民的一体性の概念変容も分析することにより、20世紀初頭以降の国民的一体性に関する仮説を提示している。

その結果、「数」の論理に反して主導権を維持しようとする同党と彼に対する反感を核として、統一的な政治行動によっても成果が挙げられないことに対する批判や不満が累積していく。その結果、次第にナショナルな利益の実現手法を巡る対立軸が構成されていった。政党間対立の悪化という代償を支払ったとしても、この軸における競合の激化が最終的に統一的な政治行動を打ち破ったのであった。

　その直後に第一次世界大戦が開戦した。開戦後に将来構想とハプスブルク君主国に対する認識の相違から、積極派と急進派の対立という新たな構図がチェコ政党政治において生じた。分極的な傾向を有する政党間競合と向き合うという課題は、ハプスブルク君主国の存続を前提として交渉をつうじて政府から譲歩を引き出そうとした積極派に課せられた。彼らは、チェコ連盟と国民委員会の設立とその運営をつうじて、次第に政党間競合を受容していく。大戦中盤以降における国内外の情勢の変動により表舞台から積極派が姿を消していくなか、ハプスブルク君主国の枠組みに拘泥せずにチェコ人にとって有利な条件を獲得しようとした急進派がチェコ政治の主導権を掌握した。自らの手によるチェコ政党政治の再編に失敗した急進派は、積極派が設立したチェコ連盟と国民委員会を受け継ぐことにより、政党間競合の受容という課題も果たしたのであった。

　以上に見たように、国民社会の形成に関する研究とともに進展した、チェコ政治社会の多極化に関する歴史研究と国民的一体性に関する従来の研究は、20世紀初頭における統一的な政治行動の度重なる試みと政党間対立の悪化という2つの事象を別個のものとして扱ってきた。とりわけ、20世紀初頭の統一的な政治行動は、19世紀後半以降の国民社会の発展と多党制の確立と切り離して把握されてきた。

　しかし、20世紀初頭におけるネイションを単位とする統一的な政治行動は、チェコ政治社会の多極化を無視した単なる時代錯誤的な試みではなかった。非民主的な性格を拭い去ることはできなかったとはいえ、そこには、当時の多党化状況と、政府との交渉の必要性と、選挙区単位の競合関係とを踏まえた一定の合理性を見いだすことができるである。それにもかかわらず、統一

的な政治行動は、かえって政党間競合を引き起こすようになり、最終的に政党間競合の激化により打ち破られたのであった。なぜならば、男子普通選挙権の導入により「数」の論理がチェコ人政党・政治家の間で一般化した状況において、青年チェコ党とクラマーシュが「伝統」に依拠して統一的な政治行動の主導権に固執したからであった。統一的な政治行動を打ち破るほどの政党間競合が、分極的な傾向を減じつつも、チェコ人政党・政治家によって受容されていくのは第一次世界大戦中のことであった。

第2節　議会制民主主義の成立と政党・政党間競合

政党間競合と議会制民主主義の成立

　闘争や対立なしに議会制民主主義が成立した例は存在せず、そのような対立や闘争において、政党や会派が欠かせないアクターであったことを否定する研究者はまずいないであろう[5]。しかし、議会制民主主義の成立過程に政党や政党間競合を位置づけることは今日においても困難な課題である。その課題に正面から取り組むことは本書の目的ではないが、既存の研究に対する本書の位置づけを明らかにするために議会制民主主義の成立と政党の関係について簡単に論じよう。

　バリントン・ムーアを嚆矢として、ある時期における社会階級の連合によって後の体制転換を説明する研究が一世を風靡して久しい。ムーアに代表される社会階級を重視する初期の研究は、物質的利益から社会階級の選好と行動が自動的に類推されるという過度に構造主義的な点に加えて、国家とともに政党を社会階級や部分利益の単なるエージェントとみなしているとして批判されてきた。その後、体制変動における社会階級に焦点をあてる研究は、過度に構造主義的な側面を乗り越えるだけでなく、国家や政党を独立変数として重視するようになってきた（Clarke 2017, 5-7）。本書では、それらの研究

---

[5] 近年では、カポッチアとジブラットが、19世紀から戦間期までのヨーロッパ諸国の議会制民主主義の成立において、主要な戦略的アクターとしての政党の重要性を強調している（Capoccia and Ziblatt 2010）。

のなかから政党に着目したものを取り上げよう。

　政党の果たす役割を重視しながら社会階級に着目した研究としてリュバートの研究が挙げられる。戦間期ヨーロッパにおける政治体制の違いを説明しようとしたリュバートは、政党と社会階級の間に一対一対応を想定しない柔軟な分析手法を採用している。彼によれば、第一次世界大戦前に強力な自由主義勢力が労働組合と連合を組むことに成功した国（イギリス、フランス、スイス）では、戦間期も安定的な「リベラル・デモクラシー」が運営された。一方、第一次世界大戦前に自由主義勢力が弱体化していた国（主に大陸諸国）は、政治動員の急増が起きていた戦間期には「社会民主主義」か「ファシズム」のどちらかに至るとされた。これらの国では、社会主義政党が農業労働者を支持基盤に取り込もうとした場合、その国は民主主義の崩壊とファシズムの成立を経験した。一方、農業勢力に先取りされたために農業労働者を取り込めなかった社会主義政党は農業勢力との赤緑連合を確立した結果、それらの国では社会民主主義が成立したのである（Luebbert 1991）。

　リュバートは、大戦前においては自由主義勢力と労働組合の関係に、大戦後には農業労働者と政党の関係に着目することにより、戦間期の政治体制の相違を説明しようとした。しかし、「社会民主主義」や「ファシズム」に代表されるように、彼独自の定義による分析の鍵言葉が応用可能性を狭めているだけでなく、大陸諸国で影響力を持っていた宗派勢力による党の組織化が考慮されていない。シスライタニアの継承諸国に関しては、チェコスロヴァキアが「社会民主主義」を実現した国家として分析される一方、他の継承諸国が「伝統的独裁」として事実上分析の対象外とされてしまっている。彼の図式では、これらの諸国の差異は考慮されていないに等しいのである。

　リュバートの問題点を修正して、より説明能力の高いモデルを構築しようとしたのがアートマンである。彼は、戦間期ヨーロッパ諸国における政治体制の違いが、第一次世界大戦前の各国における政党や政党間競合の位置づけと市民社会の発展との関係から説明される可能性を指摘した。第一次世界大戦前に政党間競合が政治生活の中心にあり、市民社会が発展していた諸国では、必ずしも閉鎖的な対応関係を形作らない政党とアソシエーションが民主

化を推し進める方向で相互に補強するか（イギリス、フランス、北欧諸国）、濃密なアソシエーションのネットワークを形成した宗派政党や労働者政党が自由主義的な国家制度と議会制民主主義を受容するか（スイス、オランダ、ベルギー）、いずれかの経路を通って第一次世界大戦以降の議会制民主主義の安定が実現した。逆に、市民社会が発展していたが、政党間競合が政治生活の中心に位置しなかったドイツとイタリアでは、保守派の断片化と市民層と農村のアソシエーションとの間の紐帯の弱体化とを招いた結果、戦間期の危機におけるファシズムの躍進の素地が形成された。さらに、政党内閣は実現していたが、市民社会が十分に発展していなかったスペインとポルトガルは、クライエンティリズム政治を発展させることになったが、20世紀初頭の社会・経済的変化による大衆政党の出現に対応することができず、戦間期に議会制民主主義の崩壊を経験したのであった（Ertman 1998）。

　このように、リュバートの枠組みに対して、アートマンは、戦間期における議会制民主主義の存続に絞ったうえで、宗派政党なども組み込めるかたちで分析枠組みを再編したのであった。しかし、議会制民主主義が存続した国を概観すれば、イギリスに代表される多数決型のデモクラシーと低地諸国に代表される多極共存型デモクラシーが、彼の枠組みでは同じ分類に属していることには違和感を覚える。これに対してアートマンは、両者に共通する点として、議院内閣制が早期に実現するか議院内閣制の実現をめぐる自由主義勢力と保守勢力の競合が比較的早期に成立したことをまず指摘する。そのうえで、2つのタイプの相違点として、19世紀後半以降に政党が自らに近いアソシエーションと排他的な関係を結んだかどうかという点を挙げる。このことから明らかなとおり、彼の分析枠組みでは、市民社会が労働組合などのアソシエーションによって代表されるのであれば、もう一方の変数である政党・政党間競合は実際には名望家政党時代の政治エリートによって代表されているのである。そのため、戦間期における議会制民主主義の存続にとって、名望家政党時代に議院内閣制が実現しているか、それをめぐる政党間競合が起きていることが条件とされてしまい、もう1つの説明要因として挙げられている市民社会は、存続した議会制民主主義の性格の違いを補足的に説明す

るか、南欧における議会制民主主義の崩壊を説明する変数に過ぎない。アートマン自身は政党の役割を重視しているのにもかかわらず、大衆政党が彼の図式では実際には考慮されていないのである。さらに、ハプスブルク君主国とその継承諸国は分析の対象から外されているとはいえ、このような条件であれば、チェコスロヴァキアを含めたこれらの国で議会制民主主義が存続する可能性はないことになる。

　一方、リュバートやアートマンの影響を受けつつも、中田は、市民社会の組織化のあり方が政党の性質に与えた影響に着目して、戦間期の議会制民主主義の存続について検討している。彼女は、戦間期における議会制民主主義の固定化の問題点として、議会勢力と君主や軍部などの非選出勢力との対抗関係とともに、社会・経済的部分利益を集約せずにそのまま議会へ表出する大衆政党から構成される組織政党議会における「多数派形成問題」に着目する。このような場合、議会における多数派形成は多様な利益間の妥協や協調にならざるをえず、個別の争点についてすらも政治的決定を行うことが困難になるのである。組織政党議会及び「多数派形成問題」と対になる概念は、19世紀の古典的自由主義議会に代表される名望家政党議会とそこにおける多数派形成である。ここで重要なのは、名望家政党議会における相対的同質性の維持によって、何らかのかたちで議会の多数派が形成され、早期に議院内閣制が実現されることである。中田は、こうした歴史的前提を欠く戦間期チェコスロヴァキアにおいて、この「多数派形成問題」が克服されていく過程を検討していく（中田 2008a；2008b；2010；2011；cf. 中田 2012）。

　中田の主張は、多数の議席を大衆政党が占める議会における多数派形成という問題の重要性を強調する点にある。それにより、アートマンが位置づけられなかった大衆政党だけでなく、名望家政党時代と大衆政党時代の政治の違いをも議会制民主主義の成立過程の分析に組み込むことが可能になった。ただし、彼女は、組織議会政党における「多数派形成問題」の克服を重視しており、名望家政党議会から組織政党議会への移行過程についてはさしたる関心を払っていない。しかし、シスライタニアの帝国議会を概観するならば、名望家政党議会から組織政党議会への移行過程を考慮する必要性が浮かび上

がってくる。

　中田は、19世紀後半における自由主義者の分裂と大衆政党の進出とによって、世紀転換期以降のシスライタニアの帝国議会において議会多数派を形成することは困難な状況にあったとしている（中田 2008a, 28-29）。確かに、自由主義勢力のみに限定すれば、ナショナルな亀裂を横断するかたちで彼らが結束することはなかった。しかし、ヘーベルトや平田によれば、19世紀後半までの帝国議会では、地域―言語集団と教権主義をめぐる2つの亀裂構造に基づいた、ドイツ人とイタリア人の自由主義者から構成される左派と、ドイツ人教権派とウクライナ人を除くスラヴ系ネイションとから構成される右派という2つの緩やかな会派を認めることができる（Höbert 1992, 2-4；平田 2007, 200）。つまり、中田のいう議会の相対的同質性を初期の帝国議会に認めることができるのである。このような同質性が失われたのは、自由派がネイション代表としての性格を強めた結果、議会多数派を形成・維持する能力を失ったこと（平田 2007, 218）に求められるかもしれない。とするならば、名望家政治段階で議院内閣制が成立したか否か、組織政党議会において「多数派形成問題」がいかに克服されたのかだけではなく、名望家政党議会が「多数派形成問題」を抱える組織政党議会へと移行していく過程とそれが後の議会制民主主義の固定化にいかなる影響を与えたのかも問わなければならないだろう[6]。

6）この点について、オランダの「二元主義的政治慣行（dualisme）」の存続が興味深い。この「二元主義的政治慣行」は、議院内閣制が採用されているにもかかわらず、政府の意思はそれを支える党派から独立して形成されるという、オランダ特有の政府と議会の相互自律性を指している。「二元主義的政治慣行」が存続できた要因は、名望家政党議会から組織政党議会への移行過程に求められるのかもしれない。「二元主義的政治慣行」とその存続については作内（岸本）（2009）を参照せよ。
　また、イタリアにおいては、この過程の最中に登場したのがジョリッティ（Giovanni Giolitti）であったと考えられる。彼は、「全ての党派に対する国家の優越性」の下で「議会制独裁」に依拠しながら、名望家政治的な性格を強く残す政治構造に大衆政党を吸収することにより、社会・経済的な近代化による諸問題の解決を目指したのであった（馬場 1980, 63）。ただし、ジョリッティ体制下で社会主義勢力や宗派勢力、ナショナリスト勢力が強大化したことによって、逆説的に名望家政治が打破されていく点は、チェコ政党政治における統一的な政治行動の帰趨にも通底する、名望家政党議

以上では、議会制民主主義の成立と政党・政党間競合の関係について検討してきた。リュバートは、戦間期チェコスロヴァキアを「社会民主主義」の成立国に分類することにより、同国の議会制民主主義の安定を説明しようとした。しかし、シスライタニアの他の継承諸国が「伝統的独裁」という残余カテゴリーに分類されたために、彼のモデルを用いて継承諸国間の相違を分析することは極めて困難である。アートマンは、事実上、名望家政党時代に議院内閣制が実現しているか、それをめぐる政党間競合が起きていることを戦間期の議会制民主主義の存続条件としている。そのため、議会制民主主義の維持に成功したチェコスロヴァキアと議会制民主主義の崩壊を経験した他の諸国という、議院内閣制が成立しなかったシスライタニアの継承諸国の間において生じた相違を説明することができない。一方、中田は、早期に議院内閣制を実現しなかった国が抱えた、組織政党議会における「多数派形成問題」の困難を指摘しつつも、戦間期チェコスロヴァキアがこの問題を克服したことにより議会制民主主義の固定化に成功したことを明らかにしている。しかし、戦間期にも影響を及ぼしたはずの「多数派形成問題」が形成される過程については分析の対象外とされているのである。

シスライタニアにおける政党間競合の現出と議会制民主主義
　以上の研究に対して、本書は、名望家政党議会から組織政党議会への移行過程に着目する。それにより、名望家政党段階で議院内閣制の成立もそれをめぐる政党間競合も経験していなかったシスライタニアの継承諸国における政治発展の差異を説明する１つの要因が明らかになるのである。

　では、シスライタニア諸国の継承諸国の差異を説明する要因は何なのか。それは、オーストリア・ドイツ人を除くシスライタニアのネイションの政治における統一的な政治行動が第一次世界大戦前までに打破されたか否かに求められる。確かに、どのネイションにとっても政府との交渉は必要とされたために、チェコ人のみならず他のネイションの政党・政治家も統一的な政治

会が「多数派形成問題」を抱える組織政党議会へと移行する過程における困難を示している。

行動を追求した。その意味では、他のネイションによる統一的な政治行動の試みも一定の合理性を有していた。しかし、この試みは、政党間競合を抑制し排除したために、非民主的な性格を免れなかった。この非民主的な性格は、シスライタニア政治の非民主性と相まって、ますます強化されることになった。

　19世紀後半から第一次世界大戦前夜までのシスライタニアの政治発展を分析した平田は、20世紀初頭のシスライタニアにおいて二元的立憲制が「再生」したことを明らかにしている。その契機は、先に述べたように、自由派がネイション代表としての性格を強めた結果、議会多数派を形成・維持する能力の喪失により、官僚内閣の復帰を許したことに求められる。彼によれば、20世紀初頭のシスライタニアにおいて「議会化」とは、法案の通過に必要な過半数を形成する多数派に属する政党の代表やその信任を受けている人物の政府への派遣を指すに過ぎなくなっていた（平田 2007, 222-224）。諸ネイションや諸政党は、この意味での「議会化」を受容することにより、少なくともシスライタニア政治の非民主的な性格を黙認したのであった[7]。とりわけ、諸ネイションの統一的な政治行動の非民主的な性格はこのことにより強化され、時の政党や政治家は民主的な手続きや政党間競合よりも安定を重視することになった。その結果、独立直後の混乱や議会制民主主義の機能不全を目の当たりにしたときに、戦間期の政治指導者は「安定的な」権威主義体制の設立を魅力的な代案とみなすのである。

　一方、チェコ政党政治の場合、20世紀初頭において統一的な政治行動が逆に政党間競合を引き起こしたために、最終的に統一的な政治行動は崩壊した。統一的な政治行動を打破するほどに政党間競合は過熱化し、それゆえにチェコ人政党は政党間対立の悪化という代償を支払うことになる。さらに、偶然ではあるが、遠心的な政党間競合の現出直後に第一次世界大戦が開戦した。チェコ人政党・政治家は、このような非常事態に対応するための枠組みを構築する必要に迫られた。そのような枠組みの構築の試みと構築後の運用

7）シスライタニア政治の非民主的な性格が帝国議会の機能不全から導き出されるのではない点には注意が必要である。

をつうじて、チェコ政党政治における政党間競合の存在が諸政党・政治家によって受容されたのである。その結果、独立直後の混乱などに対しても、「安定的な」権威主義体制を設立する代案よりも、政党間競合の存在と議会制民主主義の存続を前提とした代案が優先される可能性が高まったのである。いわば、20世紀初頭における政党政治の安定と戦間期における議会制民主主義の固定化との間にはトレード・オフに近い関係が成り立つのである。

　なお、オーストリア・ドイツ人の政党政治では、他のシスライタニアのナショナルな政治とは異なり、君主国が立憲制に復帰した19世紀後半の時点で、すでに保守＝教権派と自由派が対峙する構造が存在していた。この教権主義をめぐる対立は決して消滅することなく、オーストリア・ドイツ人の政党政治を規定し続けた。それゆえ、1つの政治勢力によって代表される時期が長く続いた他のネイションの政党政治と同列に比較するのは困難である。また、他のシスライタニア継承諸国とは異なり、オーストリアは敗戦国として領域面でも不利な扱いを受けたことも比較を難しくする要因である。本書では、20世紀初頭のオーストリア・ドイツ人の政党政治に関しては補足的に検討する。

第3節　分析枠組みと本書の射程

分析枠組み

　本書における分析に際しては、対政府・対ドイツ人関係、チェコ人政党間の勢力の変化、各政党における党内事情に着目する。この3点が、統一的な政治行動の帰趨、政党間競合の促進と受容に影響を与えた要因であった。

　チェコ人政党・政治家にとって、チェコ人のナショナルな要求を実現するために、または予想される不利益を回避するために、シスライタニア政府やドイツ人政党・政治家との交渉は効果が期待できる選択肢であった。交渉を目的とした結集の必要性は、統一的な政治行動を実現しようとする政党・政治家にとって恰好の理由を提供した。さらに、政府との協力の可能性が大きかった場合やドイツ人政党との和協交渉が進展している場合、統一的な政治

行動は安定的に行われた。この要因こそが、統一的な政治行動の維持の源泉だっただけでなく、政府やドイツ人政治家との間に豊富な人脈を有していた青年チェコ党とクラマーシュがチェコ人政党・政治家を主導する根拠だったのである。また、第一次世界大戦中においても、積極派は、チェコ人にとって有利な条件や戦時体制下における抑圧の緩和を政府に要求する際に、ハプスブルク君主国への支持を明確に表明することを求められた。ただし、政府やドイツ人政党が何の見返りもなくチェコ人政党に協力や妥協を要請する場合、ないしは、政府からの報復や和協交渉の行き詰まりを恐れて自発的な協力をしようとする場合、統一的な政治行動を主導する政党・政治家もしくは積極派はチェコ人世論からの反発を買いやすかった。とりわけ、要求の実現失敗や和協交渉の頓挫は、その理由にかかわらず、これらに関与していたチェコ人政党・政治家の信頼を低下させたのであった。

　第2の要因であるチェコ人政党間の勢力の変化は、主として選挙による議席数の変化によって表された。確かに、本書の分析の対象となる1907年から第一次世界大戦までの時期には、男子普通選挙権に基づく帝国議会選挙は2回、ボヘミア領邦議会選挙は1回しか実施されなかった。しかし、第一次世界大戦の開戦前までは補欠選挙が年に一度のペースで行われており、その結果が統一的な政治行動に影を落としたのであった。このことから推測できるように、議席数の変化が客観的に用いられただけではない。1議席の増加をことさらに強調したり、議席数の「算数」により自らの優位性を主張したりして、諸政党によって議席数が独自に解釈されたのであった。また、議席数の「算数」では優位を主張できない場合、青年チェコ党が主導する統一的な政治行動に反対する政党・政治家は、街頭行動や抗議行動を統一的な政治行動によって追及される政策に対する反対と読み替えることにより、議席数では換算できない国民社会からの「支持」があるとして自らの主張の正統性を強調した。このような手法はとりわけ、大戦中盤以降に急進派や急進派に近い政治家が積極派に対抗するために用いられることになる。本書では、このような主観的な解釈も含めて、主として議席数の変化によって表現される政党間の勢力の変化が統一的な政治行動の安定に影響を与えたものと考える。

この「数」という要因が、政党間競合を促進したのである。

　第3の要因は党内事情である。どのチェコ人政党も、多くの場合、党の結党理念の継承や将来の方向性をめぐる違いに端を発した党内対立と無縁でいられることはなかった。特に、帝国議会選挙における普選クーリエの設置（1896年）や男子普通選挙権の完全導入（1907年）は、名望家政党型の自由主義政党であった老チェコ党と青年チェコ党を含む全政党に党勢の拡大の必要性を強く認識させた。しかし、この必要性が党内の各勢力や政治家によって自らの有利になるように解釈された結果、党内対立は常に激化する危険性を孕んでいた。党指導部は、そのような危険性を回避しつつ、党を指導する必要に迫られた。これらのことが統一的な政治行動の帰趨に影響を与えたことは言を俟たない。それゆえ、各政党の党内事情と統一的な政治行動との関係を第3の要因として考察する。しかし、全チェコ人政党の党内情勢を等しく検討することはむしろいたずらに分析の複雑化を招くことになる。本書では、統一的な政治行動を主導していた青年チェコ党、統一的な政治行動の帰趨にとって決定的な重要性をもっていた農業党と国民社会党を主に検討する。これらの政党に加えて、第5章では大戦期の積極派と急進派の対立の帰趨に影響を与えたチェコ社民党の党内情勢にも着目する。他の政党に関しては必要に応じて言及する。

　なお、分析する時期の長さやチェコ政党政治を取り巻く社会的・経済的変動の規模が各章によって異なっているため、各章における時期区分の基準は同一ではない。1907年までのチェコ政党政治を分析する第3章の時期区分は、フロフ（Hroch 1985）による小規模国民の発展段階論を元にした、福田（2006）の19世紀後半における下層民の国民化に関する三段階論に依拠している。男子普通選挙権が完全導入された1907年帝国議会選挙以降における政党間競合の現出までの過程を分析する第4章では、シスライタニアにおいて組閣された内閣に基づいて時期区分が行われる。第一次世界大戦中のチェコ政治を分析する第5章では、政党間競合の受容に大きな役割を果たした積極派による政治行動や試みが時期区分の基準となる。ただし、第3章と第5章の時期区分も、第4章における首相の交代ほどに厳密ではないが、シスラ

イタニア政治のトレンドとおおよそ重なっている。

本書の射程

　本書は、20世紀初頭のチェコ政党政治における政党間競合の現出と受容を解明することにより、政党間競合の現出がその後の議会制民主主義の固定化に寄与する1つの要因であることを指摘したい。この目的をより明確にするためには、本書が十全に取り上げることができない研究課題を明示することが必要であろう。

　まず、本書が分析の対象とするチェコ政治は、ボヘミア、モラヴィア、シレジアの3領邦を中心に存在した、チェコ人を代表することを謳っていた政党・政治家と、チェコ人意識を有する住民（周囲からそれを有しているとされた住民も含む）から構成される[8]。とはいえ、チェコ政治と他のネイションの政治を区別する境界は、国民社会の形成過程や政治参加の拡大と密接に関連しながら、19世紀後半において明確になっていったと考えられる。しかし、この過程が進行した時期が本書においては前史にあたる部分に該当するため、本書では十分な議論を展開することを控えざるをえなかった。本書が主たる考察対象とする20世紀初頭においては、事実上、ネイション別の選挙区割りが導入されたこともあり、諸ネイションの政治を区分する境界はかなり明確になったことを指摘しておく。

　本書は、ボヘミア領邦などの政党政治ではなく、チェコ人の政党政治を分析対象とするものである。それゆえ、分析が煩雑になることを回避するために、これらの3領邦に居住するドイツ人が投票していたことが想定されるシスライタニアのドイツ人政党は主たる考察の対象としない[9]。

---

[8] 当時、3領邦以外のシスライタニアにも多くのチェコ人意識を有する住民が存在していた。特に、ウィーンには多くのチェコ人が居住しており、一部のチェコ人政党はニーダーエスターライヒに党支部を設置していた。

[9] 同様の理由により、本書ではチェコ諸領邦のユダヤ人などの政治を取り上げることができない。プラハにおけるユダヤ人をも取り上げた研究としてコーエンのプラハ在住のドイツ人に関する研究を挙げることができる（Cohen 1981）。

　なお、体制転換後のチェコ史学においてチェコ諸領邦のドイツ人政党は取り組むべ

また、本書の分析枠組みでは、対政府・対ドイツ人関係を重視している。しかし、シスライタニア政治全体について議論することや、20世紀初頭において断続的に試みられていたチェコ人とドイツ人の和協交渉を詳細に分析することは、ページ数が大幅に増加するだけでなく、チェコ政党政治の分析という本書の目的から逸脱することになる。それゆえ、シスライタニア政治の分析と和協交渉自体の分析は最低限に抑える[10]。

　最後に、本書における政党間競合の位置づけについて触れておく。本書で言及した関連する研究以外にも、政党間競合の動態を理論的に把握しようとする研究[11]や政党間競合が有する規範的な含意を論じる研究など[12]、政党間競合に関する研究は多くの研究者の関心を集め、その内容は多岐にわたっている。とりわけ、定量研究に応用可能な指標を見出そうとする研究と、研究対象とする国家または政治共同体における文脈や状況を重視して政党間競合を定性的に分析しようとする研究を架橋することは、本書において解明するにはあまりにも大きな課題である。また、政党間競合が有する規範性に関しても、私見の限り、多くの研究者に受け入れられる統一された見解は存在していない。しかし、（議会制）民主主義との関係において論じられることが多いゆえに、（政党間）競合を価値中立的に議論することを想定することは難しい。それゆえ、20世紀初頭のチェコ政党政治を分析する本書では、政治学全体に寄与するためにはより抽象的な議論が必要とされる、政党間競合に関する厳密な定義や政党間競合自体が発生する一般的なメカニズムの解明は行わなかった。

　また、当時のチェコ国民社会における知識人や政治指導者の言説を分析す

き課題として認識されている。チェコ諸領邦のドイツ人政党研究の必要性を喚起した研究者の1人としてマリーシュ（Malíř 1996a）が挙げられる。

10) この時期の和協交渉に関しては、コナーシュ（Konirsh 1952；1955）がまとめている。また、ヴェレクによる19世紀後半から20世紀初頭までのチェコ人とドイツ人の和協交渉の概観も有益である（Velek 2008a；2008b）。中根（2012）も参照されたい。

11) 例えば、ストロームの研究を挙げることができる（Strom 1989；1990；1992）。

12) バルトリーニは、市民の政策選好に対する応答性（responsiveness）を政党に備えさせる「意図せざる社会的価値」を競争が有していることを主張している（Bartolini 1999-2000；2002）。

ることにより、チェコ政党政治において政党間競合が容認されていく過程の解明は他日を期す必要がある課題である。本書では、チェコ人政党・政治家によるチェコ政治全体に関する将来構想のうち、本書の議論に関連する構想のみに簡単な検討を加える。ただし、構想の完成度や提唱者の情勢判断の的確さなどには関係なく、これらの構想が想定どおりには実現されなかったことには注意が必要である。

　本書が意図していることは、様々な政策課題の実現や党勢拡大などを追求した結果、諸政党・政治家の意図や目論見に関係なく、大衆政党が主たる勢力になりつつあった20世紀初頭のチェコ政党政治において政党間競合が現出していく過程を解明することである[13]。

第4節　小　括

　本章では、「チェコ政治社会の多極化」に関する研究と「国民的一体性」に関する主な先行研究を検討した。それにより、チェコ政治社会の多極化が進行した20世紀初頭において、チェコ人自由主義政党による統一的な政治行動が目指されたことには一定の合理性があったことを明らかにした。さらに、議会制民主主義の成立過程と政党間競合の関係に関する幾つかの研究を概観することにより、少なくともシスライタニアの継承諸国では、第一次世界大戦前までに統一的な政治行動が打破されていることが、戦間期における議会制民主主義の固定化にとって必要であるという仮説を提示した。

　チェコ政党政治においては、19世紀後半から継続していたチェコ人政党・政治家による統一的な政治行動は、男子普通選挙権が完全導入された1907年帝国議会選挙後にもチェコ人政党による共同議員クラブという形態で継続された。しかし、男子普通選挙権の導入により「数」の論理がチェコ人政

---

[13] 大隈重信とその系列の政党を詳細に分析した五百旗頭薫によれば、複数の政党の存在と政権交代のダイナミズムは社会・経済のより微妙な作用や個々の政治エリートの資質・言動に多く依存している（五百旗頭 2003, 189）。本書における政党間競合の理解や分析手法とは異なるとはいえ、五百旗頭のこの表現は示唆に富んでいる。

党・政治家の間で一般化した状況において、青年チェコ党とクラマーシュが「伝統」に依拠して統一的な政治行動の主導権に固執した。そのために、統一的な政治行動は、かえってナショナルな利益の実現方法をめぐる対立を軸とする政党間競合を引き起こすようになり、最終的にその過熱化と遠心化により打ち破られたのであった。

　それにより、チェコ人政党・政治家は政党間対立の悪化という代償を支払うことになる。さらに、遠心的な政党間競合の現出直後に開戦した第一次世界大戦という非常事態に対応することがチェコ政治の課題として浮上した。その課題に最初に取り組んだ積極派は、大戦の中盤にチェコ連盟と国民委員会を設立することに成功した。両組織の構築に至るまでの試みと構築後の運用をつうじて、チェコ政党政治における政党間競合の存在が諸政党・政治家によって受容されたのである。その結果、独立直後の混乱などに対しても、「安定的な」権威主義体制を設立する代案よりも、議会制民主主義の存続を前提とした代案が優先される可能性が高まったのであった。

　本章では、統一的な政治行動の帰趨、政党間競合の現出と受容に影響を与えた要因として、対政府・対ドイツ人関係、チェコ人政党間の勢力の変化、各政党における党内事情に着目することを説明した。次章以降、これらに着目して、20世紀初頭のチェコ政党政治を解明していこう。

第2章
19世紀後半から20世紀初頭までのチェコ諸領邦とチェコ人政党

> 本章の第1節では、1907年以降のチェコ政党政治を分析する準備作業として、19世紀後半から20世紀初頭までのシスライタニアの政治制度とチェコ諸領邦の社会・経済的な状況を概観する。第2節では、本書の中心的なアクターであるチェコ人政党について整理する。

第1節　近代チェコ諸領邦における社会・経済・政治

ハプスブルク君主国とシスライタニアの政治制度[1]

　1848年革命が挫折した後、1850年代に非立憲的な専制政治（新絶対主義体制）下にあったハプスブルク君主国は、サルデーニャとの戦争での敗北を経て、立憲制への復帰を余儀なくされた。しかし、1861年に発布された二月勅令は、広範な自治権を要求するハンガリー人やチェコ人による帝国議会のボイコットを引き起こした。最終的には、プロイセン＝オーストリア戦争での敗北により、皇帝フランツ・ヨーゼフ（Franz Joseph）はハンガリーとの妥協、いわゆるアウスグライヒ（Ausgleich）[2]を決断した。

　このアウスグライヒによって、ハプスブルク君主国は二重制と称される政治体制へと再編された[3]。ハプスブルク君主国の君主であるフランツ・ヨー

1）本項の記述は、特に法制史の文献（Malý and Sivák 1988；Janák, Hledíková, Dobeš 2005；Malý ed. 2005）とチブルカ（Cibulka 1995）、平田（2007）に依拠している。
2）ハンガリー語の表記はキエジェゼーシュ（kiegyezés）である。
3）邦語文献では、註1で挙げた平田（2007）以外では、月村（1994）、大津留（1995）、南塚編（1999）、大津留・水野・河野・岩崎編（2013）、村上（2017）を参

ゼフは、「帝国議会に代表を送る諸王国と諸領邦」の皇帝としてシスライタニアを、ハンガリー国王としてハンガリー王国を統治した。君主の大権事項である外交と軍事、それらの費用を賄う財政は共通業務として定められ、それらを司る共通外務大臣、共通陸軍大臣、共通財務大臣が置かれた[4]。共通業務に関する予算を審議する場として、帝国議会とハンガリー議会からそれぞれ選出された60名ずつの派遣団がおかれたが[5]、共通業務に関する立法などは各議会に委ねられた。また、関税・通貨同盟の締結や更新と共通通貨、共通業務経費の分担金などに関して、いわゆる「経済アウスグライヒ」が締結された。この協定は10年ごとに更新されることになっていた。更新の際には、シスライタニア政府とハンガリー政府の交渉を経て作成された更新案を両議会が法制化する必要があった。このために必要な議会多数派を確保することが、シスライタニアの首相にとっての懸案になることもあった。

それ以外の内政に関しては、シスライタニア政府とハンガリー政府及び両議会に委ねられた。シスライタニアにおいては、アウスグライヒの成立とともに、「12月憲法」と総称される、基本法（1867年第141号法）と国民の人権に関する基本法（1867年第142号法）などが導入された。国民の人権に関する基本法においては、各種の基本的人権が保障されただけでなく、諸ネイションの法的な平等が第19条に規定された。統治機構に関しては、皇帝は、内閣に対しては首相と閣僚の任免権を、議会に対しては法案拒否権や解散権、帝国議会上院議員の任命権を有していた。さらに、基本法第14条の緊急令により、帝国議会が開催されていない時期において緊急に対応する必要がある事項に関して、皇帝の勅令による立法が可能であった[6]。ナショナルな対立が帝国議会に持ち込まれるようになると、この緊急令が大きな役割を果た

考にした。
4）形式上の最高意思決定機関である共通閣議、共通閣議の出席者、共通閣議の開催回数や協議内容については、村上（2017, 24-27）が簡潔にまとめている。
5）ただし、決議が一致しない場合を除いて、両派遣団が一堂に会して議論したわけではなかった。
6）緊急令は、発令後から最初に召集される帝国議会において、召集から4週間以内に承認されなければ効力を失った。

すようになる。一方、帝国議会は、皇帝によって議員が任命される上院と選挙によって議員が選出される下院から構成された。帝国議会の主たる業務はシスライタニア全体に関する立法と予算の審議であった。特に予算審議権は執行権に関与できない議会勢力にとって重要な権限であった。選挙制度については、第3章と第4章において検討する。

　上位地方自治体であった領邦においては、領邦議会と領邦委員会を頂点とする地方自治機構と総督を頂点とする国家機構という2つの機構が並存していた[7]。領邦において国家機構を代表する総督は総督府と郡庁を管轄し、その主たる任務は領邦の治安維持と地方自治体の監督であった。一方、地方自治機構を代表する領邦議会と領邦委員会は密接な関係にあった。領邦議会から選出された8名から構成される領邦委員会は、地方自治行政を代表しただけでなく、領邦議会の議事運営についても責任を負った。一方、立法を統括する領邦議会は、社会的・経済的・文化的分野など、帝国議会の権限に属さないことに関して審議・立法を行うことが可能であった。領邦は、皇帝によって任命される総督に代表される中央集権的な側面と、広範な権限を有する領邦議会に代表される地方分権的な側面を有していたのであった。しかし、所掌が厳格に定められなかったため、二重行政の弊害が生じていたことは否定できない（Lindström 2004, 179）。

19世紀後半から20世紀初頭までのチェコ諸領邦における社会・経済的発展

　第一次世界大戦前のチェコ諸領邦における社会・経済的発展を簡単に説明しておこう。第二次世界大戦後にいわゆる「ベネシュ大統領令」に基づいてドイツ人が「追放」されるまで[8]、チェコ諸領邦には多数のドイツ人が居住していた。第一次世界大戦前には、チェコ諸領邦のチェコ人とドイツ人の人

　7）下位地方自治体である市・村と郡の制度については、篠原（1996）を参照せよ。
　8）いわゆる「ベネシュ大統領令」に基づくドイツ人の「追放」までの経緯と実施過程、その実態、「追放」をめぐるチェコ人とドイツ人の間における認識の違い、対立、交渉などについては、近年において研究が進められている。邦語文献では、矢田部（1997；1998）を参照してほしい。特に、矢田部（1997, 270-271）では、いわゆる「ベネシュ大統領令」について簡潔にまとめている。

口比率は約 7 対 3 であった。ドイツ人は、主にボヘミアの北部・西部・南部と北モラヴィアに居住していた。主に都市を中心として、両ネイションの混住地域も数多く存在した。一方、職や社会的上昇を求めて移住した結果、多くのチェコ人がウィーンに居住していた。

　経済面では、石炭などの鉱山資源の産出と水運の利便性に恵まれて、19世紀後半からボヘミアを中心に急速な工業化が進展した。特に製鉄業や機械工業、繊維工業が著しく飛躍した。また、砂糖生産に代表される食品加工工業も急速な工業化を牽引した。その結果、20世紀初頭のチェコ諸領邦は、シスライタニアの工業生産の約 46% を占める、ハプスブルク君主国における最大の工業地域へと成長した。一方、砂糖生産を支えた甜菜の生産に代表されるように、工業化にもかかわらず、農業も主要な産業であった。1910年時点において、第一次産業従事者数と第二次産業従事者数に大差はなかったのである。金融業に関しても、ウィーンの金融業の後塵を拝していたとはいえ、20世紀初頭にはジヴノステンスカー銀行（Živnostenská banka）を筆頭とするチェコ人の金融業が成長してきた[9]。

　このような経済発展は社会の変容と密接に結びついていた。一方では、19世紀後半ではシスライタニアにおいて都市の発展を引き起こした。プラハでは、かつてのゲットーであった過去を色濃く残していたヨゼフホフ地区は、衛生化措置に基づく再開発の実施により、1910年頃までには整然とした街区へと生まれ変わった[10]。また、路面電車に代表される市内の公共交通網が整備された。1891年にプラハで開催された内国総合博覧会は、産業化と近代化の集大成であった[11]。しかし、このような社会の変容は負の側面を伴っていた。産業化と都市化は、労働者人口の急激な増加につながり、農村から都

---

9) 具体的な数値やグラフ、図表を挙げて、当時のチェコ諸領邦の経済成長と社会変容を森下（2013）が簡潔にまとめている。

10) ヨゼフホフ地区の再開発とそれが孕んでいた問題についてはジュスティーノ（Giustino 2003）を参照せよ。

11) この内国総合博覧会は、ドイツ人が不参加を決定したため、チェコ人のみで実施された。内国総合博覧会の開催にいたるまでの過程や当時の状況については薩摩（2006）を参照せよ。

市への人口の流入を引き起こした。流出元の農村社会では、「社会問題」への関心の高まりとともに、農村下層民に関する問題が積極的に議論されるようになる[12]。流入先の都市では、人口の急激な増加と中心部の再開発により引越しを余儀なくされた多数の低所得者層の存在により、住宅問題などの様々な社会問題が持ち上がることになった[13]。様々な社会・経済的問題の噴出により、住民は、国家や地方自治体の介入を期待するようになるだけでなく、政治の場で確固たる地位を占めるようになった政党に自らの問題を持ち込むようになったのである。

チェコ国民社会の形成とナショナルな問題

以上のような社会・経済的変容の下において、19世紀後半から20世紀初頭にかけて、近代市民社会としてのチェコ国民社会が形成されていった。第3章の議論を部分的に先取りすることになるが、ここのチェコ国民社会の形成について簡単にまとめておこう。

19世紀中盤に着手されたチェコ国民社会の形成は、前近代社会を近代市民社会に編成替えすると同時に、チェコ語を媒体とする公論の場を創出するプロジェクトとも表現できる[14]。チェコ国民社会形成の担い手は、主に市民層や農村富裕層に属する者であり、多くの場合、自由主義に共鳴していた。文芸語としてのチェコ語の可能性を信じた彼らは、同時に自らの市民性と近代性を主張することにより、ドイツ・ネイションに比肩しうる存在としての「ネイション」の権利を要求した。チェコ国民社会は、王朝や貴族、宗派、都市または農村住民が有する伝統や慣習と、彼らの主張や実践との複雑な相

---

12) 桐生（2012, 238-275）は、世紀転換期における農村下層民に関する議論を分析して、農村下層民の市民社会への統合と権力関係の再編という農村社会の再編成を解明している。
13) 第一次世界大戦前のプラハにおける住宅問題やその対応については森下（2013）を参照せよ。
14) チェコ国民社会の形成についての概略は、篠原（1998；2003a；2003b；2012）や福田（2006）に多くを依拠している。ボヘミア農村社会におけるチェコ国民社会の形成については桐生（2012）を参照せよ。

互作用のもとで形成されていった。ときには、住民の娯楽や宗教的な祭典が領有されて、チェコ国民社会の「伝統」や「慣習」に組み込まれていったのである。

しかし、チェコ国民社会形成の担い手の主張が人口に膾炙するためには、質的な転換と量的な拡大という条件が整わなければならなかった。質的な転換とは、国勢調査の開始やチェコ語による高等教育の普及などにより、1860年代に重視されていた市民性や近代性以上に、「チェコ性」と「チェコ語」が1880年代以降において重要性を有すること（福田 2006, 23-24）になったことを意味している[15]。一方、量的な拡大に関しては、19世紀後半をつうじて次第に国民意識が中間層に浸透していき、世紀転換期までには、新たに下層民が国民社会に包摂されるようになった。しかし、社会・経済的な近代化による政治的な分化がすでに進んでいたために、下層民へのナショナルな意識の浸透は対立を引き起こしながら政治勢力ごとに行われた。その結果、20世紀初頭にはチェコ人意識の社会への浸透が相当程度に進行したのである。ただし、全員がチェコ人意識を最優先にして行動するようになったのではない。地域社会においては、複数のアイデンティティや言語が状況に応じて使い分けられていた。少なくない住民は、そもそもナショナルな意識に関心を抱いていなかった[16]。この時期においてもナショナルな意識の浸透と広がりには、地域などによって大きな差があったと考えられる。

これらの発展の結果、ハプスブルク君主国におけるチェコ人の社会的な地位は上昇し、同君主国において優越的な地位を保っていたドイツ人との差を縮めることになった。順調な経済発展とそれに下支えされた国民社会の発展は、チェコ人政党・政治家が政治的な権利を要求する根拠を提供した。19世紀後半以降には、数多くの地方自治体の運営の主導権をチェコ人政治家がド

---

[15] ヨーロッパにおいて、国民概念は、19世紀後半までは自由主義イデオロギーの一部を構成していたが、19世後半から20世紀初頭にかけてエスニシティと言語に中心的意義をおくように変容していった。この点についてはホブズボーム（Hobsbawm 1990）を参照せよ。

[16] 近年において盛んに言及されるようになってきた国民的無関心（national indifference）についてはザーラ（Zahra 2008）を参照せよ。

イツ人政治家の手から奪い、ボヘミア政治におけるチェコ人政党・政治家の優位が確立された。そのため、特にボヘミアのドイツ人政党・政治家は自らの地位の低下に対する危機感を抱くようになった。そのうえ、世紀転換期になると、多くのチェコ人労働者がドイツ人居住地域であった北ボヘミアの工業地帯に流入したことは、ドイツ人の危機感を増幅させた。一方、チェコ人の側では、このような発展にもかかわらず、自らが中央政府との関係において劣等な地位におかれているという鬱憤が晴れることはなかった。20世紀初頭のボヘミアにおけるナショナルな対立は、チェコ人が多数派を占めるボヘミア行政にドイツ人が不満を述べる一方、ドイツ人が多数派を占めるウィーンのシスライタニア政府管轄の分野においてチェコ人が発言権を要求するという構図を示していたのであった。

　最後に、チェコ社民党を除く、チェコ人政党・政治家によるナショナルな主張に根拠を与えたボヘミア国家権（České státní právo）について簡単に説明しておこう。国家権概念は中世のボヘミア王国における「王冠」概念を起源とするものである。同概念によれば、ボヘミア王国、モラヴィア辺境伯領、シレジア侯爵領から構成されるチェコ王冠諸邦は、1526年にハプスブルク君主国のフェルディナント（Ferdinand）が国王に選出された後も公式に廃止されたことはなく、法的には継続しているとされた。もともと、国家権は、中世以来の歴史的な政治単位である領邦を基盤とした地域主義である愛邦主義（Landespatriotismus）の根拠であった。しかし、1860年代における連邦派大土地所有者との連合の結果、当初は自然権に基づくナショナルな主張を展開していたチェコ人自由派が国家権概念を受容した。それにより、チェコ人政党・政治家は、この「歴史的権利」に基づいてチェコ王冠諸邦の自治を要求するようになった。それに対して、チェコ社民党は、封建制度の残滓であるとして国家権を拒絶し、領邦の境界とネイションの居住地域が一致しない現状に鑑みて、君主国におけるナショナルな平等を実現する根拠として、個人の自然権を掲げていた[17]。

---

17) ボヘミア国家権については佐藤（2004；2005）を参照した。本書では、ボヘミア国家権は、政党政治の文脈でのみ必要に応じて触れるのみにとどめた。そのため、概

第2節　チェコ人政党

本節では、チェコ人政党について簡単に説明していく。その際、1907年に実現された帝国議会選挙における男子普通選挙権の完全導入に対する諸政党の対応も検討する。そのため、本節には、次章以降の議論と重なる箇所や先取りしている箇所があることを断っておく[18]。

青年チェコ党[19]

青年チェコ党は、ロシア支配下の会議王国領を中心とするポーランド人蜂起（1863年）に対する見解の相違を契機に成立した老チェコ党内部の左派によって、1874年に設立された。1880年代には老チェコ党に対する不満を吸収することによって、一挙に党勢が拡大した。その結果、青年チェコ党は、1891年帝国議会選挙後にはチェコ人政党・政治家による統一的な政治行動を主導する政党にまで成長した。しかし、社会的・経済的利益の充足を二の次にしたことが、1890年代以降の部分利益を代表する政党の設立を許し、20世紀初頭になると青年チェコ党は次第に党勢の衰退に苦しむことになる[20]。

念自体の分析や概念をめぐる言説分析は行わなかった。
　なお、「王国の王冠」概念が援用されることにより、「ナチィオ」概念の多義化をつうじて、スロヴァキア・ネイション概念が構築される過程と正統化される過程を解明した研究として中澤（2009）が挙げられる。

18) 本節では、チェコ人政党以外の政党を取りあげてない。ドイツ人政党についてはシェベク（Šebek 2005）を、ポーランド人政党についてはマリーシュ（Malíř 1996a）を参照せよ。また、大土地所有者は、本書の主たる分析の起点である1907年の帝国議会選挙において議席を喪失したために、帝国議会下院においては影響力を大幅に失った。それゆえ、本書では大土地所有者の政治勢力を取りあげなかった。大土地所有者の政治勢力についてはゲオルギエフ（Georgiev 2005）とヴェレク（Velek 2005b）を参照せよ。

19) 青年チェコ党については、マリーシュ（Malíř 2005）やガーヴァー（Garver 1978）を参照せよ。クラマーシュについては、さしあたりヴェレク（Velek 2009）を参照されたい。

20) 党の前身となる老チェコ党の派閥の設立から世紀転換期までの青年チェコ党につい

青年チェコ党は、1880年代後半に各種の運動の提携と党組織の拡大を推進したとはいえ、名望家政党としての性格を色濃く残していた。この時期までに提携した各種利益の多くが1890年代後半に離反した結果、20世紀初頭の青年チェコ党は、事実上、チェコ人の産業利益や官僚層などの都市における中流以上の市民層を代表する政党に変貌していた。しかし、同党は、自らが主導する統一的な政治行動を維持しようとしたことはもちろんのこと、政党間競合の現出を否定できなくなった時期においても、チェコ・ネイション全体を代表しているという意識をけっして失わなかった。1914年5月に結党40周年を迎えることに言及した記事が同党の月刊誌に掲載された際には、青年チェコ党は、「最大政党ではないが、チェコ人議員を指導する政党」であり、「全階級を代表し、全利益を等しく代弁していた」ことが誇られていた（Penížek 1913-1914, 461, 463）。

しかし、党勢の衰退を食い止めるためには、帝国議会選挙における男子普通選挙権の完全実施に備えるとともに、実情に合わせた党組織の近代化が必須であった。それを実現するために党改革が青年チェコ党にとって急務であった。そのような改革に着手したのがクラマーシュであった。彼は、男子普通選挙権が完全導入された帝国議会選挙において一定の勝利を収めることにより、チェコ政治における青年チェコ党の優越的な地位の保持を目論んだのであった。

1907年3月の党大会までに実現されたこの改革は大きく3点にまとめることができる。第一は、青年チェコ党の支持勢力の拡大である。同党は、チェコ産業界との繋がりを強化する一方、知識人との連携を掲げた。その結果、分裂状態にあった進歩派勢力のなかで独自に行動してきたラシーン（Alois Rašín）のグループやリアリスト党を離党したトボルカのグループが青年チェコ党に合流した（Malíř 2005, 171）。

第二は、党綱領の改定とそれによる綱領の拡充である。党大会で承認された党綱領では、ナショナルな価値、国家権、自由主義、民主主義が党の重視

ては本書第3章でも検討している。

するものとして挙げられた。さらに、チェコ政治及び経済からハプスブルク君主国の外交問題に至るまで、多岐にわたる分野の要望が綱領に載せられていた (*Program* 1912)。それによって、同党は、チェコ国民社会内部の各階層・職業集団の要求にいっそう応じようとしたのであった。

　第三は党組織の改革である。それまで同党を支えてきた党友網と政治クラブを基盤にしつつも、各地域に党支部を設置することにより党組織のヒエラルキー化が目指された。また、党の意思決定を迅速化・効率化するために行動委員会（akční výbor）が設置された。

　さらに、クラマーシュら党指導部は、上に挙げた党改革と並んで、自らの政策に反対する党内急進派に対する対策を講じた。20世紀初頭においてもいまだに無視できない勢力を保っていた党内の急進派は、自らの影響下にあった『ナーロドニー・リスティ（Národní listy）』を活用して、ナショナルな点で急進的かつ教条的な主張を続けるにとどまらず、しばしば党内穏健派や党指導部を激しく攻撃した。急進派の主張は党指導部の正統性を損なう可能性もあり、無視できない問題であった。しかし、『ナーロドニー・リスティ』を所有していたのは青年チェコ党の創設者の一族であるグレーグル（Grégr）家であった。それゆえ、党指導部が同紙を統制下に置くことは困難であった。この問題に対して、クラマーシュは、入党して日の浅いラシーンらとともに、自らの政治的な戦略に対する理解を訴えるための手段として、『ナーロドニー・リスティ』に対抗する新たな機関紙の発行を決断した。そのような意図から1907年3月末に日刊紙『デン（Den）』が創刊された（M. Kučera 1996, 77-81）。

　このように、クラマーシュら党指導部は、来るべき帝国議会選挙に備えて党組織の近代化や勢力の拡大に取り組んだ。しかし、青年チェコ党は、けっして大衆政党のような党組織を擁することはなく、この改革の後にも名望家政党としての性格を消し去ることをできなかった。この性格は、党の規模の小ささに比して、長年にわたり執行委員会議長を務めたシュカルダ（Jakub Škarda）や1908年に死去するまでクラマーシュのライバルであったヘロルト（Josef Herold）など、同党が多数の有力な政治家を擁していた点にも表れ

た。第一次世界大戦期には、トボルカや大臣経験者であるフィードレル（František Fiedler）が積極派として影響力を有するようになる。同党の名望家政党としての性格は、こうしたタイプの政党にしばしば見られるように、政治家個人や議員団の力が強力であるために、党としての見解の一致を困難にすることをも意味していた。

農業党[21]

農業党の母体は、甜菜生産者が中心となって1896年に設立されたチェコ営農家連合（Sdružení českých zemědělců）であった。連合は、当初、青年チェコ党への支持を明確にしていた。しかし、連合の自律性をめぐる同党との見解の相違のため、両者の関係はけっして良好ではなかった。結局、青年チェコ党が保護していた製糖業者・大規模経営農家との対立と経済アウスグライヒの更新への青年チェコ党の対応への不満とが契機となり、1899年に連合は農業党を設立した（Velek 1999, 137；2000, 124-129；Kubricht 1974, 47-49）。同党は、設立から程なくして他の農民運動を自党に取り込んでいった。1900年には富裕な農民を中心とするボヘミア王国農民同盟（Zemská selská jednota pro království České）が農業党に合流した。1906年には東ボヘミアの農民運動が、青年チェコ党から農業党に鞍替えした。それに先立つ1905年には、モラヴィアとシレジアの農業党と合併し、党の正式名称がチェコスラヴ農業党に変更された。

他の農民運動や政党との合併以上に農業党を飛躍させたのは、大衆政党への転換であった。設立当初、農業党は富裕な農民を中心とする政党であった。初代の執行委員会議長に就任したクブル（Stanislav Kubr）や彼の後任のジュジャールスキー（Josef Žďárský）などの創設者世代は保守的な傾向を有していた。それに対して、シュヴェフラ（Antonín Švehla）[22]を中心とする若い世

---

21) 農業党に関しては、ミラー（Miller 1999）やクブリヒト（Kubricht 1974）、ロコスキー（Rokoský 2005）、ハルナとラチナ（Harna and Lacina 2007）、桐生（2012, 197-237）を参照せよ。
22) シュヴェフラの政治指導については、ミラー（Miller 1999）の研究を参照せよ。

代、いわゆるシュヴェフラ派は、全農村諸階級を代表する大衆政党に転換することを望んだ。この対立は、帝国議会選挙への男子普通選挙権の完全導入をめぐって先鋭化した。結局、1905年末の執行委員会と党大会において、普通選挙権導入に反対した党の創設者世代を中心とする保守派に対して、それに賛成したシュヴェフラ派の勝利というかたちで対立にいちおうの決着がついた。しかし、保守派の影響力が失われることはなかった。これ以降、農業党は保守派とシュヴェフラ派の対立を抱え込むことになった。

党大会後、シュヴェフラ派による党の組織化が加速され、農業党は着実に大衆政党へと発展していった。その過程においては、党の地方組織の整備と並んで、農業党の中核であった各種農産物別の生産者団体の設立や協同組合の設立をつうじた中小農民の組織化が進められた。特に農業党の中核ともいえる甜菜生産者団体に対しては、シュヴェフラ自身が熱心にかかわっていたこともあり、甜菜生産者と製糖業者との対立に際して、農業党は支援を惜しまなかった。また、日刊紙『ヴェンコフ（Venkov）』が党機関紙として1906年に発刊された。

最後に、党の有力な政治家について触れておこう。シュヴェフラの片腕と評される存在であったのは、青年チェコ党と袂を分かった東ボヘミアの農民運動を指導していたウドルジャル（František Udržal）であった。帝国議会議員として経験豊かな彼が入党したことにより、帝国議会の農業党議員団はより柔軟で現実的な対応をとることが可能になった（Charbuský 2000, 201）。また、モラヴィアにおける農業党の指導者であったスタニェク（František Staněk）も当初はシュヴェフラに協力的であった。一方、帝国議会の農業党議員団長を務めていたプラーシェク（Karel Prášek）は、普通選挙権の完全導入に反対する保守的な思想を有しており、党内で急速に力をつけてきたシュヴェフラをライバル視していた。ただし、この時期においては党の創設者世代のほうがプラーシェクよりも保守的であった。それゆえ、シュヴェフラとプラーシェクの対立はまだ決定的ではなかった点にも留意する必要がある。

第2章 19世紀後半から20世紀初頭までのチェコ諸領邦とチェコ人政党

国民社会党[23]

　国民社会党は、1897年帝国議会選挙において初めて議席を獲得したチェコ社民党に対抗するために、青年チェコ党を支持していたナショナリズムに傾倒した労働者と進歩主義運動の系譜に連なる社会問題に関心を持つ知識人とによって設立された。国民社会党の設立時期はまさに言語令をめぐってシスライタニアにおいてナショナルな感情が高まっていた時期と重なっていた。このことは同党の急速な成長を助けた。しかし、設立当初は青年チェコ党から財政支援を受けていた。また党の事実上の指導者であったクロファーチ（Václav Klofáč）自身が、設立後しばらくの間、『ナーロドニー・リスティ』の編集者を兼任していた。そのため、国民社会党は青年チェコ党の労働者向け支部とみなされていた。設立から日が経つにつれて、同党は、青年チェコ党との提携関係から脱却して独自色を強めた。

　さらに、中小市民層に属する都市住民が入党した結果、国民社会党は、熟練労働者から教師までの様々な職業集団をも代表する政党へと成長した。その結果、相反する様々な利益を包含した同党は、党の支持基盤を統合する必要に迫られた。その役割の一端を果たしたのが党の綱領であった。特に、1902年の党大会で承認された綱領は、党内に存在する多様な利益の要求に応えたものであり、主張の面において党の安定に寄与した。それでも、国民社会党は、ナショナリズムと非マルクス主義的な社会主義の間で常に揺れ動くことになる。なお、同綱領は、党務や政務において中心的な人物であったホツ（Václav Choc）が作成を主導したことから、「ホツ綱領」と呼ばれていた（Harna ed. 1998, 62-69；Harna 1998, 18）。また、若手を中心に反軍国主義が唱えられていた。

　それと並行して党組織も整備された。国民社会党は典型的な大衆政党タイプであり、執行委員会を頂点とするヒエラルキー型の組織と各地方に張り巡らされた党支部を有していた。国民社会党は、チェコ諸領邦に加えて、チェ

---

[23] 国民社会党を長年にわたり研究してきたハルナの著作のうち、それまでの研究成果を要約したものと考えられるもの（Harna 1998；2005）に依拠した。他には、クラーティル（Klátil 1992）とケリー（Kelly 2006）を参照した。

コ人が多く居住していたウィーンにも進出していることをアピールしたが、実際には、ボヘミアのみに支持が広がっていた政党であった。同党は、党機関紙として『チェスケー・スロヴォ（České slovo)』を、傘下の労働組合としてチェコ労働者共同体（Česká obec dělnická）を擁していた。また、同党においては、他党に比して女性団体や青年組織の活動が盛んであったことは注目に値する。これらを活用して、国民社会党は、とりわけボヘミアにおいて議会外での活発な活動をつうじて、党勢の拡大とナショナリスティックな自党の主張の社会への浸透を目指したのである。

その結果、国民社会党は、20世紀初頭をつうじて勢力の拡大に全体として成功した。しかし、その代償として、財政難と党内対立を同党は抱えることになる。党の財政にとって、党の拡大路線への支出に加えて、検挙された党員の裁判費用などの負担が重荷であった。一方、党内対立については、有力な政治家間の意見の相違に加えて、クロファーチの行動が影響を与えていた。第一次世界大戦前のクロファーチは、党務に強い関心を抱かず、帝国議会議員団長以外の党の役職に就こうとはしなかった。さらに、彼は、他党であれば片腕として活躍したであろう実務能力の高いホツと対立していた。それゆえ、単純化するならば、党内対立は、現実主義的ではあるが党内事情をあまり顧みないクロファーチを一方の極として、実務能力は高いが原理原則にこだわるホツをもう一方の極として展開された。

カトリック政党[24]

チェコ諸領邦におけるカトリック政党は、ボヘミアとモラヴィアという領邦単位の組織原理と、保守系のカトリック政治運動とキリスト教社会運動という思想上の違いのため、独立直前まで単一の政党にまとまることがなかった。また、19世紀中盤から開始される発展の経緯は非常に複雑であった。大別すると、保守系の政治運動は、教会上層部の一部とカトリック系の老チェ

---

[24] チェコ諸領邦におけるカトリック政党と政治的カトリシズムについてはマレクが精力的に研究成果を公表している。本書では、彼の研究を要約したと考えられる文献（Marek 2005；2011）に依拠した。

コ党議員や連邦派大土地所有者と密接な関係を保ちながら勢力を拡大した。それに対して、キリスト教社会主義運動は、国外の思想潮流に影響を受けた司祭や補助司祭の活動に起源を有していた。そのため、カトリック政党間や各党内の人間関係は必ずしも良好とは限らなかった。

　しかし、とりわけボヘミアにおける強力な反教権主義に加えて、他のチェコ人政党からハプスブルク君主国に忠実な政治勢力と白眼視されたために、チェコ人の全カトリック政党が議会と選挙において緊密に協力することが常態化していた。特に、モラヴィアにおいては、世紀転換期以降、フルバン（Mořic Hruban）が党首を務める保守系のカトリック国民党（Katolická strana národní na Moravě）と、シュラーメク（Jan Šrámek）が党首を務めるキリスト教社会主義系のモラヴィア・シレジアキリスト教社会党（Moravsko-slezská křesťansko-sociální strana na Moravě）は両政党の棲み分けと協力関係の構築に成功した。この安定的な協力関係ゆえに、またモラヴィアのカトリック政治運動がより強力なこともあり、彼らがボヘミアを含めたチェコ諸領邦のカトリック政党を代表する顔となった。一方、1906年にボヘミアの全カトリック政党が合同してカトリック人民党（Strana katolického lidu）を設立した[25]。同党は、主たる支持基盤であった南ボヘミアと東ボヘミアにおいて、他のチェコ人政党と激しい選挙戦を展開した。しかし、合併前の対立関係がそのまま党内対立に反映されたことが党の発展にとって障害となった。

　一方、このような政党の分立状態にもかかわらず、キリスト教社会主義勢力が中心となって進められた支持基盤の組織化は他の大衆政党に引けを取らないものであった。主な参加組織として、農民団体、労働組合、体操協会が挙げられ、これらは、政党の分立状態にかかわらず、単一の組織として設立された。一方、政党の分立状態が反映されたのは、青年団体や女性団体、党

---

[25] チェコ語の格変化をより意識して訳すと、カトリック人民党は、「カトリックの民の党」になる。この政党名に用いられている「人民（lid、ドイツ語に訳すならばVolk）」は、「民族」よりも「人々」という意味を強く帯びている。同じ「人民」という訳語を用いたとはいえ、カトリック人民党と後述するモラヴィア人民党などの間で「人民」の意味が異なることに注意が必要である。

機関紙であった。

チェコ社会民主党[26]

　シスライタニアとチェコ諸領邦における社会主義運動や労働者運動は、19世紀後半において紆余曲折を経て発展した。現在のチェコ社民党が自党の起源としているのは、1878年に結成されたオーストリアにおけるチェコスラヴ社会党（Socialistická českoslovanská strana v Rakousuku）である。同党は、1882年から激しい党内対立に陥ったが、1887年に開催されたブルノ大会において党内対立に終止符が打たれ、同党はチェコ社民党に改名された。シスライタニア全体における社会主義陣営の分裂状態もその頃に克服され、1888年に開催されたハインフェルト統一党大会においてオーストリア社会民主労働党（Sozialdemokratische Arbeiterpartei in Österreich、以下では全オーストリア社会民主党と表記）が結成された。ヴィクトル・アドラー（Victor Adler）によって急速に組織化が進められていた全オーストリア社会民主党に、チェコ社民党も党大会から合流していた。

　結党直後から、全オーストリア社会民主党はネイション別の組織原理を漸進的に強化していくことになる。1893年に党組織規程が承認されたことにより、チェコ社民党の組織的な自律性が大幅に高まった。1897年に開催されたウィーン党大会において、全オーストリア社会民主党は、ネイションを単位とした連邦的な組織形態の導入による党組織の分権化を決定した。それにより、各ネイションの社会民主党が広範な権限を獲得した。また、同党はナショナルな問題に関して、個人単位のネイション原理の採用と諸ネイションの平等を唱え、それに基づいたハプスブルク君主国の連邦化を要求した。しかし、このような主張や実践が党内のナショナルな対立を解消したわけではなかった。特に、チェコ社民党とオーストリアにおけるドイツ人社会民主党（Deutsche Sozialdemokratische Arbeiterpartei in Österreich、以下ではドイツ・オーストリア社会民主党と表記）との対立は全オーストリア社会民主党を

---

[26] チェコ社民党については、コジャルカ（Kořalka 1990：2005）、ベネシュ（Beneš 2017）、南塚編（1999）を参照した。

第 2 章　19 世紀後半から 20 世紀初頭までのチェコ諸領邦とチェコ人政党

揺るがすことになる。ネイション原理以外に関しては、全オーストリア社会民主党は、普通選挙権の導入や広範な社会立法などを要求していた。

　一方、構成政党であるチェコ社民党は、全オーストリア社会民主党のナショナルな争点に関する主張（個人単位のネイション原理）を受け入れただけでなく、国家権を否定していたために、他のチェコ人政党から距離をおかれていた。とはいえ、帝国議会や領邦議会選挙における制限選挙制度のために議席数こそ少なかったが、党組織や党員の規模を基準とすると、同党は、チェコ人政党のなかでは最大の規模を有し、それに支えられた動員力を誇る大衆政党であった。同党は、地域単位で設置された党組織網を張り巡らし、体操協会、女性団体、青年団体、協同組合など、様々な分野を網羅する傘下組織を設立した。また、チェコスラヴ労働組合連合（Odborové sdružení československanská）とは実質的な提携関係にあった。党を代表する機関紙としては日刊紙『プラーヴォ・リドゥ（Právo lidu）』が 19 世紀末から発刊されていた。また、全オーストリア社会民主党と同様に、チェコ社民党においても労働者に浸透する手段として詩歌や韻文などの活用が積極的に行われた。

　チェコ社民党を長年にわたり指導してきたのは、1900 年から同党の執行委員会議長を務めていたニェメツ（Antonín Němec）であった。時には招かれた他のチェコ人政党との会合には、帝国議会議員にも選出されていた彼が党を代表して出席していた。同党の他の有力な政治家としては、モラヴィア政治において活躍したトゥザル（Vlastimil Tusar）、帝国議会や論壇で活躍したソウクプが挙げられる。さらに、シュメラル（Bohumíl Šmeral）は、理論に強い党の将来を担う若手として頭角を現していき、第一次世界大戦中には実質的に党を指導する立場に立った。一方、党執行部から距離をとる政治家と目されていたのは、西ボヘミアの中心都市であったプルゼンの党組織を率いていたハブルマン（Gustav Habrman）と、協同組合運動の指導者のモドラーチェク（František Modráček）であった。ただし、社会主義の徹底を唱えていたハブルマンと、党内における右派の 1 人に数えられていたモドラーチェクが共同戦線を張ることは簡単なことではなかった。

その他の政党

　以上に挙げた政党以外にも多くの小規模なチェコ人政党が存在した。その理由の一端は、1890 年代に盛り上がった進歩主義運動が、政府からの弾圧後に四分五裂状態に陥ったことにあった。クロファーチを中心として国民社会党の設立に携わった者、ソウクプに代表されるチェコ社民党に入党した者、ラシーンに代表される青年チェコ党に入党した者を除いた残りの進歩派勢力が、チェコ急進進歩党（Česká strana radikálně pokroková）とチェコ国家権党（Česká strana státoprávní）というナショナリスティックな政党を設立していた。1908 年には両政党が合併してチェコ国家権進歩党が設立された。初代党首であったハイン（Antonín Hajn）は、チェコ政治において進歩派勢力を代表する著名な政治家とジャーナリストであった。とはいえ、国家権進歩党自体が大きな勢力を有することはなかった[27]。なぜなら、国家権進歩党は、知識人や中小市民層を自らの支持基盤と見なしており、大衆政党型の党組織の建設に関心を示さなかったからである。それゆえ、労働者からの支持を重視していた国民社会党と国家権進歩党は、ナショナルな問題では協調することが可能であったが、社会的・経済的な問題に関してはしばしば対立していた。なお、国家権進歩党は、フランツ・フェルディナント（Franz Ferdinand）皇位継承者夫妻暗殺前の 1914 年 5 月の時点において、世界大戦の勃発の蓋然性が高いことを指摘したうえで、来るべき大戦を利用したチェコ諸領邦の独立を構想した唯一の政党であった。

　また、進歩主義運動と関係が深い一方、ナショナルな問題に対する考えの違いから進歩派政党とは一線を画していたのがリアリスト党であった[28]。同党は、マサリクを中心とする知識人によって 1900 年に結成され、1905 年まではチェコ人民党（Česká strana lidová）を、同年以降はチェコ進歩党を正式名称としていた。リアリスト党は、青年チェコ党や国民社会党、他の進歩派政党とは異なり、ボヘミア国家権を根拠にした自治を重視せず、ネイション

---

[27] 国家権進歩党を含む進歩派政党は M. クチェラ（M. Kučera 2005）を、国家権進歩党のみについては、前掲論文に加えてトメシュ（Tomeš 1982；2015）を参照せよ。

[28] リアリスト党の起源になるリアリスト・グループについては第 3 章を参照せよ。

の経済的・文化的発展の必要性を強調していた。

　一方、19世紀後半のチェコ政治を主導したのが老チェコ党であった[29]。第3章で検討するように、1890年のウィーン和協交渉の失敗と翌年の帝国議会選挙における大敗により、老チェコ党は、チェコ政治の主導権を喪失したのみならず、保守的な階層を代表する小政党に転落していた。しかし、同党は、皇帝による任命制のおかげで、チェコ人政党のなかで最も多くの帝国議会上院議員を擁していた。また、地方自治体レヴェルでは同党はその後も影響力を有していた。著名な学者でもあったブラーフ（Albín Bráf）やボヘミア王国領邦銀行頭取を長きにわたり務めたマトシュ（Karel Mattuš）、ジャーチェク（Jan Žáček）などの有力な政治家は、事実上の名誉職に近い地位が大半を占めたとはいえ、チェコ諸領邦においても高位の役職に就くことが多かった。とはいえ、彼らのほとんどが19世紀後半から活躍していた古参であったことは、同党が政治の世界から消え行く存在であることを暗示していた。

　最後に、ストランスキー（Adolf Stránský）によって設立されたモラヴィア人民党[30]を説明しておこう。モラヴィア人民党は、1891年帝国議会選挙における老チェコ党の大敗を契機として、モラヴィアにおける同党内のリベラル系の派閥が結成した政党であった。同党は、青年チェコ党の友党として、世紀転換期のモラヴィア政治における指導的な立場を得ていた。モラヴィア人民党は、青年チェコ党と類似した党組織を有していたゆえに、20世紀初頭に青年チェコ党と同様に党勢の衰退に苦しんだ。ストランスキーは、青年チェコ党とは異なる手法によって党勢衰退からの脱却を試みるのであった。また、同党は党機関紙として『リドヴェー・ノヴィニ（Lidové noviny）』を発行していた。

---

[29] 老チェコ党については、M. クチェラ（M. Kučera 1994）、マリーシュ（Malíř 1996b）、チブルカ（Cibulka 2005）を参考にした。また、本書第3章において19世紀後半の老チェコ党について言及している。

[30] モラヴィア人民党とモラヴィアの政党システムについてはマリーシュ（ex. Malíř 1996a）が詳細に分析している。

第3節　小　括

　本章第1節では、ハプスブルク君主国とシスライタニアの政治制度を概観したうえで、チェコ諸領邦における社会的・経済的な発展とチェコ国民社会の形成について検討した。それにより、19世紀後半から20世紀初頭にかけてチェコ人政党の発展を支える素地が形成されたことが明らかになった。

　第2節では、諸チェコ人政党について検討した。多くの政党が、男子普通選挙権完全導入後の帝国議会選挙前後において、党勢拡大を目指した活動を活発に行っていた。その結果、20世紀初頭までには、戦間期チェコスロヴァキアの政党システムとの強い連続性を有する多党制が成立したのであった。ただし、諸チェコ人政党は党内対立から逃れることはできなかった。大衆政党の建設に成功した政党においては、多様な勢力を党の支持基盤に組み込んだ負の側面として、社会的・経済的・政治的な利益の違いに起因する党内対立が生じやすかった。一方、名望家政党型の党組織またはそれに類する党組織を有する政党では政治家個人や議員団の力が強いゆえに、卓越した政治指導者がいない限り、政治家間の対立が顕在化しやすかった。

　しかし、次章以降で分析するように、多党制の成立が、19世紀後半からの「伝統」であったチェコ人自由派による統一的な政治行動も完全に潰えたことを意味しなかった。むしろ、諸チェコ人政党が党勢拡大に力を入れていることも利用して、帝国議会選挙における男子普通選挙権の完全実施が確実視された段階で、クラマーシュは、青年チェコ党が主導する統一的な政治行動の継続を目指すのである。

第 3 章

統一的な政治行動の変遷
―― 20 世紀初頭までのチェコ政治

> 本章では、ハプスブルク君主国が立憲制に復帰した 1860 年代から、男子普通選挙権が帝国議会選挙に完全導入されることが実現される直前にあたる世紀転換期までのチェコ政党政治を概観する。それにより、19 世紀後半においてチェコ人政党・政治家による統一的な政治行動がいかに継続したことを明らかにする。

第 1 節　老チェコ党による統一的な政治行動

老チェコ党による統一的な政治行動を支えた要因

　イタリアとの戦争で敗北したことによりハプスブルク君主国が立憲制に復帰するとともに、1848 年革命時にチェコ人の間で主導的な役割を果たしたチェコ人自由主義者は、パラツキー（František Palacký）とリーゲル（František Ladislav Rieger）の指導の下に老チェコ党を結成した。同時に、彼らはチェコ人の地位向上を求めて政府に働きかけた。しかし、老チェコ党は、シスライタニア政治ではとるに足らない少数派であることを程無く自覚し、下位地方自治体を重要な拠点として活動することになる（篠原 2012, 185-186）。それには飽き足らず、全国政治や領邦政治での活路をも求めた同党は、チェコ王冠諸邦という歴史的な単位に基づいた自治の実現を共通の目的として、同じく協力相手を探していた連邦派の大土地所有者と連合を組んだ。この連合により、老チェコ党は従来の自然権に基づくナショナルな主張と反教権的な姿勢を弱めることになり、老チェコ党内部の左派が不満を抱くことになった。この不満が 1863 年に勃発したロシア支配下における会議王国領を中心

とするポーランド人蜂起に対する見解の相違を契機に噴出した。1864年には老チェコ党内部において、後の青年チェコ党の母体となった、『ナーロドニー・リスティ』を拠り所とする1つの派閥が形成された。しかし、彼らは、老チェコ党内の派閥の時期のみならず、老チェコ党から独立してからしばらくの間、老チェコ党の指導に服せざるをえなかった。むしろ、老チェコ党内の左派に属する政治家自身が、原理的な問題に関しては党指導部との違いがないことを強調したのであった。

では、なぜ青年チェコ派（党）は、老チェコ党の支配に屈したのだろうか。第一の要因は政府との関係である。リーゲルを中心とするチェコ人政治家は、アウスグライヒ実現後も、政府が国制改革に着手することに期待をかけていた。1863年から連邦派の大土地所有者とともに採用していた、「消極的反対」と呼ばれた議会ボイコット戦術も、政府から譲歩を引き出すためのものと理解できる。一方、帝国議会選挙に直接選挙制が導入される1873年以前においては、政府による帝国議会多数派形成の成否は、ボヘミアとモラヴィアの領邦議会の大土地所有クーリエの選挙結果に左右された（平田 2007, 13-14）。それゆえ、政府は、ドイツ人自由派に依拠することを望まない場合には、ドイツ人保守＝教権派とともに、老チェコ党と連邦派の大土地所有者を取り込むことが必要であった。その最大の事例は、失敗に終わった1871年の基本条項交渉であった[1]。このような交渉の場では、政府はチェコ人議員や連邦派の大土地所有者を指導する少数の政治家のみを呼び出していた。その際、交渉に参加した政治家にとって、自らの指導の下に一致団結していることは交渉を有利に進めるための必要条件であった。

第二の要因は、チェコ国民社会の規模と選挙制度である。この時期におけるチェコ国民社会の形成はまだ端緒についたばかりであった[2]。この動きに積極的に参加したのは非常に限られた人々にすぎなかった。なにより、チェ

1）基本条項交渉については、クシェン（Křen 1990, 186-193）、鳥越（1991）、森（2010）を参照せよ。邦語文献では、さらに川村（2005）の研究が存在する。

2）コジャルカは、この時期のチェコ諸領邦においてナショナリズム以外の様々な思想潮流が存在していたことに注意を喚起している（Kořalka 1996）。

第 3 章　統一的な政治行動の変遷

コ国民社会形成の担い手の多くが、ドイツ語教育のみを受けてきた世代であり、チェコ語よりもドイツ語を得意とする者も多かった。それゆえ、チェコ人政治家が「チェコ人の要求」と語った場合、それはチェコ人としての意識を獲得した者の間での「要求」であり、彼らの周縁には国民意識を有していない多くの住民が存在していたのである。

このようなチェコ人政治家の「要求」を支えていたのが選挙制度である。領邦議会選挙と 1873 年以降の帝国議会選挙はクーリエ制に基づく制限選挙制であった。選挙権は、全人口の約 6 ％に相当していた、年 10 グルテン以上の直接税納入者に与えられた。領邦議会は、第一（大土地所有）クーリエ、第二（都市）クーリエ、第三（農村）クーリエから、直接選挙が導入された 1873 年以降の帝国議会は、第一（大土地所有）クーリエ、第二（商工会議所）クーリエ、第三（都市）クーリエ、第四（農村）クーリエから構成されていた[3]。この制度が労働者だけでなく大部分の下層市民を排除する性格を有していたことは明らかであった。語弊を招くかもしれない表現を用いれば、選挙結果は、政府とごく限られた階層にとってのみ重要であった。

形成途上のチェコ国民社会と厳格な制限選挙制度は、老チェコ党による統一的な政治行動に 2 つの点で寄与した。第一は、規模が小さいゆえに、老チェコ党の統一的な政治行動に反発する政治家にとって動員戦略の有効性が低かった[4]。第二は、社会や政治におけるナショナルな境界が厳格なものでなかったゆえに、この時期においては、チェコ人自由主義者とドイツ人自由派

3）1873 年以前の帝国議会は、領邦議会から代表が派遣される間接選挙によって構成されていた。当時のシスライタニアの選挙制度とその効果については平田（2007, 203-207）が詳しい。

4）大津留（1984）などによれば、1860 年代後半から 1870 年代前半にかけて、フス派急進派の名称から採られたターボル（tábor）運動と呼ばれた、チェコ人の要求を実現するために大衆的な集会運動が展開された。一見すると、同運動は、当時の社会における国民意識の広がりと動員戦略の可能性を示しているように思われる。しかし、多くの参加者は政治的な公論から距離をおいていたことが指摘されている。篠原によれば、同運動は、政治的な示威行動というよりは、新たな娯楽の延長線上に理解されるものであり、それが政治的に横領されたものであった（篠原 1995, 104-105）。

との提携が必ずしも困難でなかった[5]。逆説的であるが、ネイションを単位とする政治行動が自明でなかったゆえに、ネイションを重視するチェコ人政治家にとって自らの存続のために一致団結が要請されたのである。チェコ人としてのナショナルな意識を有するが、統一的な政治行動には反対する政治家は、そのための手段について制約を受けただけでなく、ドイツ人自由派との関係を疑われることになったのである。

第三の要因は卓越した政治指導者の存在である。この時期の老チェコ党を率いていたパラツキーとリーゲルは、ともに1848年革命における活躍によりチェコ人政治家や形成途上のチェコ国民社会から多大な支持を集めていた[6]。後世に「国民の父（otec národa）」と評されるパラツキーは、1860年代以降、自らの女婿であるリーゲルに老チェコ党の指導を徐々に委ねていき、政治の表舞台から遠ざかっていった。そのため、かえって1876年に死去するまで彼の権威は保たれた。また、パラツキーに替わり老チェコ党を指導することになったリーゲルは、精力的に活躍する指導者として十分な権威を兼ね備えていた。老チェコ党はこの2人の指導者と同一視されていたのであった（Cibulka 2000, 10）。

この2人の指導者の影響力は、「我々の村民は常に綱領よりむしろリーゲルを見ている」（Havránek 1992, 105）と嘆くほどに、党内の左派の政治家たちにとって大きな問題であった。その彼らの一部も、パラツキーに対する明確な反対勢力と目されることをためらうほどであった（Urban 1983, 26）。老チェコ党の左派による新党の設立は、1860年代には実現可能性の低い構想

5）例えば、1860年代では、チェコ人とドイツ人の差異を強調せずに、両ネイションの政治家の仲介を試みた知識人が存在した（Cibulka 2000, 10）。また、1870年代末には、失敗に終わったとはいえ、老チェコ党とドイツ人自由派が提携について交渉することになる。交渉の経緯と結果については、サク（Sak 1993）やクワン（Kwan 2013）を参照せよ。

6）第1章で紹介したヴェレクは、彼の定義する国民的一体性における指導者を「国民的指導者（národní vůdce）」と定義し、それが崩壊した後では、反対勢力の存在を許さざるをえない、特定の政党が推す「政治的指導者（politický vůdce）」のみが現れたとしている。彼によれば、伝統的な「国民的指導者」はパラツキーとリーゲルであった（Velek 2001b, 299）。

にとどまり、1870年代にずれ込むことになる。このように、チェコ人政治家と形成途上のチェコ国民社会の間で権威を有する政治指導者の存在が分派活動を抑制していたのである。

　以上のように、1860年代において国民社会の形成を担ったチェコ人自由主義者は、老チェコ党に結集した。彼らは、チェコ諸領邦における自治という要求が政府により実現されることを期待して統一的な政治行動を実現した。これを担保したのが圧倒的な権威を有する政治指導者であった。もちろん、彼らの間に意見対立や内訌は存在した。しかし、それが統一的な政治行動を揺るがすような原理的な性質を帯びることは忌避された。その結果、老チェコ党の左派政治家は賛同者を増やすことができなかったのである。

老チェコ党に対する挑戦の失敗

　1870年代中盤になると、老チェコ党と連邦派の大土地所有者による議会ボイコット戦術の継続に反対して、老チェコ党内の左派によって青年チェコ党が正式に設立された。これは、基本条項交渉の失敗以降、議会ボイコット戦術の継続により政府から譲歩を引き出せる見込みが減少したことが１つの原因となっていた。しかし、ボヘミア領邦議会において70議席以上ある老チェコ党に対して、7議席のみを有していた青年チェコ党は、政府の厳しい監視対象になったこともあり、実際的な影響力を及ぼすことができなかった。

　何より、青年チェコ党の政治家は、党派対立を引き起こした主犯とみなされることを嫌い、自党の設立が国民社会を強化するために役立つことを繰り返し主張したのである。その論理を同党の指導的な役割を担った１人であるE. グレーグル（Eduard Grégr）が時計に例えて説明している。彼によれば、青年チェコ党が「主ぜんまい」で老チェコ党が「おもり」であり、両党がバランスを保つことで正確に「時を刻む」ことができるのであった（Garver 1978, 82）。青年チェコ党の主張の裏側には、他のヨーロッパの国民社会と同様に、チェコ国民社会においても社会的分化に対応した理念的・政治的分化が達成されるべきであるという意識が存在した（Urban 1982, 303；K. Kučera 2002 [1983], 156）。青年チェコ党は、「おもり」である老チェコ党の統一的な

政治行動を前提としたうえで、社会内部における思想や理念の多様性とそのなかにおける自党の位置づけを語っているのである。

　結局、政治的な影響力を有することに失敗した青年チェコ党は、1876 年に老チェコ党との共同議員クラブを設立する交渉に乗り出したのであった。この交渉は、圧倒的に優位な立場に立つ老チェコ党に対して青年チェコ党が対等な立場を要求したことや、リーゲルが議会ボイコット戦術による国制改革に期待を寄せていたこともあり、妥結までに 2 年を要することになった。とはいえ、交渉における最大の争点は領邦議会への出席の是非であった（K. Kučera 2002 [1983], 141-47）。すなわち、チェコ人の利益を追求するための戦術が問題になったのであり、統一的な政治行動自体は疑問に付されていなかったのである。

　そのうえ、両政党の交渉自体あまり耳目を集めることはなかった（Havránek 1992, 109）。チェコ国民社会では、両政党の交渉に端を発した老チェコ党内部でのリーゲルとスクレイショフスキー（Jan Stanislav Skrejšovský）との間での抗争に目を向けたのであった[7]。スクレイショフスキーは、政治的な戦略や政府に対する反対行動を立案・実施することにより、老チェコ党内部での影響力を高めていた。スラヴ系ネイション、自由主義、民主主義をより重視する彼の思想（Kwan 2013, 107）やジャーナリストとしてメディアを重視する彼の戦略は、むしろ青年チェコ党に親和的であった。それにもかかわらず、チェコ国民社会において複数の政党が存在する状況を拒絶していたスクレイショフスキーは、あらゆる手段を用いて青年チェコ党の壊滅を目指した。しかし、リーゲルは、彼の手法が他の問題に応用されることを恐れて、むしろ青年チェコ党との論争を沈静化させることを望んだ。両者の対立は、パラツキーの死によりさらに先鋭化したが、最終的にはリーゲルに軍配が上がることになった。さらに、スクレイショフスキーは、自身の専制的な政治スタイルに対する不満を抑えることに失敗した結果、この論争を契機に党内で孤立することになった。最終的に、カトリック教会と連邦派の大土地

　7）リーゲルとスクレイショフスキーの対立に関する記述は、断りのない限り、K. クチェラ（K. Kučera 2002 [1983]）に依拠している。

第 3 章　統一的な政治行動の変遷

所有者への対応をめぐって、スクレイショフスキーがリーゲルを含む老チェコ党の大部分に対して理念的な観点から論争を引き起こした。老チェコ党による統一的な政治行動を脅かしたこの論争は、個人的なスキャンダルによりスクレイショフスキーの政治的キャリアが終了したことにより、決着を見ないまま終結することになった（Urban 1982, 316-318）。

　確かに、論争の終結は偶発的な事件ではあった。しかし、リーゲルと青年チェコ党の指導者がこの事件をネイションに対する裏切りとして「断罪」することにより（Cibulka 2000, 27）、スクレイショフスキーは政治家として復活する途を絶たれた。党の実力者といえども反対すれば排除される可能性があるほど、老チェコ党による統一的な政治行動は強固なものであったのである。逆に言えば、動員戦術の効果が期待できない形成途上のチェコ国民社会において、政府との交渉可能性と卓越した政治指導者に対する信頼が高い場合、統一的な政治行動に反対することは非常に困難であったのである。

　スクレイショフスキーの失脚は、青年チェコ党との共同議員クラブ設立にとっての1つの障害が除去されたことを意味した。さらに、ベルリン会議（1878年）はシスライタニア政治に大きな影響を与えた。一方では、ドイツ人自由派がボスニア・ヘルツェゴビナの占領に反発したことは、自らの分裂を招いただけでなく、ドイツ人自由派政権に終止符を打つことになった。他方では、国際環境が安定したために議会ボイコット戦術では政府からの譲歩を引き出せないことを、リーゲルがいよいよ自覚することになる。最終的に、ボヘミア国家権に基づく自治要求を断念しないことを表明しつつも（「国家権宣言」）、1878年に老チェコ党は帝国議会に復帰した。同時に、連邦派の大土地所有者、老チェコ党と青年チェコ党によるチェコ国家権党クラブ（Klub České strany státoprávní）[8]が設立された。さらに、1880年代には、彼らはこの枠組みで政権への協力を開始することになった。この一連の出来事は、議員クラブにおけるリーゲルの立場を強化するとともに、老チェコ党による統一的な政治行動を維持することに役立ったのである。

　8）1883年に同議員クラブは帝国議会におけるチェコ人議員クラブ（Český klub na říšské radě）に改編された。

第 2 節　指導政党の交代
―― 青年チェコ党による統一的な政治行動の確立

チェコ国民社会の拡大と変容と選挙権の拡大

　1870 年代から 1880 年代にかけて、チェコ国民社会とチェコ政治の動向を左右するようになったのが、都市と農村の中間層であった。1880 年代以降のチェコ国民社会においては、国勢調査の開始やチェコ語による高等教育の普及などにより、「チェコ性」自体が重要性を有することになった。その結果、地域の実情に大きく左右されたとはいえ、都市と農村の中間層がそれまで以上にチェコ国民社会に包摂されていくことになった。一方、社会的・経済的な近代化とボヘミア経済の急成長により、中小商工業者の地位は不安定化した。また、農業の近代化と国外からの農産物の流入は、甜菜と穀物価格の長期的な下落を引き起こし、ボヘミア農民を苦境に陥れた。これらの変化は都市と農村の中間層の政治化を招いた。

　選挙制度に関しては、1882 年に帝国議会の農村・都市クーリエの課税制限の 5 グルテンへの引き下げにより帝国議会選挙権が拡大された。同時に、チェコ人政治家と連邦派の大土地所有者に有利なかたちで選挙制度が改正された（平田 2007, 208）。また、ボヘミア領邦議会の課税制限も 1884 年に 5 グルテンに引き下げられた（Tobolka 1934, 105-106）。チェコ国民社会にますます包摂されていく都市・農村の中間層が政治化した時期と重なるように、彼らが政治に参入できるようになったのであった[9]。

　これらの結果、動員戦略がチェコ政治において有効性を高めるとともに、選挙結果がチェコ国民社会においても意味を有し始めた。中間層の急進化と彼らの政治参加は、典型的な名望家政党であった老チェコ党に不利に作用した。そのうえ、老チェコ党は社会の急激な変化に対して鈍感であった。一方、青年チェコ党は、社会の変化を敏感に察知して勢力の拡大に乗り出すことで、老チェコ党に挑戦するのである。

9）農村住民の状況については桐生（2012, 165-196）を参照せよ。

ターフェ内閣と青年チェコ党の躍進

　ドイツ人自由派政権の崩壊後に組閣したターフェ（Eduard Taaffe）は、ドイツ人の保守＝教権派と大部分のスラヴ人議員による多数派に基づく、いわゆる「鉄の環（Eiserner Ring）」内閣を組織した[10]。同政権に協力したチェコ人議員に対する見返りとして、チェコ語をボヘミア・モラヴィアの行政機関における外務言語として使用することを認めたシュトレマイヤー言語令（1880年）や、プラハ大学のドイツ語部門とチェコ語部門への分割（1882年）などが実現された[11]。しかし、基本条項案に代表されるチェコ諸領邦における自治が実現される見通しは立たなかった[12]。さらに、ターフェは、上に挙げた例を含めて、リーゲルに対して要求の実現を明示的に約束したことはなかった。そのうえ、1885年帝国議会選挙でドイツ人自由派が敗北すると、政権運営に自信を深めたターフェは、むしろ老チェコ党に対して強気な姿勢を示すようになった。

　このようなターフェの姿勢に対して、「鉄の環」内閣への協力を積極的に推進したリーゲルですら、1880年代後半になるとその方針からの転換を考慮するようになった。しかし、ドイツ人自由派の政権復帰を恐れていた彼は内閣への協力を続けた（Skilling 1970, 263-264）。その結果、老チェコ党は、チェコ国民社会の中核であった市民層から遊離することになった（Křen 1990, 217）。また、リーゲル自身も、歳を取るとともに時代の変化に逆行するかのように保守的な思考を強め、自身に対する批判に過敏になっていった（Pech 1955, 284-285；Garver 1978, 64）。その結果、チェコ国民社会において老チェコ党とリーゲルに対する不満が高まった。

　老チェコ党が袋小路に入り込みつつある一方、青年チェコ党はこの状況に

---

10) ターフェに関してはジェンクス（Jenks 1965）が詳しい。
11) プラハ大学の分割の経緯と議論については、ナショナリズムの文脈だけではなく、社会的・経済的背景を重視して長濱（2010）が分析している。また、プラハ商工会議所の規約改正に関しても、チェコ人の社会的・経済的伸長と両ネイションの平等に配慮するかたちでターフェ内閣は介入したのであった（長濱 2007）。
12) トボルカは、政権に協力するためにチェコ人議員クラブはチェコ諸領邦の自治要求を諦めなければならなかったことを指摘している（Tobolka 1934, 105-106）。

活路を見いだした。1878 年の議員クラブの設立以降、リーゲルと連邦派大土地所有者が議員クラブの指導権を握っており、青年チェコ党が党として自律的な行動をする余地はなかった（Vojtěch 1977, 561）。さらに、保守的な性格を有するターフェ内閣への協力により、自由主義的・民主主義的な自己認識を抱いていた青年チェコ党は、理念と実践との間の矛盾のみならず、党内急進派の反発に起因する党内対立をも抱えることになった。同党にとって、リーゲルと老チェコ党に対する不満と農民層・中小商工業者の急進化は反転攻勢の糸口となった。青年チェコ党は、それらを自党への支持に転換することを試みた。1885 年より、青年チェコ党は、政治クラブや政治協会の増設と党友網の整備など、党組織網の整備に着手するとともに、農業運動と商工業者運動、知識人、学生運動との提携を模索した[13]。この戦略が功を奏した結果、青年チェコ党への支持は拡大し、それを背景に同党は老チェコ党への攻撃を次第に強めていった。

そのようななかで発生したのが「パン屑事件（drobečková aféra）」であった。1887 年に布告された政府支出の抑制を目的とした学校予算の削減はチェコ国民社会において極めて不評であった。それにもかかわらず内閣との提携を続ける老チェコ党に対する不満が高まった。それを受けて、青年チェコ党はリーゲルを強烈に非難した。青年チェコ党の事実上の機関紙であった『ナーロドニー・リスティ』に掲載された記事では、内閣への協力が「今ではパン屑を集めなければならない」と評された。この記事に激怒したリーゲルは青年チェコ党議員を議員クラブから追放した[14]。この決定は、リーゲルの権威が低下している状況においては、むしろ支持が広がっている青年チェコ党に有利に作用することになった。彼らは、チェコ人無所属議員クラブ

---

[13] 青年チェコ党の党組織の整備と各種利益団体との提携に関する詳細な過程はヴォイテフ（Vojtěch 1977）に詳しい。また、マリーシュの青年チェコ党の発展に関する概観（Malíř 2005）も簡潔にまとめてある。農業団体と青年チェコ党の関係についてはヴェレック（Velek 2001, 20, 21-22）を参照せよ。

[14] これは、「チェコ人はドイツ人の机から落ちたパン屑では満足しない。」という、パラツキーの発言を借用したものであった（Křen 1990, 213-214）。この事実から記事に強烈な皮肉が込められていたのかが理解できるであろう。

(Klub neodvislých poslanců českých) を翌年に設立するとともに、老チェコ党に対する敵対姿勢を強めた。その結果、青年チェコ党は、1889年のボヘミア領邦議会選挙で大幅な躍進を遂げたのである。

青年チェコ党による統一的な政治行動の確立

　青年チェコ党の躍進に危機感を覚えたのがターフェであった。彼は、領邦議会内で少数派に転落したためにボイコット戦術を続けていたドイツ人自由派と中央集権派大土地所有者をボヘミア領邦議会に復帰させるために進めていた、チェコ人とドイツ人との間での和解の達成に向けた努力を本格化させた。1890年1月には、ターフェは、中央集権派と連邦派の大土地所有者、ドイツ人自由派と老チェコ党による交渉に乗り出した。交渉は容易ではなかったとはいえ、彼は後にウィーン和協と呼ばれることになる妥結に導いた。その成果は、ボヘミアの様々な機関にチェコ人とドイツ人というナショナルな境界を引くことを主たる内容とする草案として公表された[15]。

　しかし、その内容にボヘミア・モラビアの行政機関を言語に基づいて領域的に分割する条項が含まれていたことがチェコ国民社会の反感を招いた。なぜなら、同条項は老チェコ党が長年にわたって主張してきたチェコ諸領邦における自治の要求と相反したからであった。そのうえに、自治を断念するに値する代償がないという議論がチェコ国民社会の間で広がった。実際、草案に満足したドイツ人自由派は2月にボヘミアの小都市で開催された党大会において成功を祝っていた（Judson 1996, 246）。一方、ドイツ人自由派による組閣を恐れたリーゲルは、「より小さな悪」である「鉄の環」内閣崩壊を回避するために、ウィーン和協における大幅な譲歩に踏み切ったのであった（Urban 1982, 396）。

　その結果、ボヘミア各地でウィーン和協に反対する街頭運動が展開された。青年チェコ党は、この抗議運動の先頭に立つとともに、急進的なスローガン

15）ウィーン和協の交渉開始からその帰結に至るまでの経緯や和協の内容についてはカズブンダ（Kazbunda 1934-1935）を参照せよ。

を掲げてさらなる党勢拡大に乗り出した[16]。同党はマサリク、カイズル（Josef Kaizl）、クラマーシュらのリアリスト・グループ[17]との提携をも成立させた。老チェコ党内部でも、党指導部が推進したウィーン和協に反対する声が上がった。彼らの一部は、リーゲルの決定に公然と反旗を翻し、老チェコ党を離党して青年チェコ党に合流した（Garver 1978, 150；Urban 1982, 399）。リーゲルの権威は完全に失墜してしまったのであった。

　翌年の帝国議会選挙では、青年チェコ党が地滑り的な勝利を収めた一方、老チェコ党はボヘミアにおいて2議席しか獲得できなかった。リーゲル自身も、帝国議会における議席を維持することに失敗し、その後、事実上の引退生活に入った（Pech 1955, 274）。ただし、老チェコ党所属の政治家が政界から消えたのではなかった。少なくない老チェコ党所属の政治家は、選挙前に青年チェコ党に移籍することにより、議席の死守に成功した[18]。1891年帝国議会選挙では、政党名という「ラベル」がいまだ十分に機能していなかったのである。さらに、老チェコ党は、選挙での大敗から立ち直れず、非常に規模の小さい保守政党に転落した。それゆえ、チェコ政治にとってのこの帝国議会選挙は、二大政党による競合とは異なる様相を示しており、老チェコ党から青年チェコ党への指導政党の交代いう1回限りの事象に終わってしまったのである。

　老チェコ党による統一的な政治行動から青年チェコ党による統一的な政治

---

16) ウィーン和協は、あくまで私的な場での合意であり、法的な根拠を欠いていた（Tobolka 1934, 179）。そのため、領邦議会における法制化を必要としたので、青年チェコ党は、議会において和協案に異議を唱えることでも、自らの主張の正当性を高めることが可能であった。青年チェコ党の反対の結果、ウィーン和協の主な成果はボヘミアの教育審議会と農業審議会に国民別の部門を設置したことにとどまった。

17) リアリスト・グループは、進歩的・民主的な立場から社会生活の改良と政治の変革を図った集団であった。政治に参入するにあたり、同グループは、老チェコ党と交渉するが不調に終わったので、青年チェコ党に接近したのであった。リアリスト・グループについてはウィンターズ（Winters 1970, 283-289）と林（1993）を参照せよ。

18) ウルバンによれば、1890年から翌年にかけて、ボヘミア領邦議会の青年チェコ党議員は39議席から51議席に増大した。さらに、帝国議会選挙においては、党籍の変更を繰り返した候補者やかつて同じ政党に属していた候補者と議席を争う候補者が続出した（Urban 1982, 399-400）。

行動への転換は、以下の要因から生じたのであった。政府との関係においては、シュトレマイヤー言語令に代表されるように見返りが明確であった時期においては、「鉄の環」内閣への協力は老チェコ党による統一的な政治行動に寄与した。しかし、1880年後半以降、内閣に協力する意義が薄れていくにつれて、老チェコ党による統一的な政治行動にも疑問が付されるようになった。にもかかわらず、リーゲルがターフェ内閣との提携解消を決断できなかったために、1880年代後半以降のチェコ国民社会における彼の権威が低下していった。それに加えて、当時の急激な社会的・経済的な変化に対応できなかったことも、リーゲルが国民社会からの支持を失う要因になった。さらに、チェコ国民社会に包摂されつつあった都市と農村の中間層は、青年チェコ党が主導する街頭での抗議活動や選挙での投票をつうじて、老チェコ党とリーゲルに対する不満を表明した。青年チェコ党は、党組織網の整備に着手するとともに、都市や農村の中間層を母体とする各種団体と提携するようになった。チェコ政治において、動員や選挙結果がより意味を有するようになったのである。以上のような要因が、統一的な政治行動の指導政党を老チェコ党から青年チェコ党に交代することを引き起こしたのであった。

1890年代初頭における青年チェコ党による統一的な政治行動

　統一的な政治行動を指導するようになった青年チェコ党は、1891年帝国議会選挙以降にも党内対立に苦しむことになる。1880年代後半以降の党の拡大の結果、青年チェコ党は、農業利益、都市の中間層、知識人など、非常に幅広い層を包摂する連合体に変容した。党指導部は、互いに対立する利益を調整して社会的・経済的な問題に対応することを迫られていた。しかし、選挙後の党内において主要な課題に浮上したのは、チェコ人の利益を実現するための手法をめぐる、政府との協力も視野に入れた穏健派と党設立以来の理念の継続を主張する急進派の対立であった。穏健派と急進派の対立は、党の急速な発展の副産物でもあった。党内の各勢力を調整する機関や慣習など、党内対立を抑制するメカニズムを整える時間が青年チェコ党にはなかったのである。それに加えて、党内では、有力な政治家が鎬(しのぎ)を削る状況にあり、

党の指導者について合意が存在していなかった。

さらに、街頭行動を含む様々な手段によりウィーン和協を葬った事実は、政府やドイツ人自由派、大土地所有者が青年チェコ党を信頼できる交渉相手に見なすことを困難にした。それに対して、この時期の青年チェコ党にとって、彼らとの折衝の場で活用できるパイプは限られていたのであった。

このような不利な条件にもかかわらず、確立したばかりの青年チェコ党による統一的な政治行動が存続したのは、同時期における進歩主義運動によるところが大きい。1880年代後半に登場した進歩主義運動は、学生新聞や学生団体を中心とする、青年チェコ党に好意的な運動であった（Urban 1982, 430）。彼らは、文化面での向上とチェコ国民社会の政治的・社会的改良のさらなる進展を目指すとともに、急進的なチェコ・ナショナリズムを信奉していた[19]。1891年帝国議会選挙以降、進歩主義運動は過激化の一途を辿った。特に、大規模な街頭行動にまで発展した1893年の普通選挙運動の拡大に進歩主義運動は大きな役割を果たした[20]。しかし、この過激化により、進歩主義運動は、青年チェコ党内部の穏健派から不興を買うだけでなく、政府から危険分子と見なされることになった。1893年9月には普通選挙運動の鎮静化のためにプラハに戒厳令が布告された。さらに、12月には進歩主義運動の有力な指導者たちが大逆罪で逮捕された[21]。

以上のように、進歩主義運動は急進化により政府からの弾圧を招いた。政

---

[19] しかし、運動内部には、急進的なナショナリズムを称揚する集団から社会主義運動に近い思想を抱く集団まで、様々な潮流が存在していたことに注意が必要である。

[20] 社会主義勢力も普通選挙権の獲得のために嘆願運動や街頭行動を繰り広げた。この情勢を受けて青年チェコ党も1893年に普通選挙権法案を議会に提出した。1893年の普通選挙権運動についてはハヴラーネク（Havránek 1964）を参照せよ。ただし、普通選挙権の導入をめぐり、青年チェコ党内に温度差があったことには注意が必要である（Havránek 1964, 35-40）。また、普通選挙権の導入に際しても、それを完全実施するのか、クーリエ選挙制を維持したままで実施するのか、国民社会内部における要求の程度の差は大きかった。

[21] 「オムラディナ（Omladina）」と称する秘密結社による反政府活動の計画が逮捕理由であったため、この事件はオムラディナ事件と呼ばれた。なお、同事件は政府による捏造であることが後世において判明した。

府からの弾圧を契機に進歩主義運動は分裂していった。同運動の継承を主張した急進的なナショナリスト政党は選挙では敗北を重ねることになる[22]。また、プラハへの戒厳令布告は、政府による監視と街頭行動の禁止により、青年チェコ党内の急進派の活動を制約した。その結果、カイズルやクラマーシュを含む党内の穏健派が主導権を握ることになった。いわば政府による弾圧が、青年チェコ党による統一的な政治行動の維持には有利に、政党間競合の現出には不利に作用したのである。

しかし、青年チェコ党内においては、穏健派と急進派の対立が耳目を集める一方、提携団体からの社会的・経済的な要求については大きな関心が集まらなかった。1894年に公表されたニンブルク綱領は、党内穏健派の優位の確立を意味すると同時に、社会・経済的問題に取り組む姿勢を示していた（*Program* 1912, 39-46）。しかし、ナショナルな問題に注力する同党の姿勢は変わることがなかった。社会的・経済的要求の充足に対する不熱心は、一部の農業団体を除けば[23]、この時点では党の分裂には至らなかった。とはいえ、このことが次第に青年チェコ党にとっての足かせになっていくのである。

第3節　青年チェコ党による統一的な政治行動の動揺と多党化現象

国民社会と下層民

19世紀後半に成立しつつあった国民社会は、概念的には下方に向けて開

---

[22] ただし、第2章第2節で紹介したように、後に青年チェコ党に加入するラシーン、国民社会党のクロファーチ、チェコ社民党のソウクプなど、急進的なナショナリスト政党以外において、進歩主義運動出身の政治家が20世紀初頭以降のチェコ政治で活発な活動を展開した。

[23] 1891年頃、青年チェコ党と富裕な農民を中心とするボヘミア王国農民同盟を指導していたシュチャストニー（Alfons Šťastný）が対立した。それにより、農民同盟は、青年チェコ党と袂を分ち、独自の政治行動を開始した。しかし、普通選挙権導入に対する反対に代表される保守的な思想や青年チェコ党との不明瞭な関係のために、農民クラブは多くの支持を集めることができなかった。この経緯についてはヴェレク（Velek 2001a）やクブリヒト（Kubricht 1974）を参照せよ。

かれているものであった。しかし、1860 年代においては、女性に対する障壁など、様々な差異を再生産しながらも国民社会が形成されていった。それゆえ、世紀転換期になると、以前には排除されていた下層民を国民社会に包摂するという問題が登場した。例えば、チェコ国民社会における代表的な体操協会であったソコル（Sokol）では、いわば「上から」大衆を国民化するために、講演会活動を中心とする会員に対する啓蒙活動が開始された（福田 2006, 75-78）。

　下層民の国民社会への包摂の試みは、ナショナルな問題における動員力を強化する一方、政治的な分化という問題に直面した。社会的・経済的な近代化により政治的な分化はさらに進行しており、国民社会における社会的・経済的な要求は、多様かつ強力なものとなっていた。チェコ国民社会は、階層の差異を超えた理想郷でもなければ、地域住民の無関心に晒される架空の世界でもなかった。地域や階層、職業などの違いは、ソコルと社民党系及びカトリック系の体操団体との対立（福田 2006）や農村での結社活動（桐生 2012）に代表されるように、チェコ人意識に関する複数の解釈を許すことにあった。同時に、チェコ人意識の浸透と広がりは複雑なものとなった[24]。例えば、労働者は、自らを国民的無関心であると批判する市民層に対抗してネイションに関する代案を構想する一方、市民層によるナショナルなプロジェクトからの排除を強く感じていたのであった（Beneš 2017, 55）。

　一方、1896 年には、都市・農村クーリエの課税制限がさらに引き下げられるとともに、既存の議会に男子普通選挙に基づく第五クーリエが設置された。上位 4 クーリエの有権者には二重投票権が与えられ、第五クーリエは、現状の議会構成には本質的な変動を招くことなく、普選の影響をテストするものになった（平田 2007, 210）。この事実は、後に選挙結果の評価が青年チェコ党内部で割れる原因になるのであった。それでも、選挙権の拡大と下層

---

[24] また、アイデンティティの多層性や社会的・経済的利益の考慮により、チェコ人意識の浸透がナショナリズムの高揚やドイツ人との対立の亢進と直接的に結びつくわけではない。この点を検討するうえでは、プラハの経済界に着目している長濱（2013；2015）の研究が示唆的である。

民の国民社会への包摂の試みは、チェコ政治にとって新たな幕を開けることになる。

多党化現象と青年チェコ党による統一的な政治行動

　皇帝フランツ・ヨーゼフの期待を受けて、1895 年に官僚内閣を組閣したのはバデニ（Kazimierz Badeni）であった。彼によれば、政権の安定とハンガリーとの経済アウスグライヒの更新のためには、チェコ人政治家とドイツ人政治家の各穏健派からの協力が必要であった（Pajakowski 1993, 112）。そのため、バデニは、プラハへの戒厳令の解除や大逆罪で有罪になった進歩主義運動の指導者に対する恩赦など、青年チェコ党から協力を得ることを試みた。

　一方、青年チェコ党内において穏健派として影響力を拡大していたカイズルは、「段階的な政治（etapová politika）」[25] を提唱することにより、政府との協力を正当化する論理を提供した。しかし、政府との交渉を積極的に推進しようとしたクラマーシュらを除けば、青年チェコ党内部の穏健派の大部分は政府からの便益の提案を協力の前提として捉えていた（Tobolka 1936, 96-97）。青年チェコ党の多くの政治家は政府との協力に対して慎重であった。

　普通選挙クーリエの実現後に行われた 1897 年帝国議会選挙で青年チェコ党が帝国議会第一党に躍進したことはバデニの試みを加速化させた。とはいえ、選挙後に行われた、バデニ、青年チェコ党、ドイツ人自由派による三者協議が早々に頓挫した。その後も、彼は青年チェコ党から協力を得ることに固執した（Garver 1978, 237-238）。同党の歓心を買うために発布されたのが、ボヘミア・モラヴィアにおける行政機関[26]の内務言語をドイツ語とチェコ語の 2 言語にすることを規定した、いわゆるバデニ言語令（1897 年 4 月）であった。

---

25)「段階的な政治」は、現実を踏まえた部分的な問題を解決していくことで「段階」を踏んで、チェコ諸領邦における自治の実現というチェコ人の最終的な目標を達成することを指していた。当座の目的として挙げられたのは、選挙権改革と内務言語におけるチェコ語とドイツ語の平等の実現であった（Velek 1999, 133-134）。
26) 正確には、司法省、内務省、大蔵省、商務省に属する行政機関であった。

それを受けて青年チェコ党もバデニ内閣への協力を開始した。しかし、同時に、行政機関の内務言語の2言語化に伴い官吏にチェコ語とドイツ語の習得をも義務づけた同言語令は、ドイツ人自由派の強硬な反対を招いた。街頭において言語令に反対するドイツ人住民の間での抗議運動が広がるとともに、ドイツ人自由派による議事妨害のために帝国議会は混乱に陥った。この議事妨害を排除するために11月には議場への警官隊の導入を認める法案（ファルケンハイン法）が可決された。しかし、このことが逆に街頭での抗議運動に油を注ぐ結果となった。結局、この混乱を収められずに皇帝の信を失ったバデニは辞任した。

　一連の経緯から期待を裏切られたと感じたチェコ人住民はプラハで騒擾を引き起こした。そのために12月には同市に戒厳令が布告された。また、帝国議会副議長としてこの混乱の渦中にあり、議場への警官隊の導入にさえ賛成したクラマーシュは最初の挫折を味わうことになった（佐藤1991, 45）。一方、カイズルは、同年秋に病床に伏せており、この事態に関与することができなかった。

　しかし、青年チェコ党はバデニの辞任後に必ずしも野党に転じたわけではなかった。言語令の改定によりボヘミア・モラビアの官庁を言語に基づいて領域的に分割する案（ガウチュ言語令）が復活した後も、同党は政府に対する態度を曖昧にしたままであった。1898年に成立したトゥン（Franz Thun-Hohenstein）内閣へは、カイズルは、党指導部の一部に伝えたのみで党の正式な許可を得ずに入閣すら果たすことになった（Winters 1970, 311；Garver 1978, 259）。しかし、政府から協力に対する見返りが得られないまま、同内閣の倒壊後に言語令自体も廃止された。結局、青年チェコ党は、ドイツ人自由派への恐れから、事実上、非公式に政府を支持することを続け、1880年代の老チェコ党の歴史を繰り返したのであった（Urban 1982, 471）。さらに、言語に関するチェコ人とドイツ人の平等というナショナルな問題に多くの時間を割いた結果、提携団体から要求されていた社会的・経済的問題に同党は十分に取り組むことができなかった。

　一方、進歩主義運動が分裂した状態では、「第二の青年チェコ党」になり

第 3 章　統一的な政治行動の変遷

うるような、青年チェコ党への批判の受け皿になる単一の勢力は存在しておらず、その存在を可能にするような条件も整っていなかった（Cohen 1979, 771）。むしろ、社会的・経済的問題に対して有効な政策を追求しない同党を見限った提携団体が自らの利益を独自で追及する途を模索するようになった。その結果、部分利益を代表する政党として農業党と国民社会党が設立されたのである。一方、チェコ社民党とカトリック政党がすでに設立されており、これらの政党をあわせて、世紀転換期に 5 つの陣営（tábor）が誕生したのであった[27]。

　これら 5 つの陣営が姿を現した頃に実施された選挙が 1900/1901 年帝国議会選挙である。この選挙前後の青年チェコ党は、当時の社会状況と急速な近代化による社会的分化の把握に失敗したのみならず、党内の穏健派と急進派の対立により弱体化していた。そのため、同党は農村クーリエと普選クーリエにおいて多くの議席を失った（Velek 1999）。1900/1901 年帝国議会選挙は、チェコ政治において多党化が不可逆の現象であることを印象づけたのであった。

　以上のように、政府との関係においては、ボヘミア・モラヴィアにおける行政機関の内務言語の 2 言語化を規定したバデニ言語令は青年チェコ党にとって十分な譲歩であった。しかし、言語令の導入が挫折したのにもかかわらず、同党は政府に対して曖昧な態度を取り続けた。また、チェコ政治において主導的な役割を担うようになっていた、青年チェコ党穏健派のカイズルやクラマーシュは、パラツキーやリーゲルが有していた 1848 年革命時の活躍に匹敵する実績を欠いていた。それゆえ、パラツキーやリーゲルと比較すると見劣りしてしまう、カイズルやクラマーシュの政治指導者としての権威は、青年チェコ党の提携団体の不満を抑えるには不十分であった。一方、政治的な分化の進行と同時に生じたチェコ国民社会への下層民の包摂は、ナショナルなものについての複数の解釈を許すことにつながった。国民社会への下層民の包摂と普選クーリエの設置は、同時に動員戦略の有効性をさらに高める

---

[27] 註 4 のターボル運動は部分社会（政治的サブカルチュア構造）を意味する陣営と異なるものである。

ことになった。これらの結果、社会的・経済要求の充足に不熱心な青年チェコ党に対する提携団体の不満と相まって、1890年代後半に農業党や国民社会党が結成されたのである。

多党化現象の実情

　ハプスブルク君主国の「崩壊不可避説」に立つ古典的なハプスブルク史の解釈では、バデニ言語令後のシスライタニア政治は、ナショナルな対立が深刻化した結果、議事妨害戦術の連発により帝国議会が機能不全に陥るとともに、官僚内閣が基本法第14条の緊急令に依拠して統治したとされてきた。しかし、1990年代以降の多くの研究によって、そのような解釈はもはや成立しないことが明らかになっている。議会政治に関しては、議事妨害が通常の政治手段とみなされるようになった（平田 2007, 221）とはいえ、議会審議が軽視されるようになったわけではない。また、次章以降で登場する各内閣も、帝国議会における多数派形成に心を砕いた。さらに、政権安定に向けた取り組みも各内閣によって非常に異なっていたのである。

　同様に、この時期までにチェコ政治社会の多極化が完成し、国民的一体性の名の下での統一的な政治行動が終焉したと解釈することも困難である。1900/1901年帝国議会選挙に関しては、全体の選挙結果を考慮するのであれば、クーリエ制選挙は青年チェコ党にとって有利に作用した。青年チェコ党は、ボヘミアにおけるチェコ人政党が獲得した議席の約5分の4を占めており、チェコ人政党のなかでは圧倒的に第一党であったのである。国民社会党との連携に期待を寄せていた青年チェコ党の急進派は、むしろ選挙結果に満足していた（Velek 1999, 142）。1900/1901年帝国議会選挙は、青年チェコ党にとってけっして大きな失敗ではなかったのである[28]。

　また、一桁台の議席しか有していない他のチェコ人政党にとって、クーリエ制ゆえに大土地所有者の意向が無視できない帝国議会において影響力を発揮することは困難であった。それゆえ、政府は、これらの政党を交渉相手と

---

28) この評価はクシェンを参考にした（Křen 1990, 294-295）。なお、トボルカは、この選挙が青年チェコ党の衰退の始まりであったとしている（Tobolka 1936, 303）。

見なさず、青年チェコ党をチェコ人の代表として扱った。ケルバー（Ernest Koerber）内閣においても、青年チェコ党の政府に対する不明瞭な姿勢には変化がなかった。ケルバーは、大規模な公共事業など経済的利益の配分による国民間の対立を緩和する試み以外に、政府の仲介によりチェコ人とドイツ人との間の和解を図ろうとした[29]。その際に提出された和協案は、ボヘミア・モラヴィアの両ネイションに関する体系的な分析に基づいて政府が提出した初めてのものであった（Křen 1990, 285, 291）。ここに、仲裁役としての政府が本格的に登場したのであった。確かに、かなりの配慮がなされたとはいえ、シスライタニアにおいてネイションの実質的な平等が実現されたと考えることは困難である。しかし、仲裁役としての政府の存在は、他のネイションに出し抜かれる恐れとも相まって、各ネイションの一部の政治家にとって政府との交渉を続ける誘因となったのである。

　一方、新たに登場した部分利益を代表する大衆政党は青年チェコ党による統一的な政治行動を打ち崩す動機をまだ有していなかった。確かに、どの政党も多かれ少なかれ青年チェコ党と対抗関係にあった。しかし、青年チェコ党との議席数における格差を考慮するならば、チェコ政治における青年チェコ党の主導権を打ち破ることはほぼ不可能であった。新政党による批判は、青年チェコ党に対する原理的な反対というより、同党との差異化を図ることで自らの支持基盤を強化するためであったと解釈したほうが妥当であろう。

　例えば、1903年に承認された農業党の綱領では、歴史的な文脈を含めてチェコ国民社会における農民の位置づけを明らかにしたうえで、チェコ農民こそが国民の心臓であることが序言において強調された（*Program* 1903, 1-20；cf. 桐生 2012, 217-220）。しかし、同綱領は、経済問題に力点をおいており、ナショナルな問題と政治的な問題に関しては青年チェコ党と大差がなかったのである（Harna and Lacina 2007, 17）。農業党は、青年チェコ党と対等な競合をするよりも、まずは同党との差異化と自らの存在意義を確認しなければならなかったのである。一方、この時期の国民社会党は、思想面や行

29）憲政に関するケルバーの関心についてはリンドストローム（Lindström 2004）が詳しい。

動面において青年チェコ党の急進派との高い親和性を有していた。さらに、新政党は、党組織の整備や傘下団体の構築、綱領の作成など、自党の基盤を整えることに主眼を置いていた。

　すなわち、チェコ人政党の間に対等な競合関係はいまだに成立していなかったのである。もちろん、青年チェコ党もチェコ政治の主導権を手放す誘因を有していなかった。カイズルが1901年に死去した後、クラマーシュが同党の指導的な地位を引き継ぐことに成功した。同時に、クラマーシュは、自らが主導することを前提とした、新たなチェコ政治について構想するようになる。その結果、帝国議会選挙における男子普通選挙権の完全導入後にも、チェコ人政党による共同議員クラブを設立することで、青年チェコ党が主導する統一的な政治行動が継続する素地が形成されたのであった。

第4節　小　括

　チェコ国民社会の形成を担った1860年代のチェコ人自由主義者は、ハプスブルク君主国内におけるチェコ人の地位向上を目指していた。彼らにとって、シスライタニア政治における存在感を高めることは必須であった。その手段として選択されたのが、老チェコ党による統一的な政治行動であった。老チェコ党による統一的な政治行動を容易にしたのは以下の条件が揃っていたからであった。まず、連邦派の大土地所有者と連合を結んだ老チェコ党と、帝国議会の多数派形成問題に直面した政府との協力の可能性が高かったからであった。次に、形成途上のチェコ国民社会と厳格な制限選挙制度は、反対派による動員戦略の効果を喪失させる一方、ネイションを単位とする政治行動が自明でなかったゆえに、ネイションを重視する政治家に一致団結を促した。さらに、圧倒的な権威を有する政治指導者が政治家による統一的な政治行動を担保していた。その結果、統一的な政治行動を疑った政治家はチェコ人政治家の間で影響力を有することができなかった。青年チェコ党（派）は自らが原理的な反対派でないことを強調せざるをえなかったのである。

　しかし、1880年代になると、老チェコ党による統一的な政治行動に綻び

が生じた。確かに、ターフェ「鉄の環」内閣と老チェコ党との協力はチェコ人の地位向上に一定の役割を果たした。しかし、1880年代後半以降、十分な代償を得られないのにもかかわらず、政府への協力を継続する老チェコ党に対して、チェコ国民社会における批判は高まった。同時に、社会的・経済的な変化への無頓着も相まって、政治指導者としてのリーゲルの権威も低下していった。

　一方、青年チェコ党は、老チェコ党に対する反対を掲げて、各種利益との提携を推し進めた。チェコ国民社会に包摂されつつあった都市と農村の中間層は、青年チェコ党が主導する街頭での抗議活動や選挙での投票をつうじて、老チェコ党とリーゲルに対する不満を表明した。その結果、青年チェコ党は、1891年帝国議会選挙による圧倒的な勝利により、統一的な政治行動を主導する政党に躍進した。ただし、選挙前の少なくない老チェコ党議員の青年チェコ党への移籍と選挙後の老チェコ党の小政党への転落が、この時点における政党間競合の現出を妨げたのであった。

　新たに成立した青年チェコ党が主導する統一的な政治行動は、ナショナルな問題のみならず、提携団体から要求される社会的・経済的要求の充足という難問に直面した。ナショナルな問題については、バデニ言語令の導入が頓挫した後も、同党は政府に対して曖昧な態度を取り続けた。それに加えて、同党は、社会的・経済的な要求実現には熱心でなかった。また、それらに対する不満を抑えるほどの権威を、青年チェコ党穏健派のカイズルやクラマーシュは有していなかった。一方、政治的な分化の進行と同時に生じたチェコ国民社会への下層民の包摂は、帝国議会選挙における普選クーリエの設置との相乗効果により、チェコ政治における動員戦略の有効性のさらなる高まりを招くことになった。これらの結果、社会的・経済的な利益を主張するべく、1890年代後半に農業党や国民社会党が結成されたのである。

　しかし、新たに成立した部分利益を代表する政党は、青年チェコ党に対して原理的な反対をするよりも、同党との差異化や党組織などの整備による支持基盤の強化に重点をおいた。一方、クーリエ選挙制度の効果により、1900/1901年帝国議会選挙後も青年チェコ党の過大代表は継続した。同党は、

ナショナルな問題に関して仲裁役を果たそうとする政府に対して不明瞭な態度を続けた。また、政府は、一桁台の議席しか有さない新政党を交渉相手とみなさず、チェコ人政党では圧倒的に第一党であった青年チェコ党をチェコ人の代表として扱った。これらの結果、青年チェコ党が主導する統一的な政治行動が継続する1つの素地が形成されたのであった。

　統一的な政治行動の崩壊と政党間競合の現出に向けた歯車が完全に動き出すのは、男子普通選挙権が完全に実現された1907年の帝国議会選挙まで待たなければならなかったのである。

第4章
20世紀初頭のチェコ政党政治における政党間競合の現出

　　本章では、男子普通選挙権に基づく1907年帝国議会選挙から第一次世界大戦開戦までのチェコ政党政治を分析する。同選挙後、チェコ社民党を除くチェコ人政党は、共同議員クラブを設立することにより統一的な政治行動を継続した。しかし、チェコ人政党・政治家による共同議員クラブは、対政府・ドイツ人関係と諸政党の党内事情に翻弄されつつ、崩壊と再建を繰り返した。とりわけ、1907年帝国議会選挙では第3党に過ぎなかった青年チェコ党が統一的な政治行動の主導権を維持することに腐心する一方、勢力を拡大しつつあった国民社会党は、選挙などでの成功という「数」の論理に基づいて、青年チェコ党への挑戦を繰り返した。本章では、特に青年チェコ党、国民社会党、農業党に着目して、政党間競合の現出に至るまでの過程を明らかにしていく。

第1節　ベック内閣期における統一的な政治行動と政党間競合の兆し

(1) 1907年帝国議会選挙とチェコ人政党
帝国議会選挙権改革

　1905年、ロシア第一革命の影響を受けて、シスライタニア各地で普通選挙権の実現を要求する声が大きくなった。一方、共通陸軍の統一性をめぐる争いに端を発した、ハンガリーにおける憲法危機に際してナショナリスト勢力を牽制するために男子普通選挙権の導入が立案された。にもかかわらず、シスライタニアにおいて同様の法案が立案されないことは不自然であった。それゆえ、同年11月に皇帝フランツ・ヨーゼフは帝国議会選挙における男

子普通選挙権の導入を指示した。選挙区割りと議席割り当てをめぐるネイション間の対立や普通選挙が不利に作用する大土地所有者の処遇など、男子普通選挙権に基づく新しい選挙制度に関する審議は困難を極めた。1907年1月になってようやく男子普通選挙権に基づく新しい選挙法案が帝国議会において可決された[1]。

　男子普通選挙権に基づく帝国議会の選挙制度を簡単に説明しよう。男子普通・平等選挙権と秘密・直接投票制に基づいた新たな選挙制度では、小選挙区二回投票制が採用された。第一回投票において過半数を制した候補者がいない場合、上位2名による決戦投票が実施された[2]。選挙区割りは、事実上、各ネイションの居住地域に沿って行われ、さらに都市と農村とに大きく2つに分割したうえで決定された。このような複雑な選挙制度と議会審議における駆け引きにより、帝国議会下院の総議員数は516名に達した。また、事実上のネイション別の選挙区割りは、ネイション間の対立が選挙戦に表出されることを減少させるとともに、各ネイション別の政党システムを固定化する意味合いを有した。

　新たに導入された選挙制度はネイションなどに配慮した結果として選挙区ごとの有権者数が不均衡になったために、平等の観点からは問題を孕んでいた。その恩恵を主にドイツ人有権者と都市の有権者が受けていた。また、帝国議会の権限が法的に拡大したわけではなく、皇帝は首相の任免権を手放そうとはしなかった。むしろ、第1章で指摘したとおり、シスライタニアにおいては二元的立憲制が「再生」していたのである。それでも、男子普通選挙権の完全導入を単なる選挙制度改革を超えて変容が実現することを想定するほどに（Boyer 2013, 155-156）、多くの人々は期待を寄せたのであった。

1）男子普通選挙権導入をめぐる議会審議の過程及び具体的なイシューに関しては、ジェンクスが詳細に分析している（Jenks 1974）。邦語では平田（2007, 211-212）を参照せよ。
2）ただし、ガリツィア東部では、ウクライナ人議員の増加を恐れたポーランド人議員に妥協して、2人区が導入された。

第4章　20世紀初頭のチェコ政党政治における政党間競合の現出

1907年選挙に向けた選挙協力の模索

　帝国議会選挙改革の実現とそれに基づく選挙の実施が、多党化が進行した諸チェコ人政党の勢力図を塗り替え、チェコ政党政治そのものを変容させる可能性は高かった。諸チェコ人政党とチェコ人政治家は、男子普通選挙権に基づく初の選挙と選挙後のチェコ政治のあり方について模索することになる。

　青年チェコ党のクラマーシュは、積極政治（pozitivní politika）という新たな行動原理を提唱した。その最大の特徴はチェコ人の要求

図4-1　クラマーシュ

を実現するために、政府に対する是々非々の対応を肯定する、「フリーハンドの政治（politila volné ruky）」を打ち出したことにあった。ただし、彼は、議事妨害をあくまで最終的な手段として捉えており、可能な限り、通常の議会政治の枠組みのなかで主張を実現していくことを目指した。その際、チェコ人政党の交渉能力を高めるために、全チェコ人政党の「結集（koncentrace）」の必要性と、それに対する青年チェコ党の責任が謳われた。具体的には、帝国議会における共同議員クラブの設立が実現すべき目標として掲げられ、選挙協力に関しては二次的な目標とされた（Kramář 1906, 44, 77, 81）。

　政策面では、クラマーシュの積極政治においては、カイズルの「段階的な政治」と同じく、チェコ諸領邦における自治の実現という目標はけっして諦められていなかったが、現実を踏まえた部分的な問題を解決することが目指された。特に、チェコ国民社会の文化・経済的な発展とチェコ人国家官僚の増加の実現により、ハプスブルク君主国におけるチェコ・ネイションの地位向上が目指されたのである。彼の主張から、青年チェコ党の事実上の支持基盤であった産業界や官僚の利益の擁護という実際的な目的と、チェコ人政党と政府の全面的な対立が想定されていなかったことが読み取れる。なにより、共同議員クラブの設立とそれに対する青年チェコ党の責任を強調することから、同党とクラマーシュは、来るべき選挙後にもチェコ人政党・政治家によ

る統一的な政治行動を主導する意欲を示したのであった。

　実際に、諸チェコ人政党の間では、来るべき帝国議会選挙に向けた選挙協力と共同議員クラブの設立が模索されることになった。1906年8月には、青年チェコ党、老チェコ党、農業党、国民社会党の代表は、来るべき帝国議会選挙の後に共同議員クラブを設立することを合意した。帝国議会の全議席数を考慮するならば、より規模の大きい議員クラブを形成することの有効性はどの政党にとっても無視できるものではなかった。

　一方、チェコ社民党を除くチェコ人諸政党は選挙協力に関しても協議を行った。しかし、クラマーシュが二次的な目標とした選挙協力に関しては、協議において各党の隔たりを埋めることはできず、青年チェコ党は老チェコ党と、国民社会党は急進進歩党・チェコ国家権党と手を組むことになった（Tobolka 1936, 457-458）。

　新しい選挙法の下で初めて行われた1907年帝国議会選挙では、チェコ人政党の間において激しい選挙戦が、チェコ人政党とチェコ社民党の間だけでなく、青年チェコ党・老チェコ党と国民社会党中心の選挙連合との間でも展開された。諸政党は、第2章で紹介した党内改革の成果を信じて、選挙における勝利を目指したのであった。

　しかし、2つの点で、1907年帝国議会選挙は典型的な複数政党間の政党間競合とは異なる様相をみせた。第一の点は、すでに述べたとおり、帝国議会選挙が公示される前に、選挙結果にかかわりなく共同議員クラブの設立がチェコ人政党の間で合意されていたことである。このことは、激しい選挙戦にもかかわらず、ナショナルな問題に関しては、クラマーシュの積極政治を下敷きにして、各党間で一定の合意が形成されていたことを意味した。ただし、「フリーハンドの政治」の具体的な中身についてまでは諸政党の間で見解が一致していなかったと考えられる。現実を踏まえた部分的な問題の解決が強調されたことを考慮すれば、クラマーシュは政府との全面的な対立を想定していなかった。さらに、1907年帝国議会選挙以前に成立していたベック（Max Wladimir Beck）の「挙国一致」内閣に青年チェコ党からフォシュト（Josef Fořt）とパツァーク（Bedřich Pacák）が入閣しており、選挙後も閣僚を送

り込むことが当然視されていた[3]。一方、来るべき選挙での勝利を信じていた他のチェコ人政党からすると、勝利を収めるはずの選挙後のほうが自らの発言力が増すゆえに、共同議員クラブに関する具体的なことは選挙後に議論したほうが得策であった。その結果、「フリーハンドの政治」に基づくチェコ人政党の結集という考えを共有していたはずであるにもかかわらず、諸チェコ人政党の間に大きな隔たりが存在することになった。この隔たりこそが政党間競合の生じる契機となるのである。

　第二の点は、ネイション全体の代表を標榜していた青年チェコ党が、大半の農村選挙区において候補者の擁立を見送ることにより、事実上、農村選挙区から撤退したことである。1906年3月に東ボヘミアの農村地域の支持基盤を束ねていたウドルジャルが農業党に移籍したことにより、青年チェコ党の農村地域の支持基盤は失われたのであった。また、国民社会党も同様に多くの農村選挙区で候補者の擁立を見送った。その結果、農村選挙区では農業党とチェコ社民党の選挙戦が展開され、東部と南部のボヘミアの農村選挙区ではさらにカトリック政党が加わり三つ巴の選挙戦になったのであった。そもそも、青年チェコ党と農業党、国民社会党と農業党との間には、選挙において競合が発生する機会がかなり限定されたのである。

　以上のように、クラマーシュが唱えた積極政治は、さらなる多党化が不可避であることを見越したうえで、青年チェコ党のイニシアティヴの下で、チェコ社民党を除く全チェコ人政党が共同議員クラブを設立し、政府との交渉によってチェコ人の要求を実現していくことを構想したものであった。すなわち、青年チェコ党が主導するチェコ人政党・政治家による統一的な政治行動を多党化が進行する時代においても実現しようとしたのであった。実際に、彼の構想どおりに、チェコ社民党を除くチェコ人政党が選挙前に共同議員クラブの設立に合意した。さらに、1907年帝国議会選挙の段階においては、

　3）フォシュトは商業大臣に、パツァークはチェコ人担当無任所大臣に就いていた。なお、ここでいう「挙国一致」内閣は、内閣を支持するネイションや政党からの代表を入閣させた内閣を意味しているに過ぎない。詳しくは平田（2007, 221-222）を参照せよ。

選挙のレヴェルにおいても政党間競合はかなり限定されていたのである。クラマーシュは、このことを活かしつつ、積極政治を核にすることにより、統一的な政治行動を継続したのであった。しかし、「フリーハンドの政治」の内実についてはチェコ人政党の間に隔たりがあり、それゆえに政党間競合が生じる契機が生まれたのであった。

(2) チェコクラブの設立と崩壊
チェコクラブの設立
　男子普通選挙権に基づく初の帝国議会選挙では、ナショナリスティックな政党が伸び悩み、社会民主党やキリスト教社会党に代表される、社会・経済的な問題の解決を主張した政党が躍進した。そのため、ナショナルな対立が後景に退き、社会・経済的な問題が新しい議会における審議の中心になることへの期待が選挙直後に政府内部や社会において広がった。また、この選挙は、それまでクーリエ選挙の恩恵を受けていた大土地所有者の議会政治における影響力の低下に拍車をかけるとともに、大衆政党や大衆組織を正当化する新たな規範などを発展させる契機となった（Boyer 2013, 153-158）。しかし、議場と議事における使用言語が最初に論争の種になったことが端的に示すとおり、帝国議会の恒常的な機能不全を引き起こしていたわけではないにせよ、帝国議会におけるナショナルな対立はさらに先鋭化していくのであった。そのなかで、ベックは、選挙後も引き続き「挙国一致」内閣を率いて、体制の安定化に心を砕くことになる。

　チェコ人政党の間では、男子普通選挙権に基づく初の帝国議会選挙は、チェコ社民党と大衆政党への転換に成功した農業党の勝利という結果に終わった。チェコ社民党はチェコ諸領邦において約38万票と23議席を獲得した。農業党は、獲得票数ではチェコ社民党に及ばなかったとはいえ、チェコ諸領邦において27議席を獲得し、議席数のうえではチェコ人政党のなかで第一党に躍り出た。また、カトリック政党も、ボヘミアにおけるカトリック人民党の結成とモラヴィアにおける選挙協力が功を奏して、両領邦において一定の成功を収めた。一方、青年チェコ党は、選挙前の党改革にもかかわらず、

1900/1901 年帝国議会選挙で得た議席から大幅に減らした 15 議席の獲得という惨敗を喫した[4]。しかし、選挙結果に落胆したのは青年チェコ党だけでなかった。選挙連合を組んだ国民社会党と急進進歩党・チェコ国家権党は、青年チェコ党やチェコ社民党に対する激しい攻撃による手ごたえを感じていたので、獲得議席数が伸び悩んだことに不満を覚えた（Kelly 2006, 100, 103）。なによりも、ボヘミアにおける第一回投票において、チェコ社民党が 17 議席を獲得した一方、農業党ですら 4 議席、青年チェコ党にいたっては 1 議席しか獲得できなかったことは衝撃的であった（Hoch 1934, 95）。圧勝を期待していた農業党も勝利を実感できなかったのである。今回の選挙における唯一の勝者と目されたチェコ社民党も、特に農村部における党の組織化が不十分であったことを自覚せざるをえなかった（Winter 1907, 225）。

満足な結果を得られなかった諸チェコ人政党は、選挙後にさらなる党組織の再編や支持者の獲得に着手することになった。その際に、農業党では、選挙前から引き続いて、党の地方組織の整備や小農民の組織化に重点がおかれた[5]。同時に、同党は、支持基盤の強化と拡大のために、議会活動をつうじて農村の社会・経済的な要求の実現を目指した。

青年チェコ党では、クラマーシュからその能力を評価されたラシーンは、地方組織の再編や地方の党機関紙の財政面における強化、党の意思決定機関の改革に着手した（M. Kučera 1996, 84-85；Šetřilová 1994, 115）。また、党内急進派の牙城であった『ナーロドニー・リスティ』による党指導部に対する批判は、選挙における敗北の原因の 1 つにも挙げられた。選挙後においても、所有者のグレーグル家は同紙が党指導部に従わないことを高らかに宣言していた（Grégr 1907）。『ナーロドニー・リスティ』に対抗して同党指導部の考えをチェコ国民社会に広げていくことは、支持拡大のために解決しなければならない問題であった[6]。諸政党にとって、チェコ政治全体に関する問題よ

4）詳しい選挙結果は巻末の付録に掲載した。
5）農業党の党組織と傘下組織の整備・拡大に関する本書の記述は、フランケンベルガーら（Frankenberger and Kubíček 1931, 252-277）に依拠している。
6）後述する『ナーロドニー・リスティ』の青年チェコ党による購入に至るまでの同

りも党の支持拡大が優先課題となったのである。

　一方、1907年選挙の結果は、諸チェコ人政党に共同議員クラブの必要性を再確認させるものであった。なぜなら、チェコ社民党所属議員を除外した84名のチェコ人帝国議会議員のうち、どの政党も過半数すらも獲得していなかったからである。すでに、共同議員クラブの設立自体に関してはチェコ人政党の間で合意が成立していた。残る問題は選挙結果を踏まえてそれを具体化することであった。

　共同議員クラブ設立の具体化に向けて、農業党議員団長のプラーシェクは、同党がチェコ人帝国議会議員による共同議員クラブの設立に努力することを宣言した。それを受けて、チェコ社民党を除く諸チェコ人政党の代表は、6月5日にプラハにおいて共同議員クラブの設立とその形態とについて協議した。カトリック政党の参加に対する疑念などが出されたものの[7]、緩やかな組織形態を有する共同議員クラブの設立が合意された。その会合で設置された準備委員会での議論を経て、チェコ社民党を除いた全チェコ人政党は、帝国議会におけるチェコクラブ（Český klub na radě říšské、以下ではチェコクラブと表記）を帝国議会開会の時点で設立した（Čelakovský 2004, 194-196；Tobolka 1936, 487）。

　チェコクラブには、議長と3人の副議長に加えて諸政党の代表から構成される、意思決定機関としての議会委員会が設置された。議会委員会の議席は、農業党に4議席、青年チェコ党（友党のモラヴィア人民党を含む）とカトリック政党に各3議席、国民社会党と急進進歩党・チェコ国家権党の共同議員クラブに2議席というかたちで、各政党の議席配分に応じて比例配分されたの

　　紙と『デン』の論争については、M. クチェラ（M. Kučera 1996）を参考にしている。
7）クロファーチとリアリスト党が「進歩的な考えを有する議員」のみから構成される共同議員クラブを提案したが、この提案は受け入れられなかった（Den, 6.6.1907, 4）。また、会合にも参加しなかったチェコ社民党は、とりわけカトリック政党による会合と共同議員クラブへの参加と会合での言動を強く批判している（PL, 6.6.1907, 1）。紙上での批判は、チェコ社民党の支持者を取り込むだけでなく、共同議員クラブに参加する政党内部における反教権主義者を揺さぶることを狙ったと思われる。

であった[8]。同議員クラブは、チェコ人のナショナルな利益と国家権の擁護を目標に掲げ、社会・経済的な問題に関する行動は、各政党の裁量に委ねた（Tobolka 1936, 487-488）。また、帝国議会の夏会期のみ有効である暫定的なクラブの規則が制定された（*PL*, 15.6.1907, 1-2）。

　このように、ナショナルな利益と国家権の擁護のみに目的を限定したことによって、多党制の現実を踏まえた統一的な政治行動が比較的容易に再編されたのであった。さらに、青年チェコ党は、選挙協力を行った老チェコ党や友党のモラヴィア人民党を加えれば、チェコクラブの議会委員会において農業党と同じ議席数を確保した。クラマーシュと青年チェコ党は、自らによる統一的な政治行動の主導を当然視しながらも、実際には同委員会における議席数のうえでの農業党の優位を阻止したのであった。このことは、議会委員会内の議席の比例配分とともに、統一的な政治行動において、「数」という政党間競合と親和的な論理が重要視されるようになったことを傍証している。もはや、長年にわたりチェコ政治を主導してきた「伝統」だけでは、青年チェコ党や同党の指導者によるリーダーシップが当然視されなくなりつつあったのである。

　統一的な政治行動の目的として限定的に挙げられたナショナルな利益の擁護に関しても、それを追求する手法や具体的な政策について、諸政党の間で合意が存在したわけではなかった。青年チェコ党は、ベック「挙国一致」内閣に入閣していることからも、見返りを得ることを期待して政府を支持しようとした。また、農業党やカトリック政党は将来の閣僚ポストのために政府との協力に積極的であると、とりわけチェコ社民党から揶揄されていた。しかし、一部の政党は、政府に対して強硬姿勢を示すことが要望実現にとって有効であると考えていた。

　政府への対応をめぐるチェコクラブ内での見解の相違は、帝国議会の開会と同時に露呈した。チェコ社民党を除くチェコ人政党は、老チェコ党が帝国議会に復帰した1878年以降、選挙後に初めて開催される帝国議会において

8）他の政党の議席配分は、老チェコ党とリアリスト党に各1議席であった。

自らの基本方針を「国家権宣言」というかたちで表明してきた。フォシュトとパツァークは、大臣としての今後の活動に不都合が生じないように、青年チェコ党の許可を得たうえで独自の基本方針を同クラブの「国家権宣言」に先立って公表した。チェコクラブでは、彼らの行動とそれを容認した青年チェコ党への批判が噴出した。結局、閣僚派遣の重要性を強調したクラマーシュらによる釈明に対して、政府との関係を今後の検討課題とすることで他の政党は批判の矛を収めたのであった（Čelakovský 2004, 198-200；Frankenberger and Kubíček 1931, 174-175）。確かに、チェコクラブでは、ベック内閣の存続を擁護する青年チェコ党とクラマーシュが積極政治の下で主導的な役割を果たした。しかし、各政党がその事実を無批判に受け入れているわけではないことも明らかであった。

　チェコクラブ内部の不協和音は、7月に提出された暫定予算案への対応をめぐりさらに大きくなった。当初、チェコクラブ内では暫定予算案への反対が大勢を占めていた。しかし、一定の協力をつうじて政府から譲歩を引き出そうとした一部の議員は、暫定予算案への賛成が必ずしも内閣への信任を意味しないという論理をもって、両大臣の内閣における立場を強化するためにチェコクラブが同案に賛成するように説得した（PL, 20.7.1907, 1-2；Tobolka 1936, 491）。最終的には、チェコクラブとして意思の統一ができず、各政党に判断が委ねられた。クラマーシュは、自党から大臣を送っていることを考慮して、青年チェコ党が暫定予算案に賛成することを表明した。農業党も、ハンガリーとの経済アウスグライヒの更新交渉を控えた内閣に打撃を与えるべきでないという理由を挙げて、青年チェコ党に同調した。両政党以外には、老チェコ党とカトリック政党が暫定予算案に賛成した。一方、国民社会党と急進進歩党・チェコ国家権党は反対票を投じた（Srb 1926, 317-318）。

　このように、青年チェコ党が主導するチェコ人政党の統一的な政治行動は、大きな困難もなく選挙後に継続されたのであった。しかし、男子普通選挙権の完全導入の結果、議席数や得票数のうえでの第一党の地位を青年チェコ党は失った。そのため、長年にわたりチェコ政治を主導してきた「伝統」だけに頼れなくなった同党は、政府との協力関係と老チェコ党などとの協力によ

第 4 章　20 世紀初頭のチェコ政党政治における政党間競合の現出

る相対的な勢力の維持により、チェコ政治の主導権を維持しようとした。また、統一的な政治行動の維持には、諸チェコ人政党が自党の勢力拡大に傾倒したという消極的な要因も作用していた。それゆえ、青年チェコ党が主導するチェコクラブは、チェコ人政党の間で容易に不和が生じやすいものであった。暫定予算案をめぐる経緯が示すように、一部の政党や政治家は、積極政治に唯々諾々と従う気はないことを早くも明確にしたのであった。統一的な政治行動は継続されたとはいえ、政党間競合が現出する可能性がすでに秘められていたのである。

図 4-2　ベック

内閣改造の試みとチェコクラブの崩壊

　チェコクラブ内部の対立が露呈したことにより、青年チェコ党や農業党は同クラブの再編を構想するようになる。すでに 9 月上旬には、ベックが内閣改造に踏み切るという憶測が広がっており、クラブと自党の要望を実現するためには統一的な政治行動の維持が必要とされたのであった。

　青年チェコ党と農業党の一部の政治家が 9 月下旬にプラハで会合をもった。その場において、共同議員クラブの再編が合意された。両政党は、経済アウスグライヒの賛成により政府から譲歩を引き出すことを前提として、入閣したチェコ人大臣に対する支持を強く打ち出すことにより、政府に対する協力姿勢を鮮明にしようとした。他党から再編への賛同を得る努力をするべきとされてはいたが、国民社会党などの政党の共同議員クラブからの脱退をもやむをえないとする声が上がったのであった（Čelakovský 2004, 207-209）。青年チェコ党と農業党は、チェコ社民党を除く全チェコ人政党の結集よりも、政府との協力のために共同議員クラブの統一性を重視しようとしたのである。そのうえ、政府寄りのカトリック政党が国民社会党と協力する可能性は皆無であることを考慮すれば（Čelakovský 2004, 208）、この 2 党が一致すれば、

チェコ政治の主導権を容易に握れることは明白であった。

　しかし、チェコクラブ再編は両党が思い描いたようには進まなかった。ベックは10月16日に、期限を迎えつつあったハンガリーとの経済アウスグライヒの更新案を帝国議会に提出した。彼は、議会において、経済アウスグライヒの更新後にナショナルな問題の解決に取り組むことを言明することにより、チェコクラブをはじめとする各政党から更新案への賛成を引き出そうとした（Tobolka 1936, 492）。一方、議会外では、閣僚ポストの提供を仄めかしながら、彼は一部の政党や議員クラブとの意思疎通を図ったのであった。特定の政治勢力に対する安易な譲歩を避けつつ交渉を秘密裏に進めることで交渉の主導権を握ろうとしたベックの行動は、約束の反故を恐れる諸チェコ人政党にとっては、不安や猜疑心を引き起こすものであった。

　一部のチェコ人政党にとって、経済アウスグライヒの更新への同意と改造内閣へのチェコ人政党の入閣は受け入れ難いことであった。国民社会党と急進進歩党・チェコ国家権党は、ナショナルな問題に関してチェコ人に対する大幅な譲歩がない限り、経済アウスグライヒの更新には反対する意向を表明した。後述する内閣改造から3日後に開催された帝国議会において、クロファーチが、国家権の回復を阻害するとして、「2人のチェコ人議員が入閣したことに対して」「チェコ人の大部分の名」において反対することを表明した（Tobolka 1936, 493-494）。彼の議会演説により、チェコクラブは事実上崩壊したのであった。この演説から、クロファーチが敵視しているものに統一的な政治行動が含まれているのは明白であった。

　しかし、国民社会党などの反対と脱退は、青年チェコ党と農業党にとって予想されていたことであった。これらの政党からの反発以上に、チェコ人政党による統一的な政治行動を動揺させたのは、経済アウスグライヒの更新への同意を決めたはずの主要政党の側の不協和音であった。更新案の賛成に対してベックが明示的な約束をしなかったために、クラマーシュさえもベック内閣への支持の撤回をもらすほどであった（Čelakovský 2004, 211）。青年チェコ党にとって、ナショナルな問題に関する明確な代償を得られないまま更新案に賛成することは、党内急進派や世論から反発を招く可能性が高かった

第 4 章　20 世紀初頭のチェコ政党政治における政党間競合の現出

のである。さらに、更新案への賛成に対して閣僚ポストを提供することでベックと農業党やカトリック政党が合意しているという憶測がチェコクラブ内で広がった。そのために、チェコクラブや各チェコ人政党において、ベック内閣への支持や閣僚派遣の是非についての議論が白熱した。最終的には、元から閣内不和という事情を抱えていたこともあり、フォシュトとパツァークが自ら大臣を辞任するという案が提示された。この提案をクラマーシュが受け入れることにより、事態の収拾が図られた（Čelakovský 2004, 211-215；*Venkov*, 25.10.1907, 1-2）。それにより、青年チェコ党は、チェコクラブが政府との交渉を主導することだけでなく、クラブ内の不和を解消することを狙ったのである。

　その後、両チェコ大臣の辞任に際して、ベックがクラマーシュにチェコ人のナショナルな要求の実現に努力することを約束したことにより、統一的な政治行動にとって事態は好転した。そこで、青年チェコ党は、自らの支持基盤のために商業大臣のポストを維持しつつ、他方で農業党に閣僚ポストを譲渡することを決断した。その決断の狙いは、閣僚ポストを農業党に提供することにより、新たに設立されるだろう共同議員クラブの議長にプラーシェクが就任するのを阻止することにあった（Čelakovský 2004, 216）。クラマーシュは自らの共同クラブ議長就任を確実にしようとしたのである。

　一方、農業大臣のポストを望んでいた農業党は、閣僚ポストを得られるという確証に基づいて、ベック内閣を支持するという点で青年チェコ党と一致した。入閣候補であったプラーシェクは、ベックや他のチェコ人政党の指導者と交渉を繰り返すなかで、チェコ人政党の統一的な政治行動の必要性を強調した。しかし、11 月初めにベックがプラーシェクに就任を要請したのは、チェコ人担当無任所大臣であった。プラーシェクは即座に拒絶し、『ヴェンコフ』も農業党議員団も彼の拒絶を支持した。しかし、他のネイションとのバランスを配慮しなければならないベックにとって、商業大臣のポストを青年チェコ党に確約した後では、ドイツ人政党の反対を押し切って農業党の要求を受け入れることは不可能であった。結局、他のチェコ人政党や現実的な判断を下したシュヴェフラからの圧力もあり、プラーシェクと農業党議員団

はベックの要請を承諾した（Kopáček 2005, 58-60；*Venkov*, 8.11.1907, 1）。その結果、11月9日にベック改造内閣が成立し、青年チェコ党のフィードレルが商業大臣として、プラーシェクがチェコ人担当無任所大臣として入閣したのである。

　国民社会党と急進進歩党・チェコ国家権党が政府に対して非妥協的な姿勢を堅持したことから、青年チェコ党と農業党は、チェコクラブの崩壊を見越したうえで、実質的にチェコ人を代表していることを議席数に基づいて主張することにより、統一的な政治行動の維持を模索したのであった。しかし、政府への協力に対する代償が不明であったために、共同議員クラブの再編は難航することになる。最終的には、ベックの明示的な約束、諸政党の具体的な利益と農業党の妥協により、チェコクラブという外形的な枠組みは事実上崩壊したものの、ベック改造内閣への入閣と統一的な政治行動は維持されたのであった。しかし、同クラブの事実上の崩壊は、チェコ人政党間の政策の違いをもはや隠蔽することができなくなり、そのことを青年チェコ党も認めざるをえなかったことを意味している。

(3) 第二次ベック内閣と国民クラブの設立
国民クラブの成立と安定

　チェコクラブが事実上崩壊した11月12日、青年チェコ党、農業党とカトリック政党は、ベック内閣に入閣したチェコ人大臣を支持する新たな共同議員クラブの設立に合意した。その合意に基づいて、主に3党の帝国議会議員から構成される帝国議会における国民クラブ（Národní klub na říšské radě、以下では国民クラブと表記）が11月22日に設立された（*Den*, 23.11.1907, 5）。

　チェコ社民党を除くチェコ人議員84人（欠員を含む）のうち60人以上を擁する国民クラブは、ナショナルな問題や国家権に関する問題を扱うとともに、政府や他の政党との交渉の窓口になることが規定された。それ以外の問題については、所属政党の自由に任された。国民クラブの意思決定機関として幹部会と議会委員会が設置された。議会委員会の議席に関しては比例配分を原則とし、農業党に3議席、カトリック政党に2議席、青年チェコ党と老

第 4 章　20 世紀初頭のチェコ政党政治における政党間競合の現出

チェコ党に各 1 議席が割り振られた（Stanovy 1907；Tobolka 1936, 496）。国民クラブはチェコクラブに類似した構造と特徴を有していた。ただし、後述するように、モラヴィア人民党が参加しなかったこともあって、青年チェコ党は、老チェコ党の支持だけでは農業党と同じ議席数を確保できなかった。

　しかし、国民クラブの議長選では、統一的な政治行動においても、政党間競合と親和的な「数」の論理が無視できなくなっていることが明らかになった。青年チェコ党がクラマーシュを議長に推した一方、農業党は、国民クラブに所属する政党のなかで最大の議席数を有することを理由に挙げて、ウドルジャルの就任を要求した。青年チェコ党が統一的な政治行動の主導権を握ることが当然視されなかったのである。そこで、12 月 4 日に議長選挙が実施された。老チェコ党とカトリック政党が支持に回ったため、27 票を得たクラマーシュが 4 票差でウドルジャルを破り議長に選出された。一方、同日、国民クラブの他の役職も決定され、副議長にウドルジャルとカトリック政党のフルバンが就任した（Den, 6.12.1907, 1-2；Tobolka 1936, 496）。

　一方、国民クラブに参加しなかった諸チェコ人政党は自らの影響力の保持に苦心することになった。モラヴィア領邦議会選挙と帝国議会選挙での敗北に苦しんでいたモラヴィア人民党は、新たな活路を見出すために政府に対する反対を鮮明にする戦略を選択した。その代償として青年チェコ党との関係を悪化させた結果、モラヴィア人民党は、さらなる政治的な孤立を経験することになった（Malíř 1996a, 118-119）。政治的な孤立はリアリスト党や国民社会党なども同様であった。クロファーチは 11 月下旬に急進進歩党とチェコ国家権党とともに国民社会党・急進派帝国議会議員同盟（Sdružení říšských poslanců národně sociálních a radikálních）を設立した（Tobolka 1936, 497）。しかし、3 党の議席の合計が 9 議席では帝国議会においてとれる戦略は限られたものであった。また、国民クラブに参加しなかった全政党が共同歩調を取れなかったことは、いっそう国民クラブの立場と数的な優位を強化したのであった。ただし、国民クラブ設立前の 9 月に実施された帝国議会選挙の補選でホツが勝利したことは、国民社会党への支持が必ずしも失われていないことを示していた（Kelly 2006, 147）。

97

国民クラブを設立した諸政党の側では、同クラブに参加しなかった政党をあまり気にすることはなかった。例えば、青年チェコ党の指導部にとっては、『ナーロドニー・リスティ』による党指導部への執拗な攻撃が頭痛の種であった。党指導部は、党の分裂を防ぐべく、グレーグル家に和解や「休戦」を提案した。しかし、同家はこれらの提案をすべて拒絶した。それどころか、フィードレルの入閣とクラマーシュが推進する積極政治を批判する同紙の姿勢は（Kramář and Tobolka 1909, 778）、青年チェコ党と敵対関係にあるはずのクロファーチが執筆した記事を掲載するなど、ますます過激になっていった。これに対して、党指導部は、『デン』に自らの政策の擁護と『ナーロドニー・リスティ』に対する反論を掲載して対抗した（Hoch 1934, 97）。党指導部にとって、国民社会党などの小政党の行動よりも、党の支持低下に直結する『ナーロドニー・リスティ』による事実上のネガティブ・キャンペーンのほうが早急に対処しなければならない問題であったのである。

　農業党では、1908年10月のクブルの死亡に代表されるように、保守派の一端を形成していた党の創設者たちが次第に表舞台を去っていった。それにより、党の組織化を推し進めてきたシュヴェフラ派は、党内統制の確立を実現する機会に恵まれた[9]。同じ理由により、プラーシェクの入閣はかえってシュヴェフラ派にとって好都合であった。彼が入閣に際して辞任した帝国議会の農業党議員団長にはシュヴェフラ派のウドルジャルが就任した（Frankenberger and Kubíček 1931, 182；Kopáček 2005, 61）。この人事は、党執行部による議員団に対する統制を強化したいシュヴェフラの目論見どおりであった。ただし、プラーシェクは、ウドルジャルとも良好な関係を築いており、後任として自ら彼を指名していることから（Charbuský 2000, 203）、議員団に対する影響力を保持しようとしたと考えられる。党指導部による議員団の統制の実現は、シュヴェフラにとっても困難な課題であったのである。このように、

---

9) 例えば、1907年10月に開催された農業党執行委員会において、領邦議会議員と帝国議会議員の兼職が禁止された（Frankenberger and Kubíček 1931, 178）。議会活動の重視が兼職の禁止の理由として挙げられたが、真の狙いは党指導部に権限を集約させることにあったと考えられる。

第 4 章　20 世紀初頭のチェコ政党政治における政党間競合の現出

図 4-3　1907 年の帝国議会下院の風景

諸チェコ人政党が党内改革に精力を傾けていたことは、国民クラブ内の安定を確かなものにしたのであった。

　政府との関係では、両チェコ大臣に対して国民クラブとして全面的な支持を与えたように (NL, 23.11.1907, 4)、政府に協力する姿勢を明確に打ち出した。国民クラブは政府が提出した経済アウスグライヒの更新案に賛成した。同案が 12 月に帝国議会で可決された後、チェコ人の正当な要求の実現への配慮を約束したベックの動向が同クラブにとって重要であった。

　ベックは、ナショナルな問題に取り組む姿勢を明確にしたのみならず、チェコ諸領邦における鉄道の国有化の推進やモラヴィアにおけるチェコ語を教育語とする大学の設置に意欲を示した (Srb 1926, 322-323; Tobolka 1936, 498-499)。一方、青年チェコ党や農業党は入閣による実際的な利益も享受することができた。チェコの産業利益が重要な支持基盤であった青年チェコ党にとって、商業大臣のポストを維持できたことは意義のあることであった。農業党とその支持者の間では、自党から大臣を輩出したことへの喜びと彼が農民の利益に応じてくれることへの期待が大きかった。プラーシェクは、チェコ人担当無任所大臣の地位を活用して、チェコの農村地域への頻繁な視察などにより、農業党の組織の拡大と安定化に努めた (Kopáček 2005, 65-66)。

ただし、ベックは、一方的にチェコ人を優遇するのではなく、シスライタニアの政治制度やその慣行の枠組みを前提として、諸ネイションの間の均衡の実現に心を砕いた。例えば、内閣改造をめぐるクラマーシュとの交渉において、ベックは予定されていた公共事業相の新設に際してチェコ人を入閣させることを仄めかしていた。しかし、実際には、キリスト教社会党のゲスマン（Albert Gesmann）が公共事業相に就任し、青年チェコ党を落胆させた（Čelakovský 2004, 221-222, 229-230）。さらに、1907年秋、住民の大半をドイツ人が占めていたボヘミア北西部の都市であるヘプ（エーガー）の裁判所が、訴訟におけるチェコ語の使用を認めないという決定を下した。国民クラブは、この決定がシュトレマイヤー言語令に反しているとして、クラマーシュを先頭にしてベックに抗議した。ベック内閣は、チェコ人政党の主張を認めたとはいえ、司法権を侵害してまでこの事例に介入しようとはしなかった（Tobolka 1936, 499-500）。クラマーシュが推進する積極政治とチェコ人政党の統一的な政治行動も、必ずしも政府からの譲歩が引き出せるわけではないという点において、その限界の一端を示したのであった。

　この事件の余韻が醒めていない1908年2月下旬から3月上旬にかけて、ボヘミア領邦議会選挙が実施された。急進進歩党・チェコ国家権党と選挙連合を組んだ国民社会党は、積極政治こそがボヘミア領邦議会の権力ひいてはチェコ人の主権を毀損しているとして、青年チェコ党を激しく攻撃した（Kelly 2006, 138-139）。しかし、選挙結果は、クーリエ選挙制度という制限選挙制のため、3党で数議席を得るにとどまった。むしろ、農業党が、農村クーリエに配分された議席の大半である43議席を獲得してチェコ人政党のなかで第一党に躍り出たことが印象的であった。一方、全クーリエの合計で38議席を獲得した青年チェコ党はチェコ人政党のなかで第二党に転落した。しかし、同党は、農村クーリエの大半の選挙区から撤退しており、むしろ農業党との棲み分けを確立したのである。結果として、国民社会党などが数議席を獲得するにとどまったことにより、ボヘミア領邦議会におけるチェコ人政治家の統一的な政治行動にかかる負荷は軽減したのであった。

　逆に、国民社会党などは、かつてのチェコクラブの枠組みによる会合を呼

びかけることにより、統一的な政治行動に対する影響力を高めようとした。この会合は4月8日から2日間にかけて言語問題などを中心に行われたが、大きな成果を挙げることなく終わったのであった（Čelakovský 2004, 230-231）。また、急進進歩党とチェコ国家権党は合併して国家権進歩党を設立することにより、活路を見出そうとした。

　国民クラブは、チェコ社民党を除くチェコ人議員の大多数が所属していることを根拠として、青年チェコ党が主導するチェコ人政党の統一的な政治行動の継続をアピールすることができた。同クラブが政府への支持を明確に打ち出したことに対して、シスライタニアの政治情勢が許す限りにおいて、ベックはチェコ人政党・政治家への配慮を欠かさなかった。また、青年チェコ党と農業党は、党内改革に取り組む一方、閣僚を輩出したことによる恩恵を享受した。国民クラブに加盟しなかった政党が有効な手立てを打てないことにも助けられて、国民クラブは安定したのであった。しかし、クラブの議長選が行われたことが示すように、統一的な政治行動においても、「数」という政党間競合の論理が影響力を増していることが確認できる。国民クラブは「数」の論理を組み込んで統一的な政治行動を再編したのであったが、それにより、現出する可能性が生じつつあった政党間競合にとって、かえって不利に作用したのである。

デモの活性化とベック内閣からの離脱

　ボヘミア領邦議会選挙後、争点はボヘミア領邦議会の機能不全を解消することに移動することになった。19世紀後半にボヘミア領邦議会において少数派に転落したドイツ人議員は議事妨害戦術に訴えるようになり、同領邦議会はしばしば機能不全に陥った。このことが、他の領邦議会において設置されつつあった男子普通選挙権に基づくクーリエの設置を困難にしただけでなく、財政破綻すら取りざたされるようになったボヘミア領邦の財政難に対して有効な策を打ち出すことを不可能にしていた。チェコ社民党のソウクプは、「墓場の雰囲気」が漂っていると表現することにより、機能不全に陥っていたボヘミア領邦議会を非難していた（Soukup 1908）。しかし、農業党単独で

の早期改革要求にもかかわらず、チェコ人政党とドイツ人政党の和協交渉のための環境が整わなかったために、1908年選挙後にボヘミア領邦議会はなかなか召集されなかった（Tobolka 1936, 502-503）。

　結局、選挙後初のボヘミア領邦議会は1908年9月15日に召集された。その9日後には、青年チェコ党と老チェコ党、農業党、カトリック政党によって、チェコ人議員の9割以上が加入したチェコ人領邦議会議員連盟（Svaz českých poslanců zemských）が設立された（Tobolka 1936, 503）。帝国議会においては国民クラブがすでに設立されていたので、類似した議員クラブを領邦議会に設立することはさほど困難ではなかった。一方、ナショナリスティックな主張と大衆を動員する手法を忌み嫌う大土地所有者の存在は、チェコ人領邦議会議員連盟に加入しなかった国民社会党や国家権進歩党の議会活動の余地をさらに狭めた。

　領邦議会の開会と同時に、ドイツ人議員は、領邦制度をネイション別に再編するという長年の要望を繰り返した。一方、ドイツ人議員の要望に対抗して、青年チェコ党と老チェコ党、農業党は、部分的に領邦議会・行政におけるナショナルな軸に沿った分割を受け入れつつも、基本的にボヘミア領邦の一体性の維持と権限の強化、行政における言語の平等の徹底を主張した。このような両者の側の非妥協的な態度は対立を昂進させることになった。最終的には、領邦議会の議会事務局の人事を契機にドイツ人議員は議事妨害を開始した。領邦議会の機能不全に直面して、ベックは10月5日に、以前の交渉で話し合われた案をもとに、選挙改革を含むボヘミア領邦議会・行政の改革案を提出した。しかし、ドイツ人政党は、ネイションの軸に沿った領邦財政の分割という自らの要求が政府案に反映されていないことに強く反発した。大土地所有者も政府案に対して冷淡であった。結局、1908年選挙後に初めて召集されたボヘミア領邦議会は、領邦行政を統括する領邦委員会を選出することさえもできずに閉会したのである（Kramář and Tobolka 1909, 783；Tobolka 1936, 504-508）。

　議席が少ないゆえに議会での活動に制約を感じていた国民社会党は、ボヘミア領邦議会の閉会を、ベック内閣を支持する青年チェコ党を攻撃し、自ら

の主張を街頭で繰り広げる絶好の機会と捉えた。さらに、プラハの街頭では、ドイツ人学生を中心とするデモが行われており、街頭における「敵」も明確であった。国民社会党は、プラハにおける数千人規模のデモや17世紀の三十年戦争における敗戦地であるビーラー・ホラへの1万人規模の巡礼などを10月下旬から次々に実施した。それにより、同党は、チェコ人の間におけるナショナルな意識とハプスブルク君主国に対する敵意を高めようとした。さらに、11月にはプラハ市ヴィノフラディ地区における帝

図4-4　プラーシェク

国議会議員の補欠選挙が実施された。国民社会党は、青年チェコ党が推進する積極政治を徹底的に非難した結果、前年の帝国議会議員の補欠選挙に引き続き、自党の候補者を当選させることに成功した（PL, 13.11.1908, 1；Kelly 2006, 144-147）。国民社会党にとって補欠選挙での勝利は、自らの戦略の妥当性と社会からの支持を確信するのに十分であっただけでなく、議会政治と統一的な政治行動への同党の影響力拡大にも寄与することになる。

　一方、国民クラブにとっても、ドイツ人議員の議事妨害を理由とするボヘミア領邦議会の閉会は、ベックに対する信頼を最終的に失わせるものであった。閉会に関して、チェコ人領邦議会議員連盟は政府のドイツ人寄りの姿勢を非難する宣言を公表した（Frankenberger and Kubíček 1931, 196）。フィードレルとプラーシェクはベックに対して、同議会の閉会の際にはチェコ人大臣として相応の行動を選択することを事前に警告していた。実際、ボヘミア領邦議会の閉会が閣議において多数決により決定されると、シュヴェフラと農業党議員団とから圧力を受けたプラーシェクがその翌日に辞任を表明し、フィードレルもそれに続いたのであった（Tobolka 1936, 508；Kopáček 2005, 67）。21日に開催された国民クラブの議会委員会は、彼らの辞任を事後承諾し（NL, 22.10.1908, 1）、ベックに対する支持を撤回することを明確にした。積極政治を推進していた青年チェコ党指導部にとっても、すでに9月の時点

でベックに対する不満が党幹部の間ですら噴出しており（Čelakovský 2004, 244-245）、明確かつ即座の見返りなしにこれ以上の支持を与えるのはもはや困難であった。ベック内閣は、ボスニア・ヘルツェゴヴィナ併合をめぐり宮廷と皇位継承者フランツ・フェルディナントからも反感を買っていたことから、国民クラブの支持撤回により総辞職に追い込まれたのであった。

　ドイツ人議員の議事妨害によるボヘミア領邦議会の閉会からベックの辞任までの経緯は、政府との協力可能性を低下させた。それにより、再編された統一的な政治行動は岐路に立たされることになる。一方、国民社会党は、議会での劣勢を補うべく街頭行動に訴えることにより、支持の拡大と補欠選挙での勝利という成果を収めた。同党は、青年チェコ党に対する攻撃を強めていき、政党間競合の現出に寄与することになる。

(4)　小　括

　帝国議会選挙における男子普通選挙権の実現とそれに基づく選挙の実施が確実視されるようになった頃、青年チェコ党のクラマーシュは、政府に対する「フリーハンドの政治」を最大の特徴とする積極政治を掲げて、青年チェコ党のイニシアティヴによる全チェコ人政党の結集を訴えた。彼の主張はチェコ社民党を除く全チェコ人政党に受け入れられたが、要求実現の内実において、各チェコ人政党の間に大きな隔たりが存在することになった。この隔たりこそが、政党間競合を現出させる1つの契機となった。実際、男子普通選挙権に基づく初の帝国議会選挙後に設立されたチェコクラブでは、社会的・経済的な問題における各党の自主性と議席数に応じた共同議員クラブにおけるポストの比例配分が部分的に導入された。なにより、国民社会党などが積極政治に従う気がないことが明らかになると、青年チェコ党は、農業党からの賛同を得て、チェコ社民党を除くチェコ人議員の約4分の3が加盟する国民クラブを設立した。「数」という政党間競合の論理を取り込むかたちで統一的な政治行動は再編されたのであった。

　このように、チェコ人政党・政治家による統一的な政治行動が継続されたのは、対政府関係、党内関係、議席の「数」から説明することができる。対

政府関係に関しては、主要なネイションの議員クラブから閣僚が派遣されている「挙国一致」内閣を設立していたベックは、安定的な議会運営に必要な多数派を形成するために、チェコ人議員団からの賛成を欲していた。その結果、特定のネイションを優遇しないということを前提にしたうえで、彼はチェコ人の要求の一部を実現しようとした。以上のようなベックの姿勢は、多くのチェコ人政党に期待を抱かせるものであり、統一的な政治行動にとって有利に作用した。

党内事情に関しては、諸チェコ人政党が党内改革や党への支持拡大に精力を傾けていたことは、青年チェコ党が主導する統一的な政治行動の継続に大きく寄与した。クラマーシュと青年チェコ党の指導部にとっては、国民クラブに参加しなかった国民社会党への対応よりも、事実上の党機関紙であった『ナーロドニー・リスティ』を牙城とする党内の急進派を押さえ込むことのほうが喫緊の課題であった。議席のうえではチェコ人政党のあいだで最大政党であった農業党も、シュヴェフラ派を中心にして、党内規律の強化、党組織の整備と傘下組織の拡大に力を入れていた。同党は、農業利益を代表する政党として、ナショナルな問題よりも農村における社会的・経済的な問題の解決に重点をおいていた。それゆえ、ナショナルな問題に関して、青年チェコ党が主導する統一的な政治行動とクラマーシュの積極政治に農業党は異論を唱えなかった。さらに、両政党は、入閣によって党勢の拡大に有利に働く様々な便宜を受けていた。

議席の「数」に関しては、国民クラブに参加した政党でチェコ社民党を除くチェコ人議員の約4分の3を占めた一方、不参加の政党による連携がなかったことにより、同クラブは議席数における数的な有利を利用してチェコ人を代表していることを訴えることが可能であった。一方、青年チェコ党が主導するチェコ人政治家・政党の統一的な政治行動から離脱した国民社会党は、議席数の少なさゆえに効果的な議会活動が困難であることも作用して、むしろ社会への働きかけや街頭行動による党勢の拡大を目指すことになる。

以上のような条件が実現されたことにより、青年チェコ党が主導するチェコ政党の統一的な政治行動は再編されたのであった。ただし、この統一的な

政治行動は「数」という政党間競合の論理を取り込んでおり、諸政党は統一的な政治行動の枠内において自らの主張を展開するようになった。さらに、ボヘミア領邦議会におけるドイツ人議員の議事妨害とドイツ人学生を中心とするデモを絶好の機会と捉えた国民社会党は、少ない議席数を補うかのように積極的な街頭行動を展開し、政府やドイツ人とともに青年チェコ党の積極政治を激しく糾弾した。帝国議会議員補欠選挙に勝利したことは、その成功を示しただけでなく、国民社会党が議会においても発言力を高めていく契機となる。このように、統一的な政治行動内部やクラマーシュに対する反発のなかにおいて、政党間競合の兆しは確実なものとなっていったのである。一方、ボヘミア領邦議会の閉会により、青年チェコ党内部でもベックに対する不満が噴出したために、閣僚を送り続けるのは困難な状況に陥った。政府との協力可能性が低下したことは国民クラブの崩壊の序曲になるのである。

第2節　ビーネルト内閣期における統一的な政治行動の動揺と政党間競合

(1) 国民クラブの崩壊

　さて、ベックの辞意表明後に後任として選ばれたのは、内務大臣を務めていたビーネルト（Richard Bienerth-Schmerling）であった。ビーネルトは、皇帝フランツ・ヨーゼフの要望もあり、「挙国一致」内閣の設立を目指した。しかし、彼が頼みにしようとしていたドイツ人政党からの反発を押し切って、「挙国一致」内閣を成立させるほどの強い意欲はビーネルトにはなかった。

　ビーネルトの真意を読み取れないまま、政府に対する要望をめぐって国民クラブ内部で不協和音が生じた。農業大臣を熱望する農業党とフルバンの入閣を欲するカトリック政党は、ある議員に対するビーネルトの発言を根拠にして、「挙国一致」内閣の成立を前提とした3人のチェコ人政治家の入閣を支持した。しかし、彼の発言が必ずしも本心ではなく、ドイツ人政党も賛同しないと考えたクラマーシュは、官僚内閣が設立されることも視野に入れて、シュトレマイヤー言語令の厳格な適用とモラヴィアにおけるチェコ語を教育

語とする大学の設置という長年の要望を突きつけることを主張した。国民クラブ内部の反対を押し切ったクラマーシュはビーネルトとの長時間にわたる交渉に臨むが、ドイツ人政党からの支持を組閣の前提としていたビーネルトは、それらの条件を承諾できなかった（Čelakovský 2004, 250-253；Sís 1930, 183）。

図4-5　ビーネルト

その結果、ビーネルトは官僚内閣の色彩が強い内閣を構成した。新内閣においては、クラマーシュの非公式の合意の下、モラヴィアの老チェコ党の指導的な政治家であったジャーチェクが、一個人としてチェコ人担当無任所大臣に就任した（Tobolka 1936, 511）[10]。閣僚を輩出する機会を逸しただけでなく、国民クラブの副議長職も得られなかったカトリック政党はクラマーシュを強く非難し、国民クラブから距離をとるようになった。事態を収拾できなかったクラマーシュは議長の辞任を表明したのであった（ČS, 26.11.1908, 4；NL, 26.11.1908, 3；Venkov, 15.11.1908, 2-3）。

このように、国民クラブ内部の不和を招きながらも、クラマーシュが、チェコ人の要求の実現を重視してビーネルトと妥協できなかった背景には、前節で述べたプラハにおけるドイツ人学生によるデモと、ボヘミア領邦議会の閉会に抗議する国民社会党によるデモが存在した。両者のデモは日が経つにつれて激しさを増していた。そのような状況で政府と国民クラブが安易に妥協すれば、国民社会党だけでなく青年チェコ党内の急進派から攻撃されるのは必定であった。両ネイションの議員は共同でデモの停止と事態の鎮静化を呼びかけたものの（Srb 1926, 330）、11月末にはチェコ人のデモ隊と警察・軍が衝突し、死傷者を出す事態にまで発展した（Kelly 2006, 149-150）。皇帝

10）他に入閣したチェコ人は、文部大臣に就任したカニェラ（Josef Kaněra）と農業大臣に就任したポップ（Josef Pop）であった。両者は、ともに中央官僚としてキャリアを積んでいた。

フランツ・ヨーゼフの即位60周年にあたる12月2日には、プラハとその周辺に戒厳令が敷かれた。この結果、プラハの情勢は沈静化していったが、その代償としてビーネルトはチェコ人政党・政治家からさらなる反感を買うことになった。

　一方、クラマーシュの後任を選出できなかった国民クラブも苦境に立たされていた。クラブの外部からは政府に対する宥和的な姿勢が攻撃された一方、官僚内閣の成立を許したことや閣僚ポストを得られなかった不満がクラブの内部に充満していた。その不満は、ビーネルトが緊急討議により上程した暫定予算案をめぐって爆発した。ビーネルトとの交渉が進展しないだけでなく、彼の真意もつかめないなか、国民クラブでの数日にわたる議論はまとまらなかった。多数決の結果、農業党と一部の青年チェコ党の賛成により、暫定予算案に反対票を投ずることが決定された。しかし、クラブの運営に不満を感じていたカトリック政党は、基本法第14条の緊急令に基づく統治の回避と君主国を取り巻く外交情勢を考慮して、暫定予算案への賛成の方針を曲げなかった。カトリック政党は、12月16日に国民クラブから離脱した。農業党は、それまでの統一的な政治行動を継続できない状況を鑑みて、より緩やかな共同議員クラブへの移行を提案した。クラマーシュがその提案を受け入れたことにより、国民クラブは終焉を迎えたのであった（Čelakovský 2004, 256-260）。さらに、青年チェコ党内では、国民社会党との対抗を重視して反対を主張するフォシュトと、政府との交渉の余地を残したいクラマーシュとの間に溝が生じた。帝国議会における暫定予算案の採決では、前者が反対票を投じる一方、後者は棄権することになる（Čelakovský 2004, 259-260；Tobolka 1936, 515；Vacek 1911, 57）。

　国民クラブの崩壊後、同クラブに参加していた諸チェコ人政党は、統一的な政治行動を継続するために、新たにチェコ連盟（Český svaz）を結成した。しかし、チェコ連盟は、国民クラブのような意思決定機関や規律を有さない、非常に緩やかな組織であった（Špiritová 1992, 178, n.19）。一方、ビーネルトは、その後もチェコ人政党を満足させる提案をすることができなかった。さらにボヘミアにおける郵便電信局の使用言語に関する大臣の失言を契機とす

る議事妨害により、1909年2月に帝国議会とボヘミア領邦議会は閉会されることになった（Frankenberger and Kubíček 1931, 207-208）。

　以上のように、ビーネルト内閣への閣僚の派遣と暫定予算案の賛否をめぐる相違により、国民クラブは崩壊に追い込まれた。ドイツ人政党からの支持を組閣の前提としていた彼にとって、言語の使用などのチェコ人の長年の要求を受け入れることはメリットが少なかった。一方、積極政治を主導していたクラマーシュにとっても、党内急進派からの批判に加えて、プラハにおけるナショナルな感情の高まりとそれに伴う国民社会党の勢力拡大という状況においては、交渉において妥協することは困難であった。その結果、入閣を熱望していたカトリック政党の離脱により、国民クラブは崩壊したのであった。政府との協力可能性の低下、国民社会党の躍進、党内事情が統一的な政治行動を危機に陥らせたのである。同時に、期待していた閣僚ポストを得られなかったカトリック政党による独自行動と議会外活動による勢力の拡大に熱心であった国民社会党によって、一方では政府との連携を重視する勢力と、他方では自らが正当と考えるチェコ人の要求の実現を重視する勢力との違いが鮮明になりつつあった。チェコ政党政治における政党間競合がその輪郭を表したのである。

(2)　スラヴ同盟と統一的な政治行動の綻び
第二次ビーネルト内閣の成立とスラヴ同盟の結成

　帝国議会を舞台にしたチェコ人とドイツ人との和協の成立に失敗したビーネルトは1909年2月に内閣改造を実施した。新たに大臣に就任した顔ぶれから判断すると、第二次ビーネルト内閣においては、ドイツ人政党寄りの姿勢が強まった感は否めない（Konirsh 1952, 283-284）。チェコ人政党・政治家からは、チェコ人担当無任所大臣にジャーチェクが留任したほかに、老チェコ党のブラーフが農業大臣に任命された。しかも、事前の相談なく一個人として入閣が決定されたため、以前からの人間関係も不利に作用して、ブラーフは多くのチェコ人政党やチェコ連盟の不興を買った（Tobolka 1936, 523）。にもかかわらず、チェコ人政党から安定的な議会運営を実現するうえで必要

な協力を得るために、ビーネルトは試行錯誤を続けることになる。

　これに対して、ビーネルト内閣の長期化が予想されるようになると、諸チェコ人政党は新たな対応を迫られた。チェコ連盟は、予想される政府やドイツ人政党・政治家との交渉において譲歩を引き出すために、交渉能力を高める新たな方策を編み出さなければならなかった。一方、国民社会党や国家権進歩党は、帝国議会において技術的な議事妨害を行うために必要な20議席に満たないために、議会戦術上の制約を受けていた。それゆえ、国民社会党は、国民クラブの崩壊という機会を活かして、自党の制約を取り除く手段として各政党に協力を呼びかけた（ČS, 13.1.1909, 2）。さらに、国民社会党はビーネルトから目の敵にされ、『チェスケー・スロヴォ』などの党の出版物への検閲やクロファーチなどの党の政治家への監視が強化されていた（Kelly 2006, 152-153）。政府からの抑圧に対抗する手段として、同党が他の政党から協力を得ようとしたことも十分に考えられる。これらの帰結として、政党間競合が抑制され、青年チェコ党が主導する統一的な政治行動は新たに再編されることになった。

　この再編のきっかけは、南スラヴ系のネイションの政党・政治家から提供された。すでに国民クラブの崩壊前後から、南スラヴ系のネイションの政党・政治家はチェコ人政党に協力を呼びかけていた（Čelakovský 2004, 260）。なかでも、カトリック政党はチェコ連盟に加入すると同時に、スロヴェニア人民党を中心とする南スラヴ系のネイションの共同議員クラブとともに、スラヴセンター（Slovanská centrum）を1908年末に結成した（Marek 2005, 300-301）。ビーネルトによる内閣改造後、チェコ連盟は、部分的には利害の重なるスラヴ系のネイションの議員団と共同の議員クラブを設立することにより、ビーネルト内閣によるドイツ人に有利な政策の実現を阻止しようとしたのであった。

　帝国議会においてビーネルト内閣に共同して対抗することを目的として、スラヴ同盟（Slovanská jednota）が2月17日に設立された。この共同議員クラブには、全オーストリア社会民主党に参加していた諸ネイションの社会民主党を除く、スロヴェニア人民党を中心とする南スラヴ系のネイションの議

員団と国民社会党・国家権進歩党を含むすべてのチェコ人政党とが参加していた[11]。その結果、スラヴ同盟は120名を超える議員を有する帝国議会で最大の議員クラブとなった（Tobolka 1936, 524）。組織面に関して言えば、執行機関として執行委員会がおかれ、スラヴ同盟の幹部会と加入政党（議員団）の代表によって構成される議会委員会が意思決定機関として設置された。スラヴ同盟の司令塔とも表現できる幹部会には、スロヴェニア人民党のシュステルシッチ（Ivan Šušteršic）とクラマーシュ、ウドルジャルが選ばれた（Marek 2005, 301）。また、スラヴ同盟は、政府や他の政党との交渉に際しての意思決定方式を特に定めていなかった。その点において、スラヴ同盟は国民クラブよりも緩やかな組織であった。

　組織以上に緩やかであったのは、スラヴ同盟の政策と目的であった。クラマーシュやシュステルシッチは、帝国議会の最大会派であることを活用して、チェコ人やスロヴェニア人に有利な譲歩を政府から引き出そうとした。しかし、この点について、スラヴ同盟の参加政党の間に同意があったとは想定しにくい。農業党のウドルジャルは、スラヴ同盟の結成に積極的な関与をせず、ただ同盟の決定に農業党が確実に影響力を及ぼすために、幹部会入りすることを承諾したのであった（Charbuský 2000, 206）。国民社会党は『チェスケー・スロヴォ』において、自らが加盟したスラヴ同盟の野党としての性格を強調した（ČS, 20.2.1909, 1-2）。国民社会党は、クラマーシュや青年チェコ党に妥協して、自らのナショナリスティックな主張を取り下げるつもりはなかったのである。

　ビーネルト内閣の長期化が予想されるようになると、チェコ人政党は新たな対応を迫られた。その対応として構想されたのが、スラヴ系のネイションの政党との共同議員クラブであるスラヴ同盟を設立することであった。クラマーシュやシュステルシッチなどは帝国議会の最大会派となったスラヴ同盟を活用して、ビーネルトから譲歩を引き出すことを意図していた。一方、国民社会党は、議会戦略上の制約を取り除き、政府による監視の強化に対抗す

---

11) ポーランド人議員クラブと、老ウクライナ党を除くウクライナ人政党は、スラヴ同盟に参加しなかった。

るために参加したのであり、自党の主張を曲げるつもりはなかった。各政党の利害によりチェコ人政党・政治家による統一的な政治行動が維持されたが、実態は呉越同舟に近いものであった。

スラヴ同盟とチェコ人政党・政治家による統一的な政治行動

　結成から日の浅いうちに、スラヴ同盟の政策と方針をめぐり各政党は対立を繰り返すようになる。政府は、1909年3月に召集された帝国議会において新兵補充案を提出した。新兵補充案に対する対応を決めるためにスラヴ同盟は協議を行い、議会委員会における表決の結果、同案に賛成することを決定した。ボスニア・ヘルツェゴヴィナ併合後の不穏な外交情勢を考慮して、スラヴ同盟は、ビーネルト内閣に対する反対の姿勢を貫きつつも、君主国の利益を擁護することを重視したのであった。また、新兵補充案と同時に提出された、チェコ人と南スラヴ系のネイションの利益になる鉄道路線の国有化法案が、議会委員会の評決にも影響を与えた（Frankenberger and Kubíček 1931, 210-211；Tobolka 1936, 525）。しかし、チェコ人固有の問題に関して投票の自由を主張した国民社会党や国家権進歩党などが反対票を投じた（ČS, 20.3.1909, 2）。青年チェコ党においては、多くの青年チェコ党議員が反対にまわった一方、大臣経験者（フォシュト、パツァーク、フィードレル）が同案に賛成し、クラマーシュは採決の際に欠席した（Vacek 1911, 104-106）。このように、政府から十分な賛成への対価が提示されていない法案に関して、スラヴ同盟内部において見解を一致させることは困難であった。

　さらに、情勢は国民社会党と国家権進歩党のような強硬派に有利になりつつあった。チェコ人とドイツ人との間の対立は悪化の一途を辿る一方、両ネイションの対立に対してビーネルトは効果的に介入できなかったため、チェコ人は不信感を募らせていった。すでに言及した国民社会党に対する監視と検閲は、長期的には同党に打撃を与えたとはいえ、他の政党から同情を買うのに寄与した（Konirsh 1952, 288-290）。さらに、同党は、6月の帝国議会選挙補欠選挙における勝利（ČS, 26.6.1909, 1-3；PL 25.6.1909, 2-3）を自らの主張の正当性を高めるものとして解釈した。クラマーシュは、政府と安易な妥

協をすれば、統一的な政治行動だけでなく青年チェコ党にも打撃を与えるために、厳しいかじ取りを強いられていたのであった。

　このようななかで、農業党が独自色を強める方向に舵を切ったのである。1909 年予算案が、6 月 25 日にようやく本会議に上程された。しかし、ルーマニアとの通商条約の批准にビーネルトが意欲を示したことに対して、農業党と国民社会党・国家権進歩党、スロヴェニア人民党が強く反発した（Tobolka 1936, 526）。結局、議事妨害は、合意の得られなかったスラヴ同盟としてではなく、農業党と国民社会党・国家権進歩党、スロヴェニア人民党によって行われた。それにより、帝国議会は機能不全に陥った。

　ビーネルトは、個別の利益の提供と引き換えに農業党とスロヴェニア人民党の議事妨害を止めさせようとするが、両党は逆に、ナショナルな問題における譲歩を政府に迫った（Vacek 1911, 114-115）。さらに、帝国議会の正常化を実現するために諸議員団の代表を招いた会議においてもウドルジャルは強硬な姿勢を崩さなかった（Frankenberger and Kubíček 1931, 215）。結局、事態を打開できずに、7 月 10 日に帝国議会は閉会された。農業党が独自性を高めようとしたことは、クラマーシュと青年チェコ党が主導するチェコ人政党・政治家の統一的な政治行動をも脅かしたのであった。チェコ政党のなかで最大の議席数を有する農業党は、政党間競合の現出を加速化させる役割を果たす可能性を秘めていたのである。

　この時期に農業党が独自性を高めた背景として、農業利益をめぐる政府や青年チェコ党に対する不満と党内情勢を挙げることができる。農業党は、農業関連の問題が審議される場として領邦議会を重視しており、繰り返し領邦議会の召集を要求してきた。しかし、政府は、ドイツ人領邦議会議員の反対や農業党単独の要求であることを理由にして、両ネイションの和解の可能性が見いだせない限り、招集に対して常に消極的であった（Frankenberger and Kubíček 1931, 211-212；*Venkov*, 18.6.1908, 3；21.6.1908, 1）。また、ハプスブルク君主国とバルカン諸国との通商条約の締結は同諸国から低価格の穀物の流入を招き、その結果、チェコ諸領邦の農業が大きな打撃を受けることが想定された。しかし、工業製品の輸出を望む青年チェコ党は、バルカン諸国と

図4-6　シュヴェフラ

の通商条約に利益を見いだしており、農業党に配慮しようとはしなかった（Frankenberger and Kubíček 1931, 214）。そのため、同党は次第に政府との協力によって見返りを得ることと青年チェコ党の統一的な政治行動に懐疑的になっていったのであった。さらに、農業運動の中核であった甜菜生産者と製糖業者との甜菜購入価格をめぐる対立は、甜菜生産者団体によるストライキに発展した。このストライキは 1909 年春から夏にかけて頂点に達していた（Miller 1999, 30；Kopáček 2005, 68-69）。

シュヴェフラを中心として、甜菜生産者を全面的に支援していた農業党は、農業利益への配慮を欠いた政府に対する非妥協的な姿勢や議会政治における独自性を示すことにより、甜菜生産者の運動を側面から支援してもいたのである。

農業党の独自行動に対して、クラマーシュと青年チェコ党は、ボヘミア領邦議会の正常化の前提となるチェコ人政党とドイツ人政党との和協交渉を主導することにより、他のチェコ人政党が統一的な政治行動から離脱することを防ごうとした。安定的な議会運営を目指していたビーネルトも、和協の糸口を掴むために個別の会談を重ねた。しかし、自らのナショナルな要求の実現を求めるドイツ人政党側と、領邦議会再開後にナショナルな問題に関する具体的な交渉に入ることを求めたチェコ人政党側とは歩み寄らなかった。9月 21 日に招集されたボヘミア領邦議会は、最初の本会議におけるドイツ人政党による議事妨害のために機能不全に陥り、そのまま 10 月 9 日に閉会された（Tobolka 1936, 527-530）。クラマーシュと青年チェコ党の努力は水泡に帰したのであった。

以上のように、スラヴ同盟は、最大会派であることを利用して政府から譲歩を引き出すことを意図した青年チェコ党・クラマーシュと、自らのナショナリスティックな主張を押し通そうとした国民社会党・国家権進歩党との間

の不一致を設立早々に露呈した。ビーネルトから十分な譲歩が得られなかったために、情勢は次第に国民社会党にとって有利に働くようになった。政府との協力可能性が低下したことは、国民社会党の勢力を拡大させることをつうじて、政党間競合の現出に寄与したのであった。さらに、議席数のうえではチェコ人政党のなかで最大政党であった農業党が、農業利益の保護と甜菜生産者への配慮により、独自の行動を開始した。統一的な政治行動と自らの主導権の維持を目的として、青年チェコ党は和協交渉の再開に取り組んだが、和協交渉自体が失敗に終わった。それにより、チェコ人政党・政治家による統一的な政治行動自体が危機に陥り、政党間競合の現出に向けて事態は進み始めたのである。

農業党主導の議事妨害と議事運営規則の改正
　状況が政党間競合の現出にむけて作用するなかで、チェコ人とドイツ人の関係における新たな展開が統一的な政治行動と政党間競合の両方に影響を与えることになる。すでに、1909年初めに領邦内の学校におけるチェコ語による教育を不可能にするために、ニーダーエスターライヒ領邦議会が領邦の公用語をドイツ語とする法案を可決していた。しかし、チェコ人のさらなる反発を招きたくなかった政府は、基本法に抵触する可能性を理由として、皇帝による同法案の裁可を見送った。そこで、ニーダーエスターライヒ領邦議会は、修正した法案を10月初旬に可決し、政府に法案裁可の手続きを迫った。さらに、オーバーエスターライヒ、ザルツブルク、フォアアールベルクの3領邦議会も同様の法案を可決した。スラヴ同盟はビーネルトにこれらの法案の裁可を見送るように申し入れた。しかし、ビーネルトは、法案裁可の手続きを進めざるをえないと判断して、10月末に同法案の裁可を閣議にかけた。閣議決定を経て、11月1日に4領邦における公用語をドイツ語とする法案は皇帝によって裁可された。法案の裁可に強硬に反対したジャーチェクとブラーフは閣僚を辞した（Tobolka 1936, 531-532）。
　法的には正しいかもしれないが、ナショナルな観点からすれば問題の孕んでいたビーネルトの判断に対して、即座にスラヴ同盟の議会委員会は、現政

権との交渉拒絶を表明した（ČS, 5.11.1909, 4；Venkov, 5.11.1909, 2）。スラヴ同盟による議事妨害に対する恐れと予想される内閣改造への期待が交錯するなか、ポーランド人議員クラブや一部のドイツ人政党が仲介に乗り出した。例えば、クラマーシュを含む複数の議員の提案を総合して、ナショナルな問題について調査・答申する委員会を帝国議会に設置することが決定された（Tobolka 1936, 532-533；Vacek 1911, 163-165）。しかし、スラヴ同盟やチェコ人政党は、仲介案や懐柔策への対応と議会戦術をめぐり内部不一致を露呈することになる。

　スラヴ同盟が現政権との交渉を拒絶したにもかかわらず、ナショナルな問題や内閣再改造における譲歩を引き出すことを狙って、クラマーシュは議事妨害を極力回避しようとした。政府に対する反対や議事妨害を実施しないという彼の提案は、11月下旬にスラヴ同盟において承認された。さらに、同盟は、国民社会党、国家権進歩党、モラヴィア人民党以外の構成政党の賛成により、1910年暫定予算案が第一読会を通過することを12月1日に容認した。一方で、クラマーシュは、ドイツ人政党と同数の閣僚ポストをスラヴ系ネイションに割り振ることと、無任所大臣ではなく重要な閣僚ポストの提供を主張した（Čelakovský 2004, 274-277；Vacek 1911, 167）。彼は、強硬な姿勢を示しつつも交渉の糸口を示すことにより、政府からの譲歩と統一的な政治行動の維持を図ったのである。

　しかしながら、こうしたスラヴ同盟の対応は、議事妨害を極力回避しようとするクラマーシュの戦略的な立場を全員が受け入れたためではなかった。議事妨害により政府を追い詰めることを望んだ議員にしても、1910年予算案の上程とともに議事妨害を行ったほうがより効果的であると戦術的に判断したからである（Tobolka 1936, 532）。それゆえ、彼らは日が経つにつれて、スラヴ同盟がなし崩し的に予算審議を認めているとして、クラマーシュらに強く反発するようになる。一方、議事妨害に否定的な側も一枚岩ではなかった。議会重視の姿勢を保ち、閣僚輩出を悲願とするカトリック政党にとって、クラマーシュの要求は過大であるだけでなく、官僚内閣をやむをえないとする彼の姿勢は受け入れがたいものであった（Čelakovský 2004, 276-277）。両

者のあいだに挟まれたクラマーシュはかえって柔軟に対応することができなかった。

そのため、青年チェコ党から距離を置きつつあった農業党が活発に行動する余地が生じた。ドイツ人政党との交渉が最終的に頓挫したことを受けて、農業党はスラヴ同盟において議事妨害の実施を提案した。この提案はスラヴ同盟の議会委員会において可決されたのである。12月15日から実行された議事妨害では、緊急動議と長時間の演説を繰り返した農業党が特に積極的であった。その結果、帝国議会は完全に機能不全に陥り、ビーネルトによる基本法第14条の緊急令の活用が囁かれるようになった。一方、ウィーンでは帝国議会の議事妨害に対する抗議行動が社会民主党の主導により行われていた。積極的に議事妨害を行っていた農業党に対する非難は日に日に高まっていった（Frankenberger and Kubíček 1931, 222-223；Vacek 1911, 170-171）。チェコ社民党によれば、農業党が議事妨害を実施する本当の理由はナショナルな利益ではなく自党の利益のためであった。『プラーヴォ・リドゥ』では、農民の利益を損なうバルカン諸国との通商条約に反対するために農業党が議事妨害を実施していることが様々な観点から批判的に論じられていた（PL, 15.12.1909, 1；16.12.1909, 3）。

しかも、スラヴ同盟内部においても議事妨害に批判的な見解が存在した。そのような見解の持ち主の1人であったスロヴェニア人議員のクレク（Janez Evangelist Krek）は、基本法第14条の緊急令による統治を回避する策として議事運営規則の改正を思いつき、議事妨害に渋々関与していたクラマーシュに共同提案を持ちかけた。この提案に賛成したクラマーシュは、クレクの原案に修正を加えたうえで、ウドルジャルからの同意を取りつけた。議事妨害を主導していたはずの農業党すらも議事運営規則の改正に賛成する意向を示したのである。彼らは18日に、技術的な議事妨害を不可能とすることを主眼に置いた、1年間に限定した議事運営規則の改正を緊急動議により提案した[12]。

---

12) 提案された改正内容は、議事を妨害する議員に対する出席禁止処分を含めた、正常な議事運営の維持に必要な権限を帝国議会議長に付与するものであった（Srb 1926,

この改正案に対しては、帝国議会内の少数派会派が持っていた議事妨害の可能性という、政府に圧力をかける最も有力な手段を失うことを恐れたドイツ人ナショナリストや、政府に対する非妥協的な姿勢を貫こうとする国民社会党と国家権進歩党が反対した。それ以外の主な政党が賛成にまわり、提案から2日後に議事運営規則の時限改正が成立した（Čelakovský 2004, 278-280；Tobolka 1936, 533-534）。この改正により技術的な議事妨害が不可能になった結果、1910年暫定予算案のみならず、ルーマニアとの通商条約の批准などの懸案事項も難なく片付いたのである（Konirsh 1952, 404）。

　4領邦におけるドイツ語公用語化法案の裁可に端を発するスラヴ同盟による議事妨害は、青年チェコ党が主導する統一的な政治行動を危機に晒すものであった。政府との交渉が不調に終わった結果、農業党が議事妨害においてイニシアティヴをとるという事態に発展したからであった。それゆえ、クラマーシュは、議会政治の擁護の観点から議事運営規則の時限改正を共同提案することにより、自らの主導権を失う事態を回避しようとしたのである。一方、農業党は、正常な議会活動による農業利益の代弁をも重視しており、帝国議会の閉会と基本法第14条の緊急令による統治の引き金を引いたという汚名を引き受けたくはなかった。それゆえ、農業党にとって、自らが主導した議事妨害を終わらせるための「落としどころ」を探す必要性が存在した。その結果、農業党はクラマーシュの提案に賛成し、青年チェコ党が主導する統一的な政治行動はまたもや維持されたのである。しかし、自党の勢力の拡大を確信していた国民社会党は、政府に対する非妥協的な姿勢を崩そうとせず、議事運営規則改正に対する反対を貫いた。なにより、政府から十分な譲歩が提供されず、自らの勢力に頼んで各政党が自己主張を強めたことにより、クラマーシュの求心力の低下と統一的な政治行動の動揺もまた明白であった。議事運営規則改正に至るまでの経緯が示唆することは、農業党が議席のうえでの最大政党としての立場をより活用するようになれば、政党間競合の現出が加速するということであった。

　　339-340）。

統一的な政治行動の動揺とクラマーシュの一時的な失脚

　統一的な政治行動の維持に加えて、青年チェコ党は党内対立に関しても一定の成果を得ることに成功した。すでに1909年夏から、青年チェコ党が負債に苦しむ『ナーロドニー・リスティ』をグレーグル家から購入することにより、党指導部と同紙の対立に終止符を打つ計画が進められていた。交渉や資金調達におけるラシーンの精力的な働きにより、プラハ印刷所（Pražská akciová tiskárna）が1910年1月6日に設立された。

図4-7　ラシーン

設立と同時に、同印刷所が『ナーロドニー・リスティ』の出版をグレーグル家から引き継いだ。プラハ印刷所の指導部においては、クラマーシュやラシーンが重要な地位を占めた（M. Kučera 1993, 19-21）[13]。クラマーシュは同紙において、党の一体性を誇るとともに、青年チェコ党と同紙がチェコ政治に貢献することを高らかに宣言したのであった（NL, 6.1.1910, 1）。彼と党指導部にとって、長年の問題であった『ナーロドニー・リスティ』を自らの影響下においたことは、反転攻勢の契機となるはずであった。

　しかし、その成果を同時期に実施された帝国議会議員補欠選挙に活かすには時間が足りなかった。青年チェコ党は、候補者を擁立したプラハ市内の3選挙区のうち、1選挙区でしか勝利できなかった。特に、ノヴェー・ムニェスト地区の選挙区から立候補したラシーンは、第1回投票においては第1位になったにもかかわらず、決戦投票において、国民社会党と国家権進歩党による選挙協力と、進歩主義運動出身者という彼の出自を嫌った老チェコ党支持者の非協力とのために、国家権進歩党の候補者に僅差で敗北したのである（Hoch 1934, 108-110）。今回の補選での敗北は、国民社会党による青年チェコ党とクラマーシュに対する攻撃を勢いづかせたために、党内情勢の安定と

---

[13] 一方、『デン』は次第に規模を縮小し、文学を専門とする出版物を経て、最終的には『ナードロニー・リスティ』の付録となった（M. Kučera 1996, 110）。

議事運営規則改正の効果を相殺してしまったのである。また、帝国議会選挙における相次ぐ敗北は、青年チェコ党に新たなる選挙戦略の構想を迫った。

　国民社会党は、ベック内閣期から積極的に展開してきた街頭行動により、党勢の拡大に成功していた。1907年以降に実施された帝国議会議員補欠選挙における国民社会党候補者の勝利を自らの主張と戦略の正しさの証とみなして、同党はますます青年チェコ党や政府を攻撃した。このことは、青年チェコ党が主導する統一的な政治行動の維持にとって悪影響を与えたと同時に、チェコ人の要求を重視する勢力を強化したことにより、政党間競合の現出に寄与したのであった。

　一方、議事運営規則の改正により危機を脱したビーネルトは、チェコ人とドイツ人との和協とチェコ人政治家の入閣を実現することによって、チェコ人政党とスラヴ同盟を議会多数派に組み込むことを目指した。和協交渉に関しては、1910年1月から交渉が行われたが、両ネイションの政党・政治家とも従来の主張を繰り返したために実質的な進展はなかった。青年チェコ党と農業党の要請を受けて、ビーネルトはボヘミア領邦議会を2月3日に招集した。しかし、両ネイションの政党・政治家は互いに譲ることなく、ボヘミア領邦議会は5日後に閉会された（Tobolka 1936, 534-535）。

　内閣再改造に関してもビーネルトは交渉を進めた。しかし、チェコ連盟もスラヴ同盟も2月中旬に入閣を拒否する声明を発表した。また、個人的に皇帝フランツ・ヨーゼフとビーネルトから要請されていたパツワークもチェコ人担当無任所大臣の就任を断った（Čelakovský 2004, 284-285；ČS, 18.2.1910, 1-3）。ビーネルトの試みが成功すれば、統一的な政治行動の安定化に寄与したであろう。しかし、先の補選での敗北により打撃を受けていた青年チェコ党は、国民社会党や国家権進歩党にさらなる攻撃材料を提供しかねないとして、政府やドイツ人との妥協に躊躇したのであった。そこで、ビーネルトは、ドイツ人のナショナルな主張を臆面なく主張するゆえにチェコ人政党の怨嗟の的になっていた、ドイツ人担当無任所大臣の事実上の更迭に踏み切った。その結果、チェコ人政党やスラヴ同盟から歓心を買う以上に、ドイツ人政党はビーネルトに不信感を抱いたのであった（Konirsh 1952, 417-418）。

ビーネルトが有効な手を打てないなか、青年チェコ党が主導するチェコ人政党・政治家の統一的な政治行動の綻びはさらに拡大していった。5月上旬には、恒久的な議事運営規則改正を議題から外す提案に賛同が得られなかったとして、国民社会党と国家権進歩党がスラヴ同盟から脱退した。脱退に際して、スラヴ同盟が野党に徹するのであれば、両政党は協力することを明らかにした（ČS, 8.5.1910, 1-2）。

両政党の脱退を契機としてナショナルな問題に取り組む必要性を痛感した農業党は、国民の人権に関する基本法第19条に基づいて、シスライタニアの全言語が平等に扱われることを目的とした言語法案を提出する意向を示した。農業党の突然の提案に対して、青年チェコ党、特にクラマーシュは不快感を示した。他のチェコ人政党から賛同を得られないまま帝国議会に提出された農業党の言語法案は、南スラヴ系のネイションとウクライナ人の諸政党、チェコ社民党の賛成を取り付けたものの、これだけでは帝国議会の過半数に達しなかった。一方、当時、行われていた両ネイションの和協の成立に向けた私的な交渉は、農業党による言語法案により暗礁に乗り上げた[14]。交渉を主宰していたビーネルトは、交渉の場に農業党を招待して行き詰まりを打開しようとした。しかし、ウドルジャルは彼の招待を断り、それによって両ネイションによる交渉は再び棚上げにされた（Frankenberger and Kubíček 1931, 229-230；Tobolka 1936, 537-539）。

両政党が独自性を強めた背景には、どちらの政党とも自党への支持拡大を実感していたことがあった。特に、農業党は、1907年帝国議会選挙以降も党組織や傘下組織の整備・拡大に努めていた。前年の甜菜生産者と製糖業者との対立が前者に有利なかたちで収束したように、同党はその成果を実感しつつあった。

さらに、スラヴ同盟内部における不一致が、スロヴェニア人民党にチェコ人政党とアド・ホックな協力関係を同盟内部で可能にした。それにより、クラマーシュと青年チェコ党が主導するチェコ人政党・政治家の統一的な政治

---

[14] 詳細についてはコナーシュ（Konrish 1952, 442-448, 450-452）を参照せよ。

行動も揺さぶりをかけられた。例えば、改正された議事運営規則が委員会には適用されないことを利用して、イタリア語を教育言語とする法学部がウィーンに設置されることを阻止するために、スロヴェニア人民党は予算委員会における議事妨害を提案した。青年チェコ党などの反対にもかかわらず、農業党はスロヴェニア人民党と議事妨害の着手に同意したのであった。クラマーシュと青年チェコ党も、チェコ人政党・政治家による統一的な政治行動に楔が打ち込まれやすいがゆえにスラヴ同盟における影響力の低下を感じており、共同議員クラブの再編を含めた統一的な政治行動の強化を検討せざるをえなくなっていた（Srb 1926, 343；Tobolka 1936, 540-541）。

このように、ビーネルトにも青年チェコ党にも事態をそれぞれに打開する必要性が存在したのである。最初に動き出したのは、大土地所有者からそのチャンスをもたらされたビーネルトであった。皇位継承者フランツ・フェルディナントの後ろ盾もあり、ボヘミアにおける連邦派と集権派の大土地所有者が、ボヘミア領邦議会の正常化を目的として、チェコ人とドイツ人との和協成立のために協力することで合意したのである。これらを受けて、ビーネルトは新たなるチェコ人政党とドイツ人政党との和協交渉に乗り出した。この和協交渉は、領邦委員会に新たに設置された、ナショナルな問題に関する委員会と、その委員会に付属する小委員会を舞台として行われた[15]。小委員会を新たに設置したことが功を奏して、和協の妥結が実現するかにみえた。しかし、ナショナリスティックな主張を掲げるドイツ人政党と国民社会党・国家権進歩党の行動により、両ネイションの政党による和協交渉は暗礁に乗り上げた。また、病のために休暇からの復帰が遅れたクラマーシュの交渉への合流は、事態の打開にならないどころか、かえって青年チェコ党の側でも交渉における柔軟性を失わせることになった。結局、11月22日にボヘミア領邦議会は閉会され、またもや和協交渉は失敗に終わったのであった（Tobolka 1936, 544-552）。クラマーシュは、国民社会党などに配慮して安易な妥協を避けようとしたが、交渉そのものが失敗したことにより、その非妥協的な

---

15) この合意に基づいて、選挙制度と領邦制度の改革について調査する小委員会と、言語問題と県制度について調査する小委員会が設置された。

姿勢を批判されたのであった。

　和協交渉の失敗が不可避となるなか、チェコ人政党は、政府との交渉力を高めるために、スラヴ同盟の下で新たなる共同議員クラブを設立することで合意した。チェコ社民党を除く全チェコ人政党によって、11月25日に統一チェコクラブ（Jednotný český klub）が設立された。設立と同時に、国民社会党と国家権進歩党は、スラヴ同盟に再加入した（Tobolka 1936, 554）。国民社会党は加入に際して、新たに作られる共同議員クラブが野党の立場を堅持するよう訴えた（ČS, 22.11.1910, 4）。議席数が少ないにもかかわらず、発言力が以前より強まったと両政党は判断したために、統一的な政治行動に復帰したのであった。

　両政党の発言力の高まりは、統一チェコクラブの議長選によって傍証された。クラマーシュは、議長選において同じ青年チェコ党のフィードレルに大差で敗北したのである。さらに、青年チェコ党の働きかけも空しく、議長を輩出した政党に所属していることを理由として、彼は副議長にも就くことができなかった。慣例に従い、クロファーチが副議長に就任したのである（PL, 26.11.1910, 3）。

　その要因として、国民社会党や国家権進歩党以外のチェコ人政党の間にもクラマーシュに対する不満が高まっていたことが挙げられる。カトリック政党は、政府やドイツ人政党との交渉における非妥協的な姿勢のみならず、チェコ人政党から閣僚を派遣しようとしないクラマーシュに対して不満を覚えていた。とりわけ、カトリック政党内の保守派は、クラマーシュの自由主義的な思考に反発していた。それゆえ、ナショナルな問題では正反対の立場にあるが、クラマーシュの議長就任阻止という点では、同党は国民社会党やモラヴィア人民党などと歩調をあわせたのであった。青年チェコ党との距離を置きつつあった農業党は、チェコ人政党のなかで最大議席数を誇る政党として統一チェコクラブにおける影響力を強めるためにも、フィードレルを議長選に擁立したのであった。青年チェコ党が共同議員クラブを率いるべきであるという風潮（Penížek 1910-1911a, 226）がいまだに強いことを考慮すれば、クラマーシュの議長就任を阻止するためには、同じ青年チェコ党から議長候

補を立てることは、奇策かもしれないが有効な手段であった。

　各政党の思惑が交錯するなか、複雑な立場に立たされたのは突如擁立されたフィードレルであった。彼は、党内事情を理由に挙げて再三固辞した。最終的には、青年チェコ党が議長選の結果を渋々受け入れたことにより、彼は議長への就任を承諾したのであった（Čelakovský 2004, 299-300；ČS, 27.11.1910, 1-2）。設立直後、統一チェコクラブは、ドイツ人政党の非妥協的な姿勢を理由に和協交渉を拒絶することにより、ビーネルトに対する反対を明確にした（Tobolka 1936, 555）。

　一方、クラマーシュに平議員の地位を甘受する気はなかった。彼は、統一チェコクラブの規則を改正して自らが幹部会に入れるよう、青年チェコ党内で強硬に主張した。さらに、内閣危機に乗じて、クラマーシュが独自行動に訴える可能性も否定できなかった。ポーランド人議員クラブとの対立により、ビーネルトが再度の内閣改造を強いられた結果、1910年末から1911年初頭にかけて、統一チェコクラブにおいて入閣の是非が議題に浮上した。論争の際には、統一チェコクラブが入閣拒否に傾きつつあるなか、クラマーシュはチェコ人議員の入閣に前向きな姿勢を示した。たとえ無役であったとしても、幅広い人脈と能力ゆえに、クラマーシュの発言や行動は無視できない影響力があった。結局、無役のままにしておくことは「危険である」として、1月中旬に彼は副議長として幹部会に迎え入れられた（Čelakovský 2004, 302, 305；Tobolka 1936, 554-555）。

　クラマーシュとクレクの提案による議事運営規則の改正により恩恵を受けたのにもかかわらず、ビーネルトは、クラマーシュやチェコ人政党が期待したチェコ人に対して譲歩をすることに失敗した。政府から十分な代償を得られなかったために、クラマーシュと青年チェコ党が主導するチェコ人政党・政治家による統一的な政治行動は弛緩した。ナショナルな問題をめぐり、補欠選挙で勝利を続けていることを根拠にして、国民社会党は自らの主張の正当性をより強く訴えた。農業党は、ナショナルな問題に関しても独自の提案をするようになった。この背景には、青年チェコ党の低迷と農業党の党勢拡大があった。その結果、統一的な政治行動の維持をも図らなければならな

第 4 章　20 世紀初頭のチェコ政党政治における政党間競合の現出

ったクラマーシュは政府と安易な妥協をすることができなくなった。ナショナルな要求とその実現のための手法をめぐって政党間競合が現出しつつあったのである。とりわけ、政府との協力可能性が低下するなか、勢力を伸ばしつつあった各政党がおのおの蓄積していた不満がクラマーシュの議長選敗退として噴出したことは、チェコ政党政治の転機になる可能性を秘めていたのである。確かに、クラマーシュはほどなく副議長として幹部会に復帰した。とはいえ、統一チェコクラブの議長選とその後の経緯は、彼自身が他の政治家から超越した地位を保てなくなっていることを示したのである。

(3)　1911 年帝国議会選挙における「カルテル」の形成

　ビーネルトと距離をおいたのは統一チェコクラブだけではなかった。ポーランド人議員クラブも、運河建設計画の修正をめぐりビーネルトに対する対立姿勢を強めた。袋小路に追い込まれたビーネルトは、1911 年 3 月 30 日に帝国議会を解散し、選挙という賭けにでたのであった。その 5 日後には、フィードレルの発案と調整に基づき、青年チェコ党・老チェコ党と国民社会党は 6 月に実施される帝国議会選挙に際して、統一チェコクラブの名において選挙協力を行うことで合意したのである（Tobolka 1936, 557）。議会政治の場や選挙において鋭く対立してきた両政党の協力は、青年チェコ党が有している資金と国民社会党が引き付けられる票とを取引したと、他のチェコ人政党・政治家やジャーナリストなどから揶揄された。次第に「カルテル（Kartel）」という単語が両政党の選挙協力に用いられるようになった[16]。

　青年チェコ党と国民社会党が選挙協力に踏み切ったことには様々な理由が

---

16) 例えば、チェコ社民党の機関紙『プラーヴォ・リドゥ』では、青年チェコ党と国民社会党の選挙協力を示す単語の 1 つとして、早くから「カルテル」という単語を使用している（PL, 10.4.1911, 1）。語源については不明ではあるが、独占的利益のために協定を結ぶことにより競争を避けるという、企業結合を意味するカルテル（ドイツ語では Kartell）がまず想起されていたと思われる。特に、チェコ社民党は、ビスマルク（Otto Bismarck）による「カルテル選挙」（1887 年）を想起したであろう。この選挙では、保守政党と左派を除く自由主義政党がビスマルク主導の下で選挙協定を締結した結果、これらの政党が大勝した一方、当時非合法であったドイツ社会民主党が惨敗したのであった。

125

存在した。第一の理由は、前年に結成された統一チェコクラブに両政党がそれぞれに意義を見出していたことである。国民社会党にとって、政府に対する反対姿勢を貫いているのであれば、統一チェコクラブの枠組みのなかで行動することに異論はなかった。一方、クラマーシュは、そのような同クラブの姿勢に不満を抱いていたが、青年チェコ党が主導する統一的な政治行動に寄与すると判断して、フィードレルが主導した選挙協力に賛同したのであった (M. Kučera 1993, 25)。

第二の理由は、チェコ社民党に対する恐れであった。前回の帝国議会選挙の第一回投票のようなチェコ社民党の勝利を防ぐためには、都市選挙区に候補者を擁立する同党以外のチェコ人政党が第一回投票の時点で選挙協力をすることは合理的であった。さらに、労働組合をめぐるドイツ・オーストリア社会民主党との対立を契機として、党の分裂とチェコ社民党中央派の結成という代償を払ってまでも、チェコ社民党は独自路線を選択した[17]。それにより、チェコ人の利益よりも全オーストリア社会民主党と第二インターの理念を優先する「チェコ人の裏切り者」として、他のチェコ人政党が同党を攻撃することを困難にしたという事情もあった。

最大の理由は、両政党の党内事情である。青年チェコ党は党の長期的な衰退傾向から逃れられていなかった。確かに、前回の帝国議会選挙以降、青年チェコ党はラシーンを中心に党組織の再編に取り組んできた。1910年4月に開催された党大会は彼による党組織の整備と近代化に一定の区切りをもたらし、地方組織の強化や党中央の組織再編などが実現された。しかし、青年チェコ党は大衆政党へ転換したのではなかった。例えば、党内規律に関して、党指導部が党全体を強力に統制するのではなく、党創設以来の党友や旧来の政治家の拠点であった議員団の自主性に配慮した党組織となった (M. Kučera 1993, 21-22)。なにより、党の支持基盤が拡大していなかったので、選挙で勝利を収めるという観点からすれば、一連の党改革は途半ばであった。それ

---

17) 詳しくは小沢 (1986) を参照せよ。なお、新たに結成されたチェコ社民党中央派の正式名称は、オーストリアにおけるチェコ社会民主労働党 (Česká sociálně demokratická dělnická strana v Rakousku) であった。

ゆえ、選挙民からの支持を拡大している国民社会党との選挙協力に青年チェコ党は踏み切ったのであった。

国民社会党は、慢性的な資金不足に苦しんでいた。その要因は、活発な議会外活動や帝国議会議員補欠選挙の選挙戦に対する出費だけではなかった。すでに触れたように、国民社会党は政府から厳しく監視されていた。特に、同党の青年組織が主導した反軍国主義運動は、ナショナルな問題に関する急進的な主張と行動が政府の逆鱗に触れて、

図4-8 クロファーチ

1909年3月末には一斉に検挙された（Klátil 1992, 44-46）。このような政府による抑圧は、国民社会党の行動を制約する以上に、逮捕者の裁判費用がかさむことにより、同党の財政を破綻の危機に追いやることに効果を及ぼした。国民社会党にとって、青年チェコ党が有する潤沢な資金は選挙戦を遂行するためには必要不可欠であったのである（Kelly 2006, 160）。

青年チェコ党と国民社会党の選挙協力を非難したのは、「カルテル」と全都市選挙区において対決することになったチェコ社民党であった。例えば、『アカデミア』に掲載された論考では、議会政治において常に対立してきた青年チェコ党と国民社会党の選挙協力が政治的不道徳であると断罪されたうえで、本来であれば党大会において議論されてしかるべきほどの政策転換に等しい「カルテル」が一部の指導者の間での密室の協議で締結されたことが非難された（Skála 1911, 316-318）。さらに、ナショナリスティックな主張の実現と青年チェコ党に対する反対という点で長年にわたり国民社会党と組んできた国家権進歩党は、首尾一貫性の観点からこの選挙協力に強く反発した。同党は、「カルテル」合流への国民社会党からの呼びかけを拒絶して、独自で選挙戦を展開することになる（Kelly 2006, 161）。

以上のように、統一チェコクラブの枠組みとチェコ社民党に対する恐れ、青年チェコ党における得票の増大を図る必要性と国民社会党における資金獲得の必要性が、両政党と老チェコ党による「カルテル」の形成につながった

のであった。1907年帝国議会選挙における青年チェコ党の農村選挙区からの撤退による農業党との棲み分けと、この選挙協力の成立により、あたかも統一的な政治行動が選挙レヴェルにおいても実現されたかのような状況が現出したのであった。しかし、統一チェコクラブに関して、青年チェコ党が統一的な政治行動に寄与することから選挙協力に賛同したのに対して、国民社会党は政府に対する反対というそれまでの実績を重視していた。すなわち、「カルテル」は、両政党の同床異夢と打算のうえに成立したものであり、ナショナルな問題をめぐる政党間競合を覆い隠すほどに強力な提携ではなかったのである。

　一方、「カルテル」とは対峙することがなかった農業党は党内対立に苦しめられた。例えば、農業党所属の元帝国議会議員であったベルグマン（Rudolf Bergman）は、1910年7月に同党の汚職と党内政治におけるシュヴェフラとウドルジャルの独裁を世間に訴えた（M. Kučera 1998, 340）。また、モラヴィアでも党内の対立が顕在化していた。しかし、ベルグマンの離党と非難は農業党にとって大きな打撃にならなかった。また、モラヴィアの党内対立は、当事者の1人であったスタニェクの立場の強化につながったのみであった。

　農業党にとっての最大の懸案はプラーシェクによって引き起こされた[18]。党の創設者世代が第一線から退いた結果、プラーシェクは、大衆政党化する以前からの伝統的な農業党の支持者を中心とする党内保守派の代表格とみなされるようになっていた。農業党の党指導部は、彼が帝国議会においてしばしば独自に行動することを問題視していた。さらに、プラーシェクは、シュヴェフラ派が積極的に支援した甜菜生産者団体によるストライキにあまり関与しなかった。それに加えて、甜菜生産者団体の意に反して、自らの農園で生産された甜菜を製糖業者に売却していたことが発覚した。事態を重く見た党指導部は、農業党の1911年帝国議会選挙における公認候補から彼を外した。選挙民の支持と財政的な基盤を頼みにプラーシェクが無所属で立候補することを決意すると、農業党の拡大執行委員会は彼の除籍を決定した。この

---

18) この段落の記述はコパーチェク（Kopáček 2005, 68-78）に依拠している。

決定に対して、彼を支持する党内保守派は党指導部とシュヴェフラを強く非難した。さらに、少なくない党員が、一連の経緯を党指導部による「独裁」の証として批判的に捉えていた。選挙の直前に農業党は、党の大衆政党化を推し進めるシュヴェフラ派とそれに対して否定的な保守派の亀裂を深めてしまったのであった。その代償を払ってでも、党指導部は党内規律の強化を図ったのである。

(4) 小 括

　ビーネルト内閣の成立を契機として、第二次ベック内閣を支えていた国民クラブは、閣僚派遣をめぐる不和と国民社会党が主導したプラハにおける街頭行動により崩壊した。青年チェコ党は、国民クラブ以上に緩やかな共同議員クラブであったチェコ連盟を設立した後、帝国議会において最大の議席数を有する議員クラブとなるスラヴ同盟を南スラヴ系のネイションとともに結成することにより、チェコ人政党・政治家による統一的な政治行動を継続しようとした。さらに、1911年帝国議会選挙においては、青年チェコ党と国民社会党による選挙協力である「カルテル」が成立し、選挙レヴェルにおける統一的な政治行動すら実現されたのであった。しかし、クラマーシュと青年チェコ党は自らの主導権を維持するために苦労を重ねた。なぜなら、クラマーシュの統一チェコクラブの議長選敗退に代表されるように、国民社会党の勢力伸長と農業党の独自性の強化のために、この時期の統一的な政治行動は安定性を欠いていたからであった。そのような駆け引きのなかから、政党間競合が徐々に現出しつつあった。統一的な政治行動があたかも政党間競合の「ゆりかご」のような役割を果たしたのである。

　政党間競合が現出しつつあった第一の要因として挙げられるのは政府との協力可能性の低下であった。ビーネルトは、安定した議会運営を実現するために、主として閣僚ポストの提供とドイツ人政党との和協交渉の仲介により、チェコ人を懐柔することに積極的であった。しかし、彼は自らの内閣の支持母体であるドイツ人政党の意向を重視していたため、チェコ人政党を満足させるような譲歩がなされることはなかった。政府との協力可能性の低下は、

統一的な政治行動を維持しようとすることを困難なものにした。この困難に対して、クラマーシュと青年チェコ党は、政府との交渉可能性を高めるべく、スラヴ系のネイションとの共同議員クラブであるスラヴ同盟の設立に踏み切った。しかし、国民社会党や農業党はむしろ自らの利害のために参加していたため、スラヴ同盟の実態は呉越同舟に近い状態であった。

　議席数と党内事情も政党間競合の現出に向けて作用した。この時期の国民社会党は帝国議会議員補欠選挙において勝利を重ねていた。選挙での勝利を支持の拡大と解釈した国民社会党は、自らの主張をより強く打ち出すことにより、他のチェコ人政党に対する影響力を高めようとした。党組織改革にもかかわらず、青年チェコ党が選挙での敗北を重ねたため、社会からの反発に対して敏感になったクラマーシュは、政府やドイツ人政党への譲歩をしばしば躊躇するようになった。しかし、時として示される彼の強硬姿勢は、かえって政府寄りのカトリック政党の反発を招いてしまった。その結果、一方では政府との連携を重視する勢力と、他方では自らが正当と考えるチェコ人の要求の実現を重視する勢力とが対峙するという、政党間競合の対立軸が徐々に明確になりつつあった。

　農業党は、チェコ人政党の間では最大の議席数を有するにもかかわらず、それに見合った対価を得られていないことと農業利益が配慮されていないことに対して不満を感じるようになった。それゆえ、青年チェコ党の意向に反して、農業党はナショナルな問題に関しても独自性を追求するようになった。特に甜菜生産者運動の盛り上がりと成功は、同党の独自行動を後押ししたのであった。

　以上の結果、青年チェコ党によって主導される統一的な政治行動が動揺するなかで、政党間競合が次第に現出していったのである。確かに、1911年帝国議会選挙に際して、都市選挙区と農村選挙区の棲み分けに加えて、青年チェコ党と国民社会党の「カルテル」が成立したことは政党間競合の現出に歯止めをかけた。しかし、この選挙協力を基礎として、選挙後に安定的な統一的な政治行動が実現できる可能性は少なかったと思われる。なぜなら、「カルテル」は、統一チェコクラブにおける両政党の同床異夢に加えて、青

年チェコ党が有している資金と国民社会党が引き付けられる票の取引という打算のうえに成り立っていたからである。すなわち、政党間競合が現出しつつある趨勢を押し返すほどには、「カルテル」は確固たる基盤を有していなかったのである。実際に、選挙から日が経つにつれて、チェコ政党政治における政党間競合の存在を否定することができなくなっていくのである。

第3節　統一的な政治行動の崩壊と政党間競合の現出

(1) 第三次ガウチュ内閣と統一チェコクラブの再編

　1911年帝国議会選挙は、チェコ人政党の間では、農業党と国民社会党の勝利に終わった。農業党は、議席数のうえにおける最大のチェコ人政党の地位を維持した。また、無所属で出馬したプラーシェクも当選した。国民社会党は、改選前の議席数を大幅に上回る13議席を獲得し、得票数においては青年チェコ党を上回った。しかし、議席数では、現有勢力の維持に成功した青年チェコ党が、わずか1議席とはいえ国民社会党を上回った。選挙協力により、両政党は恩恵を享受することができたのである。一方、チェコ社民党は、「カルテル」と対峙したボヘミアの都市選挙区では大敗を喫したが、都市近郊の農村選挙区における健闘とモラヴィアにおける議席増加のおかげで、逆に改選前より議席を増加させることに成功した。むしろ、今回の選挙において敗北を喫したのは、モラヴィアにおける全議席を喪失した老チェコ党と、改選前から大幅に議席を減少させたカトリック政党であった[19]。

　選挙直後には、スラヴ同盟が再建されなかったこともあり、統一チェコクラブの再編をつうじて、統一的な政治行動の強化が目指されることになった。選挙後に新たに追加された条項によれば、統一チェコクラブは、従来は所属政党に任されていた経済的・社会的な問題に関しても、構成員の多数の賛成があれば議題として扱うことが可能になった。さらに、同クラブの所属議員は、議会においてクラブの決定に反する発言をすることを禁止された。同ク

---

[19] 詳しい選挙結果は巻末の付録に掲載した。

ラブの決定に同意できない際には、議長への事前通告のうえで、採決を棄権することのみが許された（Špiritová 1992, 180）。すなわち、クラブの規律強化と取り上げる問題の範囲の拡大により、統一チェコクラブの集権性と凝集性を高めようとしたのである。

さらに、再編に際して、国家権進歩党を筆頭とする「カルテル」と対峙した進歩派政党に対して、統一チェコクラブへの加盟は呼びかけられなかった。同クラブは、選挙戦の対立を持ち込まれないようにすることで、規律強化にとっての障害を排除しようとしたのであった。チェコ社民党を除いたチェコ人議員の約4分の3が青年チェコ党、国民社会党と農業党のいずれかに所属しており、この3党が一致すれば、チェコ政治の主導権を容易に握ることができたのである。幹部会の人選では、農業党が譲歩したことにより、フィードレルが再び議長に就任し、副議長には、ウドルジャル、クラマーシュ、クロファーチが選出された（ČS, 29.6.1911, 7；Venkov, 29.6.1911, 3）。再編された統一チェコクラブは順調な一歩を踏み出したのであった。

一方、統一チェコクラブから排除された、国家権進歩党やモラヴィア人民党、リアリスト党は、ボヘミア・モラヴィア無所属進歩派議員同盟（Sdružení neodvislých pokrokových poslanců z Čech a Moravy、以下では進歩派同盟と表記）を結成し、リアリスト党のマサリクがその議長を務めることになった（Tobolka 1936, 562）。排除されたとはいえ、進歩派同盟は重要な問題については統一チェコクラブとの合同会議を持ちかけるようになる。同じく「カルテル」に対峙していたはずのカトリック政党は、進歩派同盟とも敵対関係にあったため、遅れて統一チェコクラブに参加した（Venkov, 5.7.1911, 4）。フルバンは4番目の副議長として遇されたとはいえ（Marek 2005, 303）、クラブ内部でのカトリック政党の影響力の低下は否めなかった。

以上のように、帝国議会選挙の結果を受けて、統一チェコクラブは機能強化を図った。「カルテル」の成功を踏まえれば、統一的な政治行動は不安定な状態を脱したかのようであった。しかし、統一チェコクラブを支える基盤はむしろ脆弱になっていた。選挙協力に際して残されたままであった、統一的な政治行動を重視する青年チェコ党と政府に対する反対を重視する国民社

会党の相違は、統一チェコクラブの再編に際しても埋められなかった。そのため、クラブの方針をめぐる両政党の対立は避けられないことであった。また、食料品などの価格が上昇傾向にあるなか、輸入の増大による安価な穀物を望む国民社会党と青年チェコ党と、農作物の価格の下落を嫌う農業党が共同歩調を保てるのかは不明であった。さらに、1911 年帝国議会選挙の結果から、議席数を増加させた国民社会党と農業党が発言力を高めることは必至であった。一方、国民社会党より 1 議席多いことを根拠として、青年チェコ党は統一的な政治行動の主導権を手放そうとはしなかった。1911 年帝国議会選挙は政党間競合の現出を強める効果を有していたのであった。統一チェコクラブの規律強化によってでも、その効果が抑えられない可能性は高かったのである。

　選挙後の 7 月中旬に帝国議会が召集されると、オーストリア＝ハンガリー銀行法案をめぐって統一チェコクラブ内部の不一致が早々に露呈した。クラマーシュは、同法案が経済的な問題に属するとして、議員クラブに拘束をかけるべきでないと主張した。しかし、国民社会党のホツは、同法案が政治的な問題であるとして、統一チェコクラブとして反対するべきであると反論した。政府に対する反対を明確にしようとするホツの主張は受け入れられず、統一チェコクラブは同法案に対する賛否を各議員にゆだねることにした。同法案は、青年チェコ党、農業党、カトリック政党の賛成もあって、無事に議会を通過した（Hudec 1912, 20-21）。この時点で両政党の対立が深刻化しなかったのは、同法案の成立後に帝国議会が早々と閉会したからであった。

　帝国議会の会期が短期間であった背景には、チェコ人とドイツ人との和協が試みられていたことがあった。1911 年帝国議会選挙においてキリスト教社会党が敗北を喫したため、窮地に追い込まれたビーネルトは選挙後に内閣総辞職を決断した。皇帝フランツ・ヨーゼフは、期待していたシュトゥルク（Karl Stürgkh）に首相就任を断られたため、2 回の首相経験を有するガウチュ（Paul Gautsch）を首相に任命したのであった。彼は、ビーネルト内閣における閣僚の多くを留任させた内閣を組閣した（Tobolka 1936, 561）。組閣から判断すれば暫定的な性格を帯びていたガウチュ内閣は、チェコ人とドイツ人

との和協を成立させることにより、帝国議会の正常な運営と長期政権に向けた政権基盤の確立を目指したのである。クラマーシュにしてみれば、チェコ人政党・政治家による統一的な政治行動の維持と自らの立場の強化のためにも、和協交渉の開始は望ましいものであった。

7月から開始されていたボヘミア総督トゥンを中心とする事前準備を受けて（Tobolka 1936, 564-565）、ガウチュは、8月前半にクラマーシュらとプラハにおいて会談した。しかし、ガウチュがクロファーチを交渉の場に呼ばなかったことが、国民社会党の強い反発を招いた。国民社会党は、自党がガウチュとの交渉に呼ばれなかったことについてクラマーシュを非難した。さらに、同党は、基本条項交渉40周年を記念する大規模な集会を組織して、チェコ政治の急進化を加速させる能力を誇示することにより、青年チェコ党に圧力をかけようとした（Kelly 2006, 173）。

それにもかかわらず、トゥンの尽力により和協交渉は進展し、領邦運営と和協の実現にとって喫緊の課題であった、学校、財政、ナショナルな問題に関する各委員会がボヘミア領邦議会閉会後も活動することが9月下旬に合意された（Tobolka 1936, 565）。この合意によりチェコ人政党から支持が得られると踏んだガウチュは、自らの政権の暫定的な性格を脱却するために、「挙国一致」内閣の樹立を試みた。

しかし、9月下旬から10月初旬にかけて生じた、ウィーン市によるチェコ語を教育語とする私立学校の閉鎖命令とそれに対する抗議デモをめぐる対応により、統一チェコクラブはガウチュに対して不信感を抱いた（Srb 1926, 351-352）。彼の提案に対して、ナショナルな対立と政党間の対立が反映される「挙国一致」内閣は長期政権に不向きであるという理由を挙げて、同クラブはむしろチェコ人官僚の入閣を望んだのであった（Tobolka 1936, 566）。さらに、ガウチュに対して強く反発していた国民社会党は、内閣に対するいかなる協力にも反対していた。クロファーチは、フィードレルに請われて参加したガウチュとの話し合いにおいて非妥協的な要求を提示するなど、統一チェコクラブの内閣への協力を阻止することに全力を挙げた（*ČS*, 20.10.1911, 2；*Venkov*, 19.10.1911, 4-5）。見解の相違を乗り越えられないために、統一チ

ェコクラブは「挙国一致」内閣への協力に躊躇したのであった。

それに対してガウチュは、統一チェコクラブにさらに譲歩する姿勢を示した。チェコ人政党に対する彼の融和的な姿勢にドイツ人政党は強く反発した。この反発が、チェコ人政党の不興を招いてしまい、議会多数派を構築する望みが絶たれてしまった。食料品の高騰による社会情勢の不安定化のなか、ガウチュは10月末に辞表提出に追い込まれたのであった（Frankenberger and Kubíček 1931, 302-303）。

1911年帝国議会選挙における「カルテル」の成功を基礎にして、選挙後に統一チェコクラブは機能強化を図った。さらに、ガウチュは、チェコ人政党からの閣僚派遣を前提とする、「挙国一致」内閣の実現に向けて奔走した。ベック内閣時の国民クラブを彷彿させるかたちで、統一的な政治行動があたかも安定したかのようであった。しかし、実際には、帝国議会選挙の結果は、チェコ人政党・政治家の間における国民社会党の発言力の増加をもたらし、統一的な政治行動の基盤を蝕んだのであった。そのため、トゥンによる和協交渉への尽力とガウチュによる閣僚ポストの提供に示されるように政府との協力可能性が高まったのにもかかわらず、統一チェコクラブは逆に内部不一致を露呈したのである。同クラブが分裂の危機に至らなかったのは、ひとえにガウチュ内閣が短命であったからであった。このように、1911年帝国議会選挙は、チェコ政党政治における政党間競合の現出を一挙に加速させる効果を有したのであった。

(2) シュトゥルク内閣と統一的な政治行動の崩壊

ガウチュの辞任から程なく、皇帝フランツ・ヨーゼフはシュトゥルクを首相に任命した[20]。シュトゥルクは、ハプスブルク君主国の利益を最大化するのには官僚内閣がふさわしいと考えており、その信念に基づいて組閣した。さらに、彼は、運河建設計画の見直しによりポーランド人議員クラブから好意を獲得するとともに、宮廷との友好関係の維持に腐心した。しかし、チェ

---

20) シュトゥルクに関する本書の記述は主にノーゲート（Norgate 1978）に依拠している。

図4-9 シュトゥルク

コ人政党が法案の採決において団結できないことを見抜いたシュトゥルクは、統一チェコクラブを懐柔する必要性を感じていなかった（Norgate 1978, 95）。確かにチェコ人政治家からはブラーフが農業大臣として入閣したが、その理由は、チェコ人政党を懐柔するためではなく、シュトゥルクが彼の行政能力を高く評価したからであった（M. Kučera 1994, 728-729）[21]。ブラーフ以外のチェコ人としては、中央官僚出身のトルンカ（Otakar Trnka）が公共事業大臣として入閣した。

　シュトゥルクの洞察を証明するかのように、内閣に対する対応をめぐって統一チェコクラブは方針を定めることができなかった。1912年暫定予算案に関して、統一チェコクラブ議会委員会は結論を出すことができず、同クラブの総会が招集されることになった（ČS, 24.11.1911, 5）。ホツは暫定予算案に反対する提案を総会に提出したが、彼の提案は呆気なく否決された。総会では、シュトゥルクがチェコ人に対して経済的な利益を保証するのであれば、暫定予算案に賛成するという提案が承認された（Srb 1926, 354）。同提案に賛成した議員らは、暫定予算案への賛成が政府に対する支持と同義ではないと釈明した（Tobolka 1936, 570）。青年チェコ党にとっても、政府に対する支持を打ち出す積極的な理由がなかったのである。一方、後述するように農業党では、当選したプラーシェクの復党を要求する帝国議会議員団と、彼の復党を認めようとしないシュヴェフラとの間に対立が生じていた（ČS, 23.11.1911, 2）。農業党は、統一的な政治行動の主導権を確保するための前提を欠いたどころか、むしろ党内の内紛が統一チェコクラブ内部の対立と連関するのを恐れる立場にあった。結局、暫定予算案の採決に際して会派の拘束をかけないという農業党の提案が統一チェコクラブ議会委員会で承認された。採決に際

---

21) 翌年に病没したブラーフの後任には、中央官僚としてキャリアを積んでいたツェンカー（František Zenker）が充てられた。

しては、国民社会党と進歩派同盟が反対し、青年チェコ党と老チェコ党、農業党が暫定予算案に賛成した（Frankenberger and Kubíček 1931, 303）。1911年帝国議会選挙において「カルテル」を形成した青年チェコ党と国民社会党との間における見解の相違はさらに大きくなっていき、規律の強化によってでは、議員クラブ内部における意見対立の抑制が不可能であることが明らかになった。むしろ、国民社会党は、イデオロギー的な距離の近い進歩派同盟に接近していくことになった（Kelly 2006, 174）。

　一方、チェコ人政党とドイツ人政党との和協交渉に関しては、シュトゥルクは積極的に関与した。ガウチュとトゥンの尽力により恒久化された領邦議会の各委員会や、チェコ人政党とドイツ人政党の代表のみの会合において交渉は進展した。1912年3月後半までには、県制度の創設と県における少数ネイションの保護規定という長年の懸案について妥結の機運が高まってきた（Norgate 1978, 224）。しかし、その内容に対する反発から、国民社会党は和協交渉から撤退を通告し、国家権進歩党はチェコ人領邦議会議員連盟という領邦議会の議員クラブ自体から脱退した（Tobolka 1936, 575-576）。両政党は、和協交渉を進めようとする青年チェコ党や農業党を激しく非難した。両政党による攻撃を恐れた青年チェコ党や農業党は妥協に踏み切ることに躊躇するようになった。シュトゥルクの梃入れにより、交渉の停滞を一度は回避することができたが、プラハ在住のドイツ系住民に対する言語使用の権利をめぐる対立に端を発して、両ネイションはさらに非妥協的な姿勢を示すようになった。7月下旬には交渉は暗礁に乗り上げてしまい、和協交渉は休会に追い込まれた（Tobolka 1936, 576-577；Norgate 1978, 227）。

　和協交渉に対する相違が拡大するなか、青年チェコ党と国民社会党の最終的な決裂は防衛関連法案によってもたらされた。バルカン情勢の緊迫化に伴い、軍の近代化が喫緊の課題として認識されるようになっていた。シュトゥルクは、就任直後から防衛関連法案の整備に着手し、その手始めとして防衛法案を帝国議会に提出した。この法案は、10年間にわたり徴兵される人数を増加する代わりに、兵役義務を3年間から2年間に短縮する内容であった（Norgate 1978, 111-113）。内務大臣は諸議員団の代表を集めた会合において、

同法案の審議を遅くとも6月25日までに終わらせることを要請した（NL, 11.6.1912, 1）。審議が遅延した場合、基本法第14条の緊急令に基づく緊急令による同法案の法制化を辞さないことが暗に仄めかされた（Frankenberger and Kubíček 1931, 303）。

　国民社会党は、党の若い世代を中心にして反軍国主義を唱導しており、自党のみならず統一チェコクラブ全体が同法案に反対することを強く望んだ。しかし、多くの議員は、基本法第14条の緊急令に基づく統治と皇帝との関係悪化を回避するためには、同法案に賛成しなければならないと考えていた（Tobolka 1936, 571）。19日に開催された統一チェコクラブの総会では、多数決により同法案に賛成することが決定された。この決定を承服できなかったクロファーチは、同クラブの解散とより緩やかな共同議員クラブの結成を提案したが、多くの賛同を得られなかった。総会終了後に、国民社会党は統一チェコクラブからの脱退を表明した（ČS, 20.6.1912, 1 ; NL, 20.6.1912, 1）。一方、防衛関連法案は、統一チェコクラブを含む多数の賛成により帝国議会を25日に通過したのであった（Tobolka 1936, 572）。

　国民社会党の脱退表明を受けて、善後策を話し合うために統一チェコクラブの総会が開催された。フィードレルは、国民社会党の脱退により統一チェコクラブの構成議員の約5分の3を農業党議員が占めるようになったことを指摘し、農業党が同クラブを主導する権利とともに義務を有することを述べた（NL, 27.6.1912, 4 ; Venkov, 27.6.1912, 2）。フィードレルによる農業党への禅譲表明は、同クラブの改革案とともに、各所属政党において議論されることになった。しかし、彼の表明に対してどのように対応するか結論が出されないまま、同クラブの会合だけがもたれるようになった。

　第一次バルカン戦争の勃発と和協交渉の停滞に一部のチェコ人政治家が危機感を抱いたこともあり、フィードレルの要請に基づく共同議員クラブの再編に農業党が乗り出したのは同年秋に帝国議会が開会されてからであった。同党は10月下旬に、帝国議会議員団と執行委員会の承諾を取り付けたうえで、チェコ社民党を除く全チェコ人政党に新たな共同議員クラブの結成を視野に入れた統一チェコクラブの再編を検討する会合への参加を呼びかけた

(*PL*, 27.10.1912, 4；*Venkov*, 23.10.1912, 7；27.10.1912, 7；1.11.1912, 9）。その働きかけを受けて、11月下旬にチェコ社民党を除く全チェコ人政党は政治情勢全般について協議した。参加者は、共同議員クラブの必要性やシュトゥルクの強引な議会運営への不満などについては一致した。しかし、新たな共同議員クラブが再建されることはなかった（ČS, 29.11.1912, 5；Srb 1926, 356）。なぜなら、シュトゥルクが強引に実現しようとした戦時動員関連法案が、チェコ人政党間の相違を決定的にしたからであった。

　10月に第一次バルカン戦争が勃発し、ハプスブルク君主国をめぐる外交情勢はますます緊迫した[22]。動員令の部分的な発令の経験より、戦時において公共・民間セクターに対する政府の統制を強化する必要性を痛感していたシュトゥルクは、11月下旬に戦時動員関連法案を帝国議会に提出した[23]。これらの法案をめぐって、基本法第14条の緊急令の阻止と帝国議会における議会活動の維持のために、青年チェコ党などがこれらの法案の賛成を主張する一方、進歩派同盟や国民社会党は強硬な反対論を唱えたのであった（Tobolka 1936, 580）。国民社会党や国家権進歩党は、抑制を求める他のチェコ人政党に非難を浴びせつつ、法案成立を阻止するために議事妨害戦術に訴えた。戦時動員関連法案の本会議における審議は、複数回の休憩を除けば、12月17日から19日まで連続して実施された（大津留 1991, 67）。最終的には、審議をつうじて社会民主党が好意的反対に転換したことにより、シュトゥルクは12月下旬に戦時動員法を成立させることに成功した。

　戦時動員関連法案の成立後、シュトゥルクは和協交渉の再開に取り組んだ。しかし、1913年春までには、両ネイションの政党が妥協の意思を欠いていることが明らかになった（Tobolka 1936, 581）。国民社会党などの強硬な姿勢のために、和協交渉に積極的なチェコ人政治家が政府やドイツ人政党と妥協することはさらに困難になったのである。和協交渉はその後も断続的に試み

---

[22] 第一次・第二次バルカン戦争におけるハプスブルク君主国の外交政策については馬場（2006）を参照せよ。

[23] 1912年冬における、非軍事部門への国民の動員に関する戦時動員法案の審議過程については大津留（1991）の研究を参照せよ。

られるが、目を見張るような進展することはなかった。同様にチェコ人政党による共同議員クラブの再建も試みられたとはいえ、1912年末の時点で青年チェコ党が主導するチェコ人政党・政治家による統一的政治行動はもはや実現できない状態に追い込まれたのであった。

　チェコ人政党・政治家による統一的な政治行動が崩壊した第一の要因には、シュトゥルクの政権運営が挙げられる。彼は、権威主義的な信条から強権的な手段を用いることを辞さなかっただけでなく、チェコ人政党による統一的な政治行動の脆さを見抜いていた。それゆえ、彼にとって、統一チェコクラブに協力の対価を事前に提示する必要性はなかったのである。また、シュトゥルクが積極的に取り組んだ和協交渉は、最終的に失敗に終わったために、政府に対する不信の高まりとナショナルな問題に関するチェコ人政党間の相違を際立たせただけであった。

　第二の要因は、1911年帝国議会選挙後の勢力の変化である。議席数では1議席少なかったとはいえ、都市選挙区において青年チェコ党よりも多い得票数を獲得した国民社会党は、チェコ国民社会の正統な代表であると考えるようになった。自らの主張の正当性を信じる同党は、防衛関連法案への賛成が大勢を占めた統一チェコクラブの解散を提案するまでに至ったのである。

　第三の要因は党内事情である。反軍国主義を党の重要な主張に掲げる国民社会党にとって、防衛関連法案において妥協することは非常に困難であった。一方、農業党は、プラーシェクの復党をめぐり党指導部と議員クラブの大半が対立する事態に陥っており、チェコ政治においてイニシアティヴをとれる状態にはなかった。それゆえ、防衛関連法案をめぐって国民社会党が脱退したことにより、統一チェコクラブは次第に活動停止に追い込まれたのであった。同クラブの崩壊により、チェコ政党政治における政党間競合が現出する障害が取り払われたのである。

(3)　チェコ政党政治における議会政治の縮小と政党間競合の現出
諸政党の変容
　チェコ政党政治における政党間競合の現出に際して、1911年帝国議会選

挙後における諸チェコ人政党の変容も重要であった。以下では、青年チェコ党と農業党、国民社会党について概観しておこう。

1911年帝国議会選挙後、農業党はプラーシェクの復党をめぐる対立に苦しんだ[24]。プラーシェクは選挙直後に農業党議員団への復帰と復党を試みた。それに対して多くの農業党議員は好意的な反応を示し、約3分の2の帝国議会議員が彼の復党を党指導部に要求した。しかし、党内規律を重視するシュヴェフラ派が多数を占める執行委員会は、党員の反発を背景にして彼の復党を拒否し、同議員団に対しても復帰を拒否するように圧力をかけた。この決定に強く反発したプラーシェクは、党内規律を重視する党指導部を激しく非難した。さらに、自らの主張の正当性を世論に訴え、保守的な農民層や農業党内の彼に好意的な政治勢力を取り込むために、ボヘミア王国独立農村同盟（Neodvislé sdružení venkova pro království České）が1912年5月に結成された。プラーシェクらの対決姿勢に直面して、農業党の分裂回避を優先したシュヴェフラは、多くの党員の根強い反対を抑えて、ボヘミア王国独立農村同盟の解散を条件として、1913年3月にプラーシェクの復党を認めた。

プラーシェクの除籍から復党に至るまでの過程は、農業党の大衆政党化を推進したシュヴェフラ派とそれに反発する党内保守派の対立を顕在化させただけではなかった。プラーシェクの復党問題は、少なくない帝国議会議員が党内規律を強化しようとする党指導部に従順でないことを露呈させた。にもかかわらず、帝国議会議員団と執行委員会が決定的な対立関係に陥らなかったのは、同議員団長のウドルジャルが果たした伝達ベルトと仲介者としての役割が大きかった。それでも、復党したプラーシェクがモラヴィア農業党議員の中心人物であるスタニェクと提携したことにより、農業党の帝国議会議員団は政府との対決姿勢を強めていった（PL, 18.5.1913, 1-2）。さらに、1913年6月初旬に健康上の問題を理由としてウドルジャルが議員団長を辞任すると（Venkov, 5.6.1913, 5）、党指導部による帝国議会議員団への統制を可能にしていた人的紐帯が失われてしまった。後任に選出されたスタニェクがプラ

---

24) この段落は、特に断りのない限り、コパーチェクに依拠している（Kopáček 2005, 80-92）。

ーシェクとの関係を深めたことにより、党指導部に対する議員団の自律性が高まったのである（Kopáček 2005, 94-95）。

このように、党の大衆政党化に対する党内保守派の反発に加えて、帝国議会議員団に対する統制を人的紐帯に依拠したことにより、プラーシェクとスタニェクの提携後、シュヴェフラ派が掌握する党指導部による帝国議会議員団の統制は困難になったのであった。

国民社会党は、得票数では青年チェコ党を上回った1911年帝国議会選挙の結果を根拠として、自らがチェコ国民社会を真に代表しているという主張をより強く打ち出すようになった。以前から行っていた青年チェコ党やクラマーシュに対する同党の攻撃は、日が経つにつれて激しさを増していった。それによって、同党は、青年チェコ党からチェコ政治の主導権を奪取することを目論んだのである（Kelly 2006, 171-172）。防衛関連法案や和協交渉の過程を考慮するならば、チェコ政治における国民社会党の発言力は強化されており、青年チェコ党は防戦を強いられることになった。

しかし、1911年帝国議会選挙前後における国家権進歩党や青年チェコ党との関係から明らかなとおり、他の政党と安定的な協力関係を結ぶことは国民社会党が得意とするところではなかった。例えば、和協交渉に対する反発から、1912年に国民社会党は、国家権進歩党やモラヴィア人民党などと提携関係を緊密化しようと試みた。しかし、この試みは、好意的に報道した『ヴェンコフ』ですら揶揄したとおり、数日後には頓挫してしまったのである（*Venkov*, 8.9.1912, 1；13.9.1912, 1；14.9.1912, 5）。長期的な提携関係の樹立にしばしば失敗したことは、国民社会党による統一的な政治行動が実現しなかった要因であった[25]。

---

25) 国民社会党が他の政党と長期的な提携関係を結ぶことを困難にした要因として、第2章において指摘した社会・経済的な政策に関する差異が挙げられる。例えば、ナショナルな要求とその実現に関しては、国民社会党と国家権進歩党の政策は類似していた。しかし、労働者を主たる支持基盤の1つとする国民社会党が打ち出す社会改良に対して、都市の中小商工業者と知識人のみを支持基盤とする国家権進歩党は反発していた。両党の間における社会・経済的な問題に関する政策や思想の差異が、長期的な提携関係の構築を困難にしたのである。

青年チェコ党では、1911年帝国議会選挙において長期低落傾向に歯止めがかけられたため、党改革の旗振り役であったラシーンの影響力が増大した。初当選を果たしたラシーンは、党内外においてクラマーシュの補佐に努めた。ときには党内での行動や発言についてクラマーシュに苦言を呈してまで（Šetřilová 1994, 115）、ラシーンは党務に専心した。さらに、自らが導入した同党の緩い党内規律を逆手にとって、党改革を擁護する書記局と旧来の議員団との仲介者として振る舞うことにより、彼は党内における権力を確保しようとした。1913年夏までには、ラシーンは、党内においてクラマーシュに次ぐ地位を確立した（M. Kučera 1993, 22, 26）。党指導部による『ナーロドニー・リスティ』に対する統制の実現とともに、ラシーンの権力拡大の結果としての党内組織間の均衡が実現したことは、党内規律が弱いにもかかわらず、青年チェコ党の対外的な一体性と党内の安定性を高めることに寄与した。

　党内のいちおうの安定を達成したことにより、自党と敵対する政党に対して本格的に対応する余裕が青年チェコ党に生じた。この時期においては、国民社会党や国家権進歩党だけでなく、モラヴィア人民党も青年チェコ党を厳しく批判していた。モラヴィア人民党は、かつて青年チェコ党の友党であった。しかし、党勢回復のために1909年にモラヴィアの進歩派勢力と合併した前後から、帝国議会において国民社会党や国家権進歩党に接近していった。その転換を推進したストラーンスキーに対して、青年チェコ党との友好関係を重視する勢力が反発した。クラマーシュは、モラヴィア人民党の親青年チェコ党勢力に請われて、帝国議会選挙が終わった直後の1911年7月にモラヴィアで遊説を行った（Malíř 1994, 159-160）。青年チェコ党とクラマーシュは、親青年チェコ党勢力に梃入れすることにより、ストラーンスキーの影響力の低下とモラヴィア人民党の自党への再接近を狙ったのであった[26]。

---

26) モラヴィア人民党の親青年チェコ党勢力は1913年モラヴィア領邦議会選挙に際して、青年チェコ党とクラマーシュの政策への全面的な支持を掲げた新党を設立した。しかし、新党は選挙で惨敗した（Malíř 1994）。モラヴィア人民党に対抗する新党設立に対して青年チェコ党やクラマーシュの関与についてはマリーシュ（Malíř 2009）を参照せよ。

さらに、青年チェコ党は、自党に対する敵対者のスキャンダルの調査とその暴露に精力を注ぐようになる（M. Kučera 1993, 26）。青年チェコ党は、他のチェコ人政党から抜きん出た、それゆえに他党よりも大きな責任を有しているという自己規定を放棄して、自党の利益を拡大するために、次第に他のチェコ人政党と同等の立場に立って争うようになった。統一的な政治行動にとって不利になる状況に対応しようとして、青年チェコ党は逆に政党間競合の現出に寄与したのである。

　以上のように、国民社会党が党勢の拡大をつうじてチェコ政治の主導権を奪取することを狙う一方、青年チェコ党が他の政党の攻撃に対して本格的に対処することを可能にする党内情勢のいちおうの安定と方針の転換が行われた。農業党は、大衆政党化の推進と党内規律の強化に対する反発から、帝国議会議員団の自律性を高めるという事態を招いた。様々な制約の下で3党がそれぞれの利益を実現しようと行動することにより、政党間競合が現出したのである。

共同議員クラブ再建の試み

　さて、防衛関連法案及び戦時動員関連法案の採決をめぐり、政党間競合を無視することは不可能になった。一方、統一的な政治行動が忘れ去られたわけではなく、チェコ人政党・政治家による統一行動の再編の必要性は繰り返し唱えられた。

　共同議員クラブの設立を呼びかけたのは、プラーシェクの復党により党の分裂の危機を回避したばかりの農業党であった。帝国議会の開会が想定されるようになった1913年4月上旬に、帝国議会の農業党議員団は、チェコ社民党を含む全チェコ人政党の議員団に、様々な政治的問題における共同歩調について議論する会合を呼びかけた。断わられたとはいえ、公式には初めてチェコ社民党が招待された点に注意が必要である。

　農業党の招聘を受けて、チェコ社民党を除くチェコ人政党の各議員団の代表が5月下旬に共同議員クラブの設立に関して会談した。その会議において、農業党のスタニェクと国民社会党のホツが新たに設立される共同議員クラブ

第 4 章　20 世紀初頭のチェコ政党政治における政党間競合の現出

の規則の素案を作成することが決定された（*Venkov*, 15.4.1913, 4；30.5.1913, 5）。しかし、クラマーシュは次第に共同議員クラブの設立に対して難色を示すようになっていく。

　青年チェコ党とクラマーシュが危惧したのは、新たに設立される共同議員クラブに参加することにより、自らの行動の自由が制約されることであった。スタニェクとホツが提案した規則によれば、新しく設立される共同議員クラブは、諸チェコ政党の議員団ではなく議員個人が加入することになっていた。重要事項の決定については過半数より加重された賛成数が必要とされた。また、共同議員クラブが管轄する事項について諸チェコ人政党の議員団の先議が禁止された（*ČS*, 4.6.1913, 5；*Venkov*, 4.6.1913, 5）。これらの規則の意図は、諸チェコ人政党の議員団の独自行動を抑止することにより、共同議員クラブの崩壊を防ごうとしたことだけではなかった。国民社会党は、他の政党にも自党に近い考えを有する議員が少なくないことを前提として、所属政党に拘束されずに議員個人が決定に参与することで、共同議員クラブが政府に対する対決姿勢を貫くことを期待したのである。

　さらに、共同議員クラブの設立に関する会合に先立つ5月中旬に、農業党議員団が、ボヘミア領邦議会におけるドイツ人議員の議事妨害を最大の例に挙げて、チェコ人の正当な要求を無視するシュトゥルク内閣に対して対決姿勢を打ち出すことを宣言した（*Venkov*, 16.5.1913, 5）。政府に対する反対という点において農業党と国民社会党の共闘が成立する条件が整ったのである。それに対して青年チェコ党は政府に対して是々非々の姿勢で臨むことを再確認した（*PL*, 19.5.1913, 2）。青年チェコ党からすれば、両政党の共闘によりチェコ政治における自らの主導権を奪われるだけでなく、政府とのあらゆる協力が拒否される可能性が生じたのであった。

　6月上旬の会合では、青年チェコ党と国民社会党が対立したため、新しい共同議員クラブ規則案を各議員団長が自党の議員に提示することのみが承諾されただけであった（*NL*, 5.6.1913, 1）。6月中旬になると、青年チェコ党は、新たに設立される共同議員クラブの議長に実権を与えずに、議員クラブが合議制に基づいて運営されることを提案した。さらに、国民社会党と進歩派同

盟に対して、共同議員クラブに参加するチェコ人政党が政府への協力を独自に行うことを容認するように同党は迫った。これらの要求は国民社会党や国家権進歩党に受け入れられるものではなく、共同議員クラブ設立を急ぐスタニェクの仲介も失敗に終わった。その結果、青年チェコ党は老チェコ党やカトリック政党とともに共同議員クラブへの不参加を表明した（*NL*, 19.6.1913, 1 ; *PL*, 19.6.1913, 3）。一方、農業党、国民社会党、進歩派同盟は、野党の立場を堅持する新たな共同議員クラブの設立に合意した。しかし、帝国議会の閉会が迫る中、これらの政党に存在した見解の相違を解消するには時間が足りず、共同議員クラブの設立は秋以降に持ち越されることとなった（*ČS*, 22.6.1913, 5 ; *Venkov*, 19.6.1913, 5-6）。

　以上のように、チェコ社民党を除くチェコ人政党による共同議員クラブ設立の試みは、それまでとは異なる経緯を辿っただけでなく、最終的には失敗に終わったのであった。構想された共同議員クラブは、クラブの凝集性と集権性を高めようとしたことに加え、農業党と国民社会党との間に温度差があるとはいえ、政府に対する反対を明確にしようとした。一方、政府に対する是々非々の姿勢を示していた青年チェコ党は、農業党と国民社会党の共闘という「数」の力に押されて、チェコ政治における主導権の喪失という事態に至り、共同議員クラブ設立後における発言権と行動の自由の確保を目指した。それが不可能になると、同党は共同議員クラブへの不参加を決定したのであった。このように、共同議員クラブの設立の前提として、政府に対する姿勢の一致が要求されるようになったことと、それに対する反発のために共同議員クラブの設立如何そのものが議論の対象になったことは、チェコ政治において政策やその実現手法をめぐる政党間競合が常態化しつつあることを示している。

　このような政党間競合の常態化を推し進めたのは、各政党内における変容とその結果としての議席の「数」の変化であった。共同議員クラブの設立の是非がチェコ政治において議論されるようになった頃、農業党は政府との対決姿勢に転じた。政府に対する不満を除けば、ウドルジャルの辞任とスタニェクの議員団長就任により、農業党の議員団が執行委員会に対する自律性を

高めたことが転換の背景にあった。その結果、農業党と国民社会党の共闘が成立したのである。両政党の共闘により「数」において太刀打ちできなくなった青年チェコ党は、チェコ政治を主導する政党としての矜持を犠牲にしても、自党の利益を追求するようになった。

さらに、政府との協力可能性が低下していたことも政党間競合の常態化に拍車をかけた。農業党が政府に対する批判に際して挙げたのは、ドイツ人議員による議事妨害のためにボヘミア領邦議会が開催できないことであった。前節で述べた和協交渉の失敗により、ボヘミア領邦における立法と行政の機能不全がさらに長期化した。それによって財政破綻が差し迫っていたことは、多くのチェコ人政党・政治家の間における政府への不信を高めた。一方、後述するように、財政破綻を回避するために、クラマーシュはボヘミア総督トゥンと秘密裏に協議していた。それゆえ、クラマーシュにとって、野党の立場を堅持する共同議員クラブの設立に賛同することは困難だったのである。

アネンスケー勅令と政党間競合の現出

では、共同議員クラブ設立が挫折した要因ともなっていた、ボヘミア領邦財政の破綻を回避する方策を検討しよう[27]。1913年春から、トゥンは、クラマーシュの個人的な協力を得たうえで、現在の全領邦委員の辞職後に皇帝の任命によって領邦行政委員会を設置することを検討していた。それにより、自治の原則を損なわずに行政委員会の設置という超法規的な措置を可能にするとともに、この措置に対して、政府から任命されたボヘミア総督が責任を負う構図を作り出そうとしたのであった。この行政委員会がボヘミア領邦財政の破綻を回避する施策を打ち出すことが想定されていたのである。

一方、政府内部では、現在の領邦委員の自発的な辞任を前提とせずに、国家の利益を維持するという名目を掲げて、皇帝の勅令により領邦行政委員会

---

27) ボヘミア領邦財政破綻を回避するための方策としての、ボヘミア領邦議会の閉鎖と領邦委員会に替わる領邦行政委員会の設置に至るまでの過程については、トボルカ（Tobolka 1936, 581-583）、K. クチュラ（K. Kučera 2002 [1979]）とヘーベルト（Höbelt 2000）を参照せよ。

を設置するという「上から」の案が練られていた。和協交渉の頓挫に加えて、ボヘミア領邦財政の破綻が不可避になりつつあるなか、シュトゥルクは、勅令によるボヘミア領邦議会の閉鎖と領邦行政委員会の設置に傾いていった。彼は、6月下旬に開催された帝国議会上院において、ボヘミア領邦の問題に関して「劇的な方法」を選択することを示唆したのであった。

シュトゥルクの帝国議会上院における発言を契機として、予想される非立憲的な措置に対する対応を協議する必要性が認識され、7月上旬にチェコ人政党間や各政党において

図4-10 当時のボヘミア領邦議会と領邦行政を揶揄した挿絵

様々な会合がもたれた。トゥンの提案に協力していたクラマーシュは、最低限の自治の原則を維持するために、現在の領邦委員の辞任とそれによる行政委員会の設置を主張した。しかし、クラマーシュの主張に対して、青年チェコ党を含むチェコ人政党や領邦委員からは異論が噴出した。彼らは、選挙民を裏切る非立憲主義的な性格を有するこのような提案に賛成するのは困難であると主張した。激しい批判に晒されたクラマーシュは、今後の政治情勢に責任を負う気がないことを表明して、7月4日に青年チェコ党執行委員会委員長を辞任した（NL, 6.7.1913, 1 ; PL, 5.7.1913, 1）。農業党の執行委員会と議員団の執行部の合同会議では、シュヴェフラが事前にトゥンとクラマーシュの提案に同意していたにもかかわらず、領邦の自治を奪ういかなる措置に対しても反対することが決定された（Tobolka 1936, 583 ; Venkov, 5.7.1913, 1）。

しかし、トゥンやチェコ人政党・政治家の意向に無視して、7月26日に1913年150号勅令、いわゆるアネンスケー勅令（Anenské patenty）が発令

された[28]。この勅令により、ボヘミア領邦議会の閉鎖と領邦委員会の活動停止が命じられ、8名の勅選委員から構成される領邦行政委員会が新たに設置された。同委員会は設立後、ボヘミア領邦財政の破綻を回避するために、各種税金の値上げを決定した（Tobolka 1936, 584-585）。

　この「上から」の措置は、たとえボヘミア領邦議会がクーリエ選挙制度に基づいて選出されていたとはいえ、和協交渉のチェコ人政党・政治家から重要な権力基盤と討議の空間を奪うものであった。また、多くのチェコ人政党・政治家が政府やドイツ人政党・政治家に対する態度を硬化させたために、ボヘミア領邦議会の活動停止後に複数回試みられたチェコ人政党とドイツ人政党の和協交渉が進展することはなかった。なによりも重要だったのは、これによって青年チェコ党による統一的な政治行動に農業党をとどめておくことを可能にしていた議会政治の場が失われたことであった[29]。ボヘミア領邦議会では、それまで青年チェコ党と農業党を中心にチェコ人政党・政治家の統一的な政治行動が機能していた。農業党にとっては、ボヘミア領邦議会の活動停止により、統一的な政治行動の軛から完全に解放されただけではなかった。ボヘミア領邦議会議員を務めていたシュヴェフラが領邦議会という権力基盤の1つを奪われた結果、党指導部に対する帝国議会議員団の自律性がさらに高まったのである。一方、トゥンに個人的に協力していたクラマーシュは、チェコ人政党・政治家の間における威信を喪失したのであった。ここにおいて、統一的な政治行動が復活する可能性は完全に潰えて、チェコ政党政治において政党間競合の時代が幕を開けたのである。

　アネンスケー勅令の発令後、チェコ人政党・政治家は、勅令の撤回をトゥンに求めるだけでなく、大規模な抗議集会を各地で繰り返し開催した。さら

---

28) アネンスケー勅令の名称の由来は聖人暦にある。
29) ヘーベルトによれば、両ネイションの政治家にとってアネンスケー勅令は、非立憲主義的な性格を有していることは否定できないとはいえ、短期的な打開策として事実上は受容できる解決策であったことを指摘している。その指摘をしたヘーベルト自身が同じ論考で、解決策を受容したクラマーシュに農業党は賛同しなかったことに言及している（Höbelt 2000）。解決策の受け入れとそのことの公表との間には差異がある点に注意が必要である。

に、9月12日には、農業党のスタニェクの呼びかけにより、チェコ社民党議員を除く帝国議会議員と前ボヘミア領邦議会議員による会合が開催された（PL, 12.9.1913, 1-2）。会合後に出された声明では、アネンスケー勅令と政府、さらに非妥協的な態度によりそのような事態を招いたとされるドイツ人政党が非難されたうえで、ボヘミア領邦議会の早期正常化が要求された。しかし、カトリック政党はこの会合を欠席した。青年チェコ党は、政府やドイツ人政党との交渉開始にとって妨げになると考えられる表現に逐一反対し、最終的には声明の承認についての表決を棄権した（ČS, 13.9.1913, 1-2 ; NL, 13.9.1913, 1, Venkov, 13.9.1913, 1-2）。10月下旬に召集された帝国議会では、チェコ社民党を除く全チェコ人政党は、アネンスケー勅令についての説明要求を政府に提出した。しかし、政府に対する非難を含んだこの説明要求にクラマーシュは署名しなかった（Tobolka 1936, 588）。象徴的な意味に過ぎない声明であっても、青年チェコ党やクラマーシュは、チェコ人政党・政治家による共同歩調よりも自党の立場を優先するようになったのである。

さらに、アネンスケー勅令についての説明要求の提出に向けた調整と同時に、農業党は、帝国議会の前会期において実現できなかった、チェコ人政党による共同議員クラブの設立を目指した。スタニェクの呼びかけにより、チェコ社民党を除く全チェコ人政党による共同議員クラブの設立が協議された。しかし、カトリック政党が再び欠席しただけでなく、10月中旬に青年チェコ党執行委員会委員長に復帰したクラマーシュは、帝国議会における不鮮明な状況が解消するまで、共同議員クラブの設立の延期を主張した。このため、共同議員クラブの設立は見送られることになった（NL, 23.10.1913, 4 ; 24.10.1913, 4 ; Venkov, 23.10.1913, 4-5）。農業党議員団は10月末に、チェコ人政党の間で合意が形成されないとして、共同議員クラブの設立を断念することを決定した。同議員団は、チェコ人全体に関わる問題が生じた場合には、必要に応じて他のチェコ人政党との共同歩調を模索することを表明した（Venkov, 30.10.1913, 6）。

一方、アネンスケー勅令の撤回が早期に実現する見通しはまったく立たなかった。シュトゥルクは、チェコ人とドイツ人の和協の成立がボヘミア領邦

議会の再開の前提条件であることを表明した（Tobolka 1936, 589）。彼はせめて両ネイションの政党の間に暫定協定を締結させることに意欲を示した。それに対して、青年チェコ党やカトリック政党は和協交渉に期待した。しかし、農業党を納得させるような妥協案が提示されることはなかった。農業党は、12月に入ると政府との対決姿勢を強めることを宣言し、帝国議会における国民社会党や国家権進歩党との共闘に踏み切った（Venkov, 4.12.1913, 1-2, 4）。翌年1月には、農業党と国民社会党・国家権進歩党は帝国議会において議事妨害を開始した。シュヴェフラは自らの統制から離れた農業党議員団に対して影響を及ぼすことができなかった（Kopáček 2005, 94）。一方、シュトゥルクは、1月末に帝国議会を閉会するとともに、暫定予算案を基本法14条による緊急令により成立させることになる。

　このように、アネンスケー勅令は、チェコ人政党と政府との関係を極めて悪化させ、政府との協力可能性を低下させた。それにとどまらず、同勅令の発令は、統一的な政治行動が最も機能していたボヘミア領邦議会という議会政治の場を奪ったのであった。トゥンに協力していたクラマーシュは、アネンスケー勅令の発令によりチェコ人政党・政治家の間での権威を喪失した。農業党内部においては、シュヴェフラの権力基盤の1つが失われたために、党指導部に対する帝国議会議員団の自律性がさらに高まった。これらの結果、チェコ政党政治において政党間競合が現出したのである。失敗に終わった共同議員クラブ設立の試みにおいてはもはや、チェコ人政党の間で最大の議席数を擁する農業党が中心的な役割を果たしており、チェコ政党政治において「数」の論理が優先されるようになったことを示していた。何より、あくまで政府やドイツ人政党との交渉によってアネンスケー勅令の撤廃を目指す青年チェコ党を一方の軸に、政府との全面的な対決姿勢を示すことによって譲歩を勝ち取ろうとする国民社会党を他方の軸とする、政策とその実現方法をめぐる対立軸がチェコ政党政治を規定するようになったのである。

シュヴィハ事件と政党間競合

　1913年末の帝国議会の閉会後にも事態は何も変わらなかった。翌年3月5

日に召集された帝国議会においては、農業党と国民社会党・国家権進歩党は開会初日から議事妨害を行った。シュトゥルクは、議事妨害により正常な議事運営が不可能であると判断するや否や、数日後に帝国議会を閉会し、基本法第14条の緊急令に基づく統治に移行した。この後、帝国議会は、第一次世界大戦を理由に長期にわたって開催されなかった。ハプスブルク君主国の戦時体制が揺らいできた1917年5月末に、ようやく帝国議会は召集されるのである。そのため、新たに現出した政党間競合がチェコ政党政治にもたらした最初の効果は、競合の過熱化と遠心化という負の効果であった。

　帝国議会が閉会されたのと同時期に、シュヴィハ事件と呼ばれるスキャンダルが発覚した。国民社会党は、チェコ政治における主導権を掌握するべく、政府に対する融和的な姿勢に対する批判や様々なスキャンダルの追及により、青年チェコ党に対する攻撃を激しくしていった。これに対して、青年チェコ党は、日増しに激化する国民社会党の攻撃に対抗して、党勢回復の足がかりを摑むことを決意した。3月上旬に『ナーロドニー・リスティ』は、国民社会党の帝国議会議員団長を務めるシュヴィハ（Karel Šviha）が1910年から警察と密通して資金提供を受けていることを大々的に報じた（*NL*, 4.3.1914, 1）。

　シュヴィハは、この疑惑を即座に否定するとともに、『ナーロドニー・リスティ』の編集者を名誉毀損で領邦裁判所に訴えた。それにもかかわらず、同紙は、シュヴィハや国民社会党を非難する記事を連日にわたって掲載した。シュヴィハは帝国議会議員の辞職に追い込まれたが、事態は終息しなかった。

　この事件は、もはや彼個人の問題にとどまらず、青年チェコ党と国民社会党との間における党の面子をかけた争いに発展した。ハプスブルク君主国の正式な司法制度を活用せずに、チェコ国民社会内部においてシュヴィハのスパイ疑惑を「審議」するために「6人裁判所（soud šesti）」が設置された。公開で実施された「6人裁判所」は、シュヴィハのスパイ疑惑が審議されるというよりも、この事件をめぐって、クラマーシュ及びラシーンとクロファーチが激しい論争を繰り広げる舞台と化した。さらに、マサリクは、皇位継承者フランツ・フェルディナントとシュヴィハの関係を指摘した。マサリクの論争への「参戦」が議論をいっそう錯綜させた。一方、農業党とカトリック

政党は、この事件への深入りを避けて事態を静観した。

　結局、シュヴィハ事件は、事件の全容が解明されないまま、青年チェコ党と国民社会党を軸とする政党間競合を激化させたのであった（Linek 1964）。第一次世界大戦の直接的な引き金となったサライェヴォ事件の時点では、チェコ政党政治は「全員の全員に対する闘争」（Hoch 1934, 130）という表現があながち誇張ではない状態に陥っていたのである。

　しかし、シュヴィハ事件は単なる触媒の役割を果たしたに過ぎなった。同事件によって促進された政党間競合の過熱化と遠心化は別の要因から生じていたのである。政党間競合の過熱化と遠心化をもたらした要因の１つには、政府との協力可能性がいっそう低下したことが挙げられる。シュヴィハ事件とほぼ同時期に断行された、議事妨害を理由とする帝国議会の早期閉会は、シュトゥルクがチェコ人政党に譲歩する気のないことを示していた。さらに、帝国議会の閉会の長期化は、チェコ政党政治において議会空間がさらに縮小したことを意味した。議会という政党にとって重要な活動場所が失われたことが認識されるにつれて、一部のチェコ人政党は敵対する政党を徹底的に攻撃することに躊躇しなくなったのであった（cf. Kelly 2006, 181-182）。さらに、帝国議会において農業党との共闘に成功した国民社会党は、チェコ政治における主導権の確保と政府に対する全面対決の貫徹を実現するために、青年チェコ党をさらに弱体化させることを目指した。それに対して、青年チェコ党は、自党の衰退を回避して党勢を回復させるためにも、スキャンダルを暴露することにより国民社会党に打撃を与えることを試みた。他の政党を攻撃する積極的な理由が両政党には存在したのである。一方、最大の議席数を擁する農業党は、前年にチェコ政党・政治家による共同議員クラブの設立に失敗したことから、自党の利害にあまり関係のない事件に関与しようとしなかった。その結果、チェコ政党政治において現出したばかりの政党間競合は、過熱化と遠心化という２つの特徴を有するようになったのであった。

(4)　小　括

　1911年帝国議会選挙における「カルテル」の成功を基礎にして、統一チ

ェコクラブの集権性と凝集性を高めることにより、青年チェコ党は統一的な政治行動の安定化を試みた。しかし、ガウチュ内閣がチェコ人に対して譲歩する姿勢を示したのにもかかわらず、国民社会党の発言力の増加のために、統一チェコクラブは逆に内部不一致を露呈したのであった。

　ガウチュ内閣が短命に終わった後、官僚内閣を組閣したシュトゥルク内閣においても、青年チェコ党と国民社会党の対立は亢進した。防衛関連法案の採決を契機として、国民社会党が脱退したことにより、統一チェコクラブは活動停止に追い込まれた。その結果、青年チェコ党が主導する統一的な政治行動はついに崩壊したのであった。確かに、その後も帝国議会におけるチェコ人政党による共同議員クラブの設立は何度も提案された。これらの試みは、けっして実現しなかっただけでなく、農業党が中心的な役割を果たすようになるなど、それ以前の統一的な政治行動とは異なる論理に基づいていた。さらに、ボヘミア領邦議会の閉鎖と領邦行政委員会の設置を定めたアネンスケー勅令が発令された後、ナショナルな要求の実現手法をめぐる政党間競合がチェコ政党政治において初めて現出したのである。しかし、新たに誕生した政党間競合は過熱化と遠心化を特徴としており、第一次世界大戦直前のシュヴィハ事件によって促進された結果、チェコ政党政治は激しい対立状態に陥ったのであった。

　クラマーシュと青年チェコ党が主導する統一的な政治行動を崩壊に導き、チェコ政党政治に政党間競合をもたらした要因としては、政府との協力可能性のさらなる低下が挙げられる。シュトゥルクは、強権的な手段を用いることを辞さなかっただけでなく、統一チェコクラブに協力の対価を事前に提示する必要性を見いださなかった。また、彼が取り組んだ和協交渉は、最終的に失敗に終わったために、政府に対する不信の高まりとナショナルな問題に関するチェコ人政党間の相違を際立たせただけであった。最終的には、シュトゥルクによるボヘミア領邦議会の活動停止と帝国議会の閉会期間の長期化が、議会という重要な活動場所を喪失した諸政党が他の政党を顧みなくなることをつうじて、政党間競合の現出と、さらにはその過熱化と遠心化を引き起こしたのである。

第 4 章　20 世紀初頭のチェコ政党政治における政党間競合の現出

　1911 年帝国議会選挙による勢力の変化も、国民社会党の発言力の強化をつうじて、統一的な政治行動の崩壊と政党間競合の現出を引き起こす要因となった。都市選挙区において青年チェコ党よりも多い得票を獲得した国民社会党は、自らがチェコ国民社会を代表する政党であると考えるようになり、チェコ政治における主導権の奪取を目指すようになった。一方、青年チェコ党は、国民社会党よりも 1 議席多いことから、チェコ政治の主導権を手放そうとはしなかった。とはいえ、チェコ人政党の間で最大の議席数を擁する農業党と国民社会党の共闘が成立するようになると、「数」の力に押されるようになった青年チェコ党は、逆に行動の自由の確保を目指したのであった。

　また、各チェコ人政党の党内情勢もチェコ人政党・政治家による統一的な政治行動の崩壊と政党間競合の現出の要因に挙げられる。1911 年帝国議会選挙で自信をつけたとはいえ、他の政党との長期的な連携関係を構築できなかったことは、国民社会党による統一的な政治行動の実現を不可能なものにした。農業党においては、プラーシェクの復党問題を契機として、党の大衆政党化を推進してきたシュヴェフラ派とそれに反発する党内保守派の対立だけでなく、党内規律の強化をめぐる党指導部と帝国議会議員団の対立が顕在化した。これらの対立が党を分裂に至らしめなかったのは、プラーシェクの復党を容認したことに加えて、党指導部と帝国議会議員団を仲介する人的紐帯に依拠して議員団を統制できたためであった。しかし、プラーシェクの復党後、農業党の帝国議会議員団長がその人的紐帯を担ってきたウドルジャルからスタニェクに交代したことにより、同議員団は、党指導部に対する自律性を高めていき、次第に国民社会党に接近していくのであった。

　一方、1911 年帝国議会選挙以降、ますます守勢に立たされた青年チェコ党は、それ以前であれば統一的な政治行動の維持のために抑制していた、他の政党に対する攻撃に手を染めた。その最大の「成果」がシュヴィハ事件であった。この点において、青年チェコ党は、自らの意思でチェコ政治を主導する責任を放棄して、他の政党と同じ土俵に乗ったのである。

　以上のように、クラマーシュと青年チェコ党が主導するチェコ人政党・政治家による統一的な政治行動は最終的に終止符が打たれ、チェコ政党政治に

おいて政党間競合が現出したのであった。新たに現出した政党間競合の対立軸はナショナルな利益の実現手法をめぐって形成された。すなわち、政府やドイツ人政党との交渉によって要求の実現を目指す青年チェコ党を一方の軸に、政府との全面的な対決姿勢を示すことによって譲歩を勝ち取ろうとする国民社会党を他方の軸とする対立軸がチェコ政党政治を規定するようになったのである。しかし、チェコ政党政治における政党間競合は、議会という政党にとって重要な活動場所が失われつつあった時期に現出したために、過熱化と遠心化という傾向を帯びることになったのである。

第5章
第一次世界大戦とチェコ政党政治の変容

> 本章では、人類にとって初めての総力戦となった第一次世界大戦中の積極派による政治活動が主に分析される。終戦後もハプスブルク君主国が存続することを想定していた積極派は、様々な分野におけるチェコ人に対する譲歩を政府から引き出すために、チェコ人政党・政治家が行動をともにする必要性を痛感していた。大戦直前に現出した遠心的な政党間競合という現実から出発した積極派の努力はチェコ連盟と国民委員会という新たな組織の設立に結実した。最終的には急進派がこれらの組織の主導権を掌握することになるが、積極派による試みと実践をつうじて、チェコ政党政治において政党間競合が受容されたのであった。

第1節　積極派と急進派——開戦と新たな対立軸の生成

開戦と戦時体制の構築

1914年6月28日にフランツ・フェルディナント皇位継承者夫妻がセルビア人青年によって暗殺されたことを発端として、各国の思惑が錯綜するなか、翌月28日にハプスブルク君主国がセルビアに宣戦布告することによって、第一次世界大戦は開戦した[1]。短期決戦になるという大方の予想を裏切り、大戦は西部戦線における膠着と塹壕戦の開始によって長期化した。後に史上初の総力戦が行われたという評価が第一次世界大戦に与えられることになる。

---

[1] フランツ・フェルディナント皇位継承者夫妻暗殺から開戦までの経緯と第一次世界大戦の原因論についてはジョル（1997）を参照せよ。また、ハプスブルク君主国とセルビアの動向については村上（2017, 175-184）が簡潔にまとめている。

大戦の緒戦において、ハプスブルク君主国は、ロシアにガリツィアとブコヴィナの大部分を占領されるなど、準備不足ゆえに苦戦を強いられた。それゆえ、ハプスブルク君主国は軍事的にドイツを頼らざるをえず、同国のドイツへの依存度は戦争が進むにつれて高まっていった。

　国内においては、シスライタニア政府はすみやかに戦時体制を構築していく。第4章で述べたとおり、帝国議会はすでに開会しておらず、シュトゥルクは基本法第14条に基づく緊急令による統治を開戦後も継続した。開戦直前には、閉会中の帝国議会とすべての領邦議会の停会が実施された。人権関係においても開戦直前に、国民の人権に関する基本法の規定とその関連法に従い、非常事態を理由として言論の自由や結社の自由などの人権に制約が課された（SÚA 1993, 23）。さらに、戦時検閲の導入と議員の不逮捕特権廃止が実施され、戦争関連犯罪については厳格な軍法に市民は服することになった。戦時体制の構築の過程においては軍部が存在感を発揮した。戦時生産法に基づき、軍総司令部は複数の産業の軍事化に成功した。さらに、戦争監督局（Kriegesüberwachungsamt, KÜA）が、市民などを監視することを目的として設立され、次第にシスライタニアにおける軍部の政治的な干渉の装置として機能することになる（Zeman 1961, 50；Judson 2016, 392）。このような軍部の影響力拡大に対しては文民官僚側が反発し、1914年末から軍部と官僚との間の権限争いに起因する対立を各地で引き起こすことになった。

　戦時体制の構築と政府・行政機構への影響力の強化に腐心した軍部にとって、とりわけスラヴ系のネイションは不信の対象となっていた。チェコ人に対しては、大戦前の行動に基づいて親ロシア的かつ反軍国主義的であると軍部は判断していた。チェコ人兵士による複数回の集団投降事件はその判断が誤りでないことを証明しているように思われた。さらに、領内のスラヴ系ネイションの間に存在する親ロシア感情を煽ることを目的としてロシア軍がプロパガンダを展開したことも（ex. SÚA 1993, 72-73）、ハプスブルク君主国軍部の態度を硬化させた。反政府的な活動と認定されたチェコ人の行動は厳しく摘発された（Zeman 1961, 52-57）。例えば、1915年2月までにボヘミアにおいて46誌の雑誌の発行禁止と32団体の解散が命じられた（Tobolka 1937,

45)。とりわけ、大戦前の活動と言説により政府・軍部から急進的なナショナリズムと反軍国主義を煽る危険分子の巣窟であると判断された国民社会党は最も厳しい弾圧に晒された。同党は、党機関紙の発禁処分を受け、多くの活動家や政治家の逮捕などにより、壊滅的な打撃を受けることになった。クロファーチは、1914年9月初旬に拘束され、告訴されることなく拘禁された (Klátil 1992, 109)。

　第一次世界大戦の開戦は、社会・経済情勢に甚大な影響を及ぼした。戦争への準備不足、戦争による穀物の減産と軍隊への食糧供給のために、開戦直後からシスライタニアにおける食糧不足は深刻であった。開戦直後の主要な食料品の価格は大戦前と比較して30％も上昇した。シスライタニア政府は1914年11月と12月には穀物とジャガイモの価格に上限を設定した。しかし、食糧不足は悪化する一途を辿り、1915年にはパンの配給制と政府による穀物の徴発が導入された (Urban 1982, 580-581)。食料や石炭の不足は、戦争が長期化するにつれて政府にとってのアキレス腱になっていくであろう。

積極派と急進派

　以上のような政府と軍部による戦時体制の構築に対して、諸チェコ人政党は何かしらの対応を迫られた。同時に第一次世界大戦の開戦を契機として、諸チェコ人政治家の間でハプスブルク君主国に対する認識の相違が顕在化することになる。すなわち、積極派と急進派という異なる立場がチェコ人政治家の間で明確になってくるのである。

　積極派の立場に立った政治家たちは、単にハプスブルク君主国に忠誠を誓ったのではなく、同国において「オーストリアのための闘争（boj o Rakousko)」を実行しようとしていた (Galandauer 1988, 45)。彼らは、連合国がハプスブルク君主国の崩壊を望んでいない、あるいは「勝利なき平和」によって大戦が終結するという想定に基づいて、大戦後も同国が存続することを当然視していた。この認識に基づいて積極派は、政府に働きかけることによって、チェコ諸領邦の自治の実現を含むチェコ人にとって有利な改革を目指したのであった。さらに、政府と軍部によるチェコ人の抑圧に対する抗議も彼

図5-1　トボルカ

らにとって重要な課題であった。1918年春まで連合国がハプスブルク君主国の解体を考慮していなかったことを踏まえれば[2]、大戦初期の積極派の情勢認識はおおむね正確であった。それゆえに彼らの行動と実践には一定以上の合理性が存在したのであった。

しかし、積極派内部では、青年チェコ党の積極派とチェコ社民党の積極派に代表される立場の相違が存在した。トボルカとフィードレルを中心とする青年チェコ党の積極派は、自らの主張の根拠を国家権に置き、最終的にシスライタニア部分のみを連邦化することを構想していた。シュメラルを中心とするチェコ社民党の積極派は、「自然権」に拠るネイション原理に基づいてハプスブルク君主国を二重制から連邦制に再編するという立場に立って、党内の主流派を構成していた。さらに、チェコ社民党は他のチェコ人政党と公式に協力したことがないために、同じ積極派の立場に立っていても、両政党の間で協力関係を構築することには、とりわけチェコ社民党内からの反発が予想された。上記の対立とは別に、カトリック政党は、大戦前からハプスブルク君主国に完全な忠誠を誓っていると見なされていたために、他の政党の積極派によってすら距離を置かれていた。

一方、急進派は、「オーストリアに対する闘争 (boj proti Rakousku)」に打って出た、開戦後に登場した少数の勢力であった。彼らは、チェコ人にとってより有利な条件を得ることを目指す際に、ハプスブルク君主国の存続を前提条件とはしない立場に立っていた。急進派の間にも、将来のチェコ国家をめぐる立場の相違が存在した。

1908年にスラヴ会議をプラハで開催するなど、大戦前より親ロシア派の代表としても活躍していたクラマーシュは、大戦直前に「スラヴ帝国 (slo-

---

2）この解釈を示した研究として、例えば林（1990, 30）が挙げられる。

vanská říše)」の実現を視野に入れるようになっていた。彼が構想する「スラヴ帝国」は、ロシア帝国とチェコ人を含めた各スラヴ系のネイションが建設する君主制国家から構成される、ロシア皇帝によって統治される連邦であった（Paulová 1937, I. 635-640；林 1993 127-132）。クラマーシュは、それでも開戦前まではロシアとの関係改善を前提としたハプスブルク君主国内での改革構想を優先していた。しかし、開戦後には、ドイツとの密接な関係を断ち切れなくなるという予想に基づいてハプスブルク君主国に見切りをつけ、彼は「スラヴ帝国」の実現を目指すようになったのである。ただし、「スラヴ帝国」構想は、ラシーンやシース（František Sís）をはじめとする一部の者にしか明らかにされていなかった（Lustigová 2007, 90-92）。党内の積極派を含む青年チェコ党の大半の政治家はクラマーシュの政策転換を知らなかったのである。

　一方、西欧寄りの勢力の代表であったマサリクは、ハプスブルク君主国の敗戦とその際における西欧諸国の利害計算を予測したうえで、「チェコスロヴァキア」の独立を開戦直後に構想した。彼は、「最大限綱領」としての独立実現の可能性に賭けて、1914年後半より亡命生活に入って国外での独立運動に着手した。1916年には、マサリクと1915年9月に亡命した協力者のベネシュ（Edvard Beneš）、フランス国籍を有するスロヴァキア人のシチェファーニク（Milan Rastislav Štefánik）らによって、チェコスロヴァキア国民会議（Československá národní rada）がパリにおいて設立された[3]。マサリクらの国外独立運動を国内において支えたのが、彼の亡命後にリアリスト党の指導者を務めていたシャーマル（Přemysl Šámal）であった。

　とはいえ、急進派全体をこの2つの勢力に分類することは不可能である。急進派のなかには、チェコ人にとって有利な条件を勝ち取るためにハプスブルク君主国に対して強硬な姿勢を示すことを説くという、譲歩獲得の手段としてこの立場をとる者もいた。また、独立という考えに共鳴しつつも、それ

---

[3] マサリクの国外独立運動については、さしあたり林（1993）やカルヴォダ（Kalvoda 1986）を参照せよ。シチェファーニクに関しては伝記が翻訳されている（ユリーチェク 2015）。

を達成するために現実的な目標の実現を積み重ねようとする判断も存在した。また、チェコ社民党内部にも、ハブルマンを中心とするプルゼンの党組織やモドラーチェクが、急進派の立場に近い党内の反主流派として認識されていた。

　もっとも、チェコ人の全政治家が積極派と急進派のどちらかに属したわけではない。平議員にとっては、自らの立場を旗幟鮮明にするよりも、自らの保身が最重要課題であった。さらに、どのチェコ人政党にも、国内・国際情勢の変化を敏感に読み取ることにより、その時々において有利な勢力に与そうとする政治家が存在した。その代表は、後の歴史家によって「2つの鉄による政策（politika dvou želízek）」[4]と呼ばれる行動に徹した、農業党のシュヴェフラであった。彼の目的は、ハプスブルク君主国の改革を追求する積極派の立場と独立をも視野に入れた急進派の立場とを同時に追求することによって、戦況や国内状況に応じて必要とされる行動の選択肢を確保しておくことにあった。

急進派の活動とその停滞

　開戦直後から政府と軍部が戦時体制を構築していく一方、シュヴィハ事件の余波が収まらずに相互不信からいまだに抜け切れずにいたチェコ人政党・政治家にとって、協働して開戦後の激変に対応することは困難であった。第一次世界大戦といえども、チェコ政党政治における遠心的な政党間競合を抑制することができなかったのである。1914年8月末にフルバンが諸チェコ人政党に協力を呼びかけるが、ハプスブルク君主国に忠誠を早々と表明したカトリック政党の行動に期待する他のチェコ人政党・政治家はいなかった。チェコ人政党による協力体制の構築に向けた努力をフルバンは継続するが

4）1914年6月29日付の国家権進歩党の機関誌に掲載された記事では、「2つの鉄による政策」という提案がなされた。この提案によれば、シュヴェフラのそれとは異なり、開戦の際には、チェコ人が危険に晒されないために、チェコ人政治家が反ハプスブルク君主国の側に立つ多数派と機会主義的な少数派にわかれて、それぞれの立場から課題を遂行することが推奨された（Tobolka 1937, 8）。

(ex. SÚA 1993, 159)、その努力は実を結ばなかった。結局、開戦当初は、チェコ人政党・政治家の間においては主要な政治家が定期的に情報交換のみを行うことが限界であった。党内でも、大戦中の党活動について意見が割れることがあった。例えば、『ナーロドニー・リスティ』に関して、ラシーンは、国威発揚を促す記事や戦時公債の募集の掲載など、予想される政府への協力を避けるために休刊を主張した。一方、トボルカは、検閲を避けるために政府や軍部へ部分的に譲歩すれば、同紙の今までの論調を変更せずに出版できるとして、発刊継続を主張した（Lustigová 2007, 92）。積極派と急進派の対立が青年チェコ党内において浮上したのである。

　この状況において先手を打って活発な行動を展開したのは急進派であった。亡命直後のマサリクは、国外独立運動と国内に残留した政治家との間での連携を重視し、国外独立運動との連絡機関がチェコ諸領邦に設置されることを望んだ。その意を直接受けた亡命前のベネシュとシャーマルが、クラマーシュとラシーンの賛同を経て、非公式にマフィア（Maffie）と呼ばれる秘密組織を1915年3月初めに設立した。マフィアの役目は、国外独立運動との連絡を媒介することだけにとどまらず、国外独立運動への送金やハプスブルク君主国の国内状況に関する情報提供、各種のサボタージュ活動の推進なども含んでいた（Tobolka 1937, 143-146）。

　設立直後のマフィアは、協力者を増やすことにも熱心であった。しかし、カトリック政党とチェコ社民党のシュメラルは、ハプスブルク君主国に対して忠誠を示していることから、協力者として不適格とされた。急進派の立場に近い国家権進歩党と国民社会党の参加に対しては、両政党には政治的な能力が欠如していると批判していたクラマーシュが反対した。それゆえ、青年チェコ党の反発を無視できなかったベネシュは、国家権進歩党のハインとチェコ社民党のソウクプに対して、マフィアに関して非公式に情報を提供することだけにとどめた（Tobolka 1937, 144-145）。

　一方、シュヴェフラは、農業党の存続を優先してマフィアの活動に直接関与しなかったが、国外独立運動や抵抗運動に関する重要な情報を入手するためにマフィアと恒常的に接触していた（Rokoský 1994, 68）。さらに、親ロシ

アの立場ゆえにマフィアが新たなる亡命者として白羽の矢を立てた、農業党所属の帝国議会議員であったデューリヒ（Josef Dürich）の国外派遣にもシュヴェフラは同意した（Zeman 1961, 83-84）。彼は、急進派の動向を否定的に捉えていたわけではなかったのである。とはいえ、マフィアは、マサリクらの西欧寄りの勢力とクラマーシュらのロシア寄りの勢力との間の緩い連合から脱却できなかった。

　それに加えて、急進派は、政府と軍部による弾圧のさらなる強化のために、その活動を停滞させることになる。1915年5月にはクラマーシュが、同年7月にはラシーンが軍部によって逮捕された。親ロシア勢力はこれを機に衰退していく。1915年秋には、先に触れたように、ベネシュがマサリクの活動を助けるために亡命の途を選んだ。また、国外独立運動とマフィアの行き違いによって国外独立運動からの手紙が警察に通報されてしまった「ボタン事件（knoflíková aféra）」は、急進派の間からさらなる逮捕者を出した。通報者になることによりこの事件の「主役」になってしまったソウクプは、シュメラルとチェコ社民党の尽力により短期間で釈放された。その後、ソウクプは一時的に急進派としての活動を休止せざるをえなかった（Chrislock 1972, 96-97）。このため、国内で活動を続けることのできた急進派はリアリスト党のシャーマルや青年チェコ党のシースなどの一部の政治家だけに限られることになった。

　以上のように、開戦直後においてチェコ人政党・政治家が協力関係を構築することができないでいるなか、急進派が活発な活動を展開することに成功した。しかし、大戦前の政党間関係から脱却することができず、さらに政府と軍部が抑圧を強化したことにより、急進派は苦境に陥った。国内外の情勢がチェコ人にとって悪化するなか、代わりに積極派が活動を活発化させるのである。

第2節　国民連合・「国民党」構想とその挫折

政治活動のエリート・レヴェルへの限定と積極派

　開戦当初にはハプスブルク君主国は苦戦を強いられたが、東部戦線へドイツ軍が応援を派遣したことによって攻勢に転じることになった。これによって親ロシア勢力のロシアへの期待は遠ざかることになるとともに、戦争が長期化するという雰囲気が社会において広がった。チェコ人住民も、戦争やそれに伴う経済状況の悪化に対して不満を抱いていたのにもかかわらず、政府と軍部の効果的な政策と監視により、直接的な抗議行動に訴えることはできなかった。

　このような状況に追い打ちをかけるように、政府と軍部は、ナショナルな平等を顧みなくなりつつあった。例えば、それまで対外関係においてのみ公式文書で使用されてきた「オーストリア」という表記が、1915年には国内の公式文書においても「帝国議会に代表を送る諸王国と諸領邦」に代わって使用されることになった。さらに、多くのチェコ人政治家からの信を集めていたボヘミア総督トゥンは、軍部の圧力に抗しきれず3月にその職を辞した。政府と軍部に歩調を揃えるかのように、ドイツ・オーストリア社民党とキリスト教社会党以外のドイツ人政党によって結成されていたドイツ国民連盟（Deutsche Nationalverband）は、ドイツ語の公用語化とドイツ人が多数派を占めることを可能にするシスライタニアの再編構想を提示した。ボヘミア・ドイツ国民評議会に至っては、将来のドイツへの併合をも想定して、ドイツ人にとって有利になる形態でのシスライタニアにおける領邦の解体と再編を唱えていた（Šedivý 2001, 174）。また、1915年10月にはドイツにおいてナウマン（Friedrich Naumann）の『中欧論』が出版されて、国内外で大きな反響を呼んだ[5]。チェコ人をめぐる情勢がさらに悪化するにつれて、政府への働きかけを強化する必要性が積極派を中心として議論されるようになった。

---

[5] ナウマンの『中欧論』とその反響については板橋（2010）が詳細に分析している。特にナウマンと積極派との関係については同書123-126頁を参照せよ。

一方、このようなチェコ人の苦境に対して、多くのチェコ人政党は、下部組織の動員を必要とするような行動を回避した。彼らは、政府や軍部からの干渉を招く行動や発言を控えて、来るべき戦後のために党組織の防衛に専念する必要に迫られたのであった。諸チェコ人政党の党組織による活動は、戦争による困窮などを緩和するための措置を政府や関連機関に陳情することや（ex. SÚA 1994, 148-150)、戦争に起因する何かしらの被害を受けている党員に対する個別的な対応や保護に限定された。チェコ社民党は、政府と軍部からの迫害を避けるために多くの地方組織を解散し、党員には「冬眠」することを推奨した（Urban 1982, 590）[6]。農業党では、開戦直後に『ヴェンコフ』において支持者に対して、党が涵養した農村における連帯を基調にした、自助の精神に基づく相互扶助を訴えるとともに、党組織関連では各人が自らの役割を果たすことのみが求められた（Venkov, 2.8.1914, 1）。農業党とチェコ社民党と並ぶ動員力を有していた国民社会党の党組織は、政府と軍部の抑圧により弱体化していた。また、発行禁止を免れた『ナーロドニー・リスティ』や『ヴェンコフ』、『プラーヴォ・リドゥ』などの党機関紙は、開戦直後から戦意高揚と公債募集などで政府と軍部に協力するとともに、戦争の中盤まで国内の政治情勢の報道には細心の注意を払った。これらの結果、大戦下の政治活動は、少なくともその初期の局面に関する限り、エリート・レヴェルに限定されることになった。

　さらに、前節で述べたような急進派の活動の停滞は、各政党の内外における積極派にとっての活動の余地を拡大した。青年チェコ党内でも、クラマーシュとラシーンの逮捕によって、帝国議会議員団を基盤としていたトボルカとフィードレルに代表される積極派が主導権を確保した。同党内の急進派は、シースを中心に行動委員会と書記局を拠点にして活動を続けることになる（Galandauer 1988, 72）。チェコ社民党内部では、ソウクプに加えて、逮捕を恐れたハブルマンも発言や行動を控えるようになった。さらに、モドラーチ

---

[6] なお、チェコ社民党と実質的な提携関係にあったチェコスラヴ労働組合連合は、徴兵に加えて、基幹産業の国家統制による労働者の権利と組合活動の制約により、組合員の大幅な減少に苦しんでいた（Beneš 2017, 216）。

ェクが徴兵されたことによって、党内におけるナショナルな主張を重視する政治家の影響力が低下し、シュメラルを中心とする積極派の地位がさらに強化された (Tobolka 1937, 188；Chrislock 1972, 49)。

　各政党の主導権を確保した積極派は、この政治活動のエリート・レヴェルへの限定のうえに、彼らがチェコ人の利益を擁護するために必要であると考えた、政府との交渉窓口となる政治代表の一元化を目指したのであった。その際、彼らが構想の参考にしたのは、大戦前の統一的な政治行動であったことは想像に難くない。しかし、チェコ政党政治において政党間競合が現出した状況において、政治代表の一元化を達成する保証は存在しなかった。さらに、戦時下の苦境を原因とするチェコ国民社会内部の各セクター間の緊張関係は水面下で増大しつつあった。積極派による政治代表の一元化の試みは当時のチェコ国民社会の状況とはむしろ逆行していたのである。政治活動のエリート・レヴェルへの限定が喪失したときに一定の成果を残していなければ、積極派はチェコ人住民からの支持を失うことは容易に予想できることであった。

国民連合・「国民党」構想と構想実現に向けた努力

　統一的な政治行動の再編に際して、積極派は２つの課題を解決しなければならなかった。第一の課題は、政党間競合が現出した状況に適合した政党間関係を構想しなければならなかった。第一次世界大戦という非常事態においても連携を図ることが困難になっていたチェコ人政党・政治家の間で、その原因となっている遠心的な政党間競合を抑制して、政治代表の一元化を達成するためには、それまでとは異なる仕掛けが必要であった。第二の課題は、積極派内部での相違であった。同じ積極派と評された政治家の間の相違は、所属している政党の社会的・経済的相違に加えて、ハプスブルク君主国に対する認識や改革案に関してもけっして小さくなかった。さらに、各政党内で積極派を取り巻く状況も異なるものであった。積極派内部におけるこれらの相違を架橋するかたちで統一的な政治行動を再編しなければならなかった。これらの課題を解決するために積極派が構想したのが、国民連合（Národní sourčenství)と「国民党（Národní strana）」構想[7]であった。

　国民連合と「国民党」構想については、フィードレルが11月14日付の『ナーロドニー・リスティ』において論じている。フィードレルに執筆を依頼したのは、後述する諸政党の代表の会合における議論を部分的に公表する必要性を感じていたトボルカであった（Tobolka 2008, 113-115）。その記事によれば、国民連合は、社会・経済・宗教的な問題では自律的な諸政党が、政治やナショナルな問題に関して共同歩調をとるための枠組みであった。国民連合の構成政党のうち、都市の市民層を代表する既存政党の合併によって設立されるのが「国民党」である。フィードレルによれば、国民連合の設立と「国民党」の結党はチェコ政治の2つの課題であった。さらに、記事の末尾では、チェコ社民党に対する国民連合への参加が呼びかけられた（NL, 14.11.1915, 1）。青年チェコ党の積極派は、都市の市民層を代表する政党、農業利益を代表する政党、労働者政党、宗派政党から構成されるチェコ政党政治を構想し、政治やネイションに関する問題ではこれら4政党が連合する方策を模索したのであった。ナショナルな要求貫徹を強く主張する国民社会党や国家権進歩党と、現実的な対応を優先する青年チェコ党との大戦前の対立が「国民党」という1つの政党内部で収まるのであれば、構想されていた国民連合の運営が容易になるのは想像に難くなかった。

　「国民党」に合流することが想定されていたのは、青年チェコ党、老チェコ党、国家権進歩党、リアリスト党、国民社会党の5政党であった。合併が成功した暁には、1911年帝国議会選挙結果を単純に計算したとしても、農業党やチェコ社民党と同規模となる、30議席を超える政党が誕生したであろう。衰退傾向から脱することのできない青年チェコ党にとって、この数字は魅力的であり、かつ政府からの弾圧により弱体化している現在の国民社会党を取り込むことは必ずしも困難でないと思われた。この構想の背後には、青年チェコ党の再建と復権という意図が込められていたのは否定できない。

　積極派を含む主要なチェコ人政治家の間でチェコ政党政治の再編が具体化

7）老チェコ党の正式名称である国民党との混同を避けるために、積極派が設立を試みた新党は鍵括弧をつけて表記する。

第5章　第一次世界大戦とチェコ政党政治の変容

し始めたのは 1915 年 9 月末から 10 月初旬であった。再編の契機はシュトゥルク内閣で公共事業大臣を務めていたトルンカからもたらされた。トボルカと面会した彼は、政府内における軍部の発言力がさらに増大している状況において、チェコ人の利益を擁護するためにもチェコ人政党・政治家の協力の必要性を説いたのであった（Tobolka 1937, 189）。

図 5-2　マトシュ

トルンカの要請を受けたトボルカの働きかけにより、マトシュの自宅において 9 月 29 日と 10 月 4 日に会合が開催された。参加者は、マトシュとトボルカ以外には、青年チェコ党のフィードレル、チェコ社民党のシュメラル、農業党のシュヴェフラであった。その会合において、大戦によるハプスブルク君主国の解体が生じないことを前提として、チェコ人政党・政治家による新たな組織を結成することで合意が成立した。ただし、ハプスブルク君主国に対して無条件に忠誠を誓っていると見なされていたカトリック政党については、シュヴェフラの意向により参加の呼びかけは見送られた（Tobolka 2008, 84, 87）。

綱領に関しては、内容や目的だけではなく、その必要性について意見の相違が存在した。シュヴェフラに代表されるように、綱領によって情勢に応じた柔軟な対応が困難になることを嫌う参加者がいる一方、一部の参加者は政党間の合意としての綱領を重視していた。特に、シュメラルは、新たに設立される組織にチェコ社民党が参加するためには明瞭な綱領が必要であることを力説した。最終的には、国民連合の綱領の作成が決定されたが、その綱領は各政党内部でも内密にされることになった（Paulová 1937, II. 83-84）。

11 月 5 日にはフィードレルが作成した国民連合の暫定綱領案が示された。同月 15 日には、所用のために参加できなかったシュヴェフラは追認するかたちになったとはいえ、交渉は妥結した。シュメラルの提案により交渉参加者は国民連合の暫定綱領に署名した。(Tobolka 2008, 106-111, 115)。この暫

169

定綱領の特徴は、関税同盟以外のドイツとハプスブルク君主国の同盟への賛同と二重制の承認はもちろんのこと、大戦前にチェコ人政党が活用してきた議事妨害の否定などにより、国民連合が政府に協力する意向を示したことであった。一方、チェコ政党政治に関しては、社会・経済・宗教的な問題が各政党の裁量に委ねられたうえで、チェコ人のナショナルな利益を擁護するために、諸チェコ人政党の代表が参加する組織を設立することが暫定綱領において確認された。さらに、国民連合に参加する政党と政治家に対して、今までの政治行動に対する批判と個人攻撃が禁じられ、事実に基づいた節度ある政策論争の展開が期待された（Tobolka 2008, 106-111；Paulová 1937, II. 84-88）。この点に、交渉参加者は、諸政党間の平等を尊重する一方、政党間競合の過熱化に懸念を抱いていたことが示されている。この内密の暫定綱領に基づいて国民連合は実現に向けて動き出したのである。また、交渉内容をどのように把握したのかは不明ではあるが、国民社会党のホツラが『ナーロドニー・リスティ』にチェコ人政党の協力関係の構築に賛同する記事を寄稿した（NL, 28.11.1915, 1）。国民社会党も、この時点では国民連合構想に積極的であったことがうかがえる。

　国民連合に関する交渉と同時並行するかたちで、トボルカとフィードレルは10月半ばから「国民党」設立に向けて動き出した。12月8日から「国民党」の設立に向けた交渉が開始された。交渉には、当初の案から想定されていた、青年チェコ党、老チェコ党、国民社会党、リアリスト党、国家権進歩党の代表が参加した。年を越して続けられた交渉は、積極派と急進派の駆け引きの場となった（Tobolka 2008, 132）。積極派は、ハプスブルク君主国への支持を綱領で明確にすることを企図する一方、急進派はそれを回避することに懸命であった。例えば、交渉初日に「国民党」の綱領自体を作成しないことが国家権進歩党によって提案された（Tobolka 2008, 132）。リアリスト党のシャーマルは、「国民党」自体に関心があるのではなく、設立される新党が国外独立運動を否認する挙に出ないように目を光らせていたのであった（Tobolka 1937, 194）。

　翌年に入ると、4人の国民社会党の政治家が1月中旬に逮捕された。その

1 人のホツは、党務や政務において中心的な役割を果たしていただけでなく、「国民党」設立に関してトボルカとの交渉相手であった。国民社会党内では、ハプスブルク君主国に対する嫌悪が増長されるとともに、「国民党」への合流に批判的な声が高まった（Paulová 1937, II. 389-390）。それを受けて、国民社会党は 1 月 19 日に交渉離脱を表明した。これに対してトボルカからは、国民社会党の党組織を維持することを可能にする譲歩案を翌日に提示した。同党がその譲歩案に賛意を示したことにより、交渉決裂は回避されたのであった（Tobolka 2008, 148-149）。

　1 月 31 日には、国家権進歩党の代表以外の交渉参加者は、「国民党」の綱領について合意に達した。新党の綱領は、組織に関する規定と政策に関する規定から構成された。組織面では、青年チェコ党、老チェコ党、リアリスト党が合流する「国民党」は、党としての独自性を保持した国民社会党と、社会問題以外の政策分野において協力することが特徴である。両政党の協力分野に関しては、「国民党」の執行委員会に国民社会党から派遣される委員を加えた共同執行委員会が審議・決定することが定められた。「国民党」の執行委員会と共同執行委員会は、青年チェコ党と老チェコ党が過半数を占めるように工夫されていた。それによって、青年チェコ党の積極派は「国民党」における主導権を掌握しようとした（Tobolka 1937, 195-196）。一方、政策に関する規定は、国民連合の暫定綱領と類似していた。それゆえに、同規定は、青年チェコ党と老チェコ党の交渉参加者の間で合意されたのみで、「国民党」に合流する予定の諸政党のみならず、交渉に参加していたシャーマルに対しても内密にされた（Paulová 1937, II. 396）[8]。ハプスブルク君主国への忠誠を示した綱領が急進派を刺激することにより、「国民党」の設立が失敗に終わることを防ぐためであった。

「国民党」構想の頓挫

　しかし、「国民党」構想はこの時期前後から、急進派を中心とする反対に

---

[8]「国民党」の綱領の全文についてはトボルカの日記に掲載されている（Tobolka 2008, 151-154）。

よって暗礁に乗り上げることになった。2月初旬には、「国民党」構想を積極派寄りであると判断した国家権進歩党が交渉から正式に撤退した（Tomeš 2015, 57）。さらに、「国民党」への参加への賛同をとりつけるための党内手続きの際に、各政党において異論が噴出した。3月9日に開催されたリアリスト党の執行委員会では、「国民党」設立交渉にシャーマルらが党に無断で参加したことが咎められた。同党執行員会は、「国民党」への発展解消については党大会の承認が必要であるという判断を下した（PL, 9.3.1916, 15；Venkov, 9.3.1916, 6；Paulová 1937, II. 402-403）。政府と軍部の締め付けが厳しい大戦中に党大会を開催するのは現実的ではなく、この決定は「国民党」への参加の留保を意味していた。

　同様の動きは青年チェコ党内部でも広がった。この時期においては、『ナーロドニー・リスティ』の編集方針とその発行母体であるプラハ印刷所の運営方針などをめぐり、政府や行政機関を刺激することを恐れた積極派と、国外独立運動との連動を図る急進派との対立が鮮明になった（Tobolka 2008, 165, 167, 170；Paulová 1937, II. 407）。当初は「国民党」構想について静観していた党内の急進派は、この対立と連動するように、積極派による新党設立に対しても次第に反対の声を挙げるようになった。シースは、トボルカが私用で欠席した3月19日の行動委員会において、「国民党」構想の問題点を指摘したうえで、この構想が青年チェコ党にとって利点が少ないことを強く訴えた（Tobolka 2008, 168-169）[9]。その結果、リアリスト党と同様に、青年チェコ党も、「国民党」の発展解消の条件として行動委員会と党友大会における承認を掲げるに至った（Paulová 1937, II. 409）。同時期に「国民党」の共同執行委員会開催を実現したのにもかかわらず（NL, 22.3.1916, 1）、積極派は「国民党」の正式な設立にとって大きな障害を抱え込んだのであった。

　一方、国民連合の柱となるはずであったチェコ社民党内にも「国民党」への異論の声が挙がった。3月22日付の『プラーヴォ・リドゥ』では、「国民党」を好意的に評価するとともに、チェコ社民党が国民連合に参加する条件

9）獄中のクラマーシュの国民連合と「国民党」への賛否については、トボルカとシースはまったく異なる解釈をしていた。

として「国民党」の綱領の公表が要求された（PL, 22.3.1916, 1-2）。政府も、綱領が公開されていない「国民党」構想に不信を抱き、その不信を一部の積極派に伝えていた（Tobolka 1937, 199）。チェコ社民党と政府の不満を重大視したマトシュは、シュメラルの協力を得て、1月末に内密に合意していた「国民党」の綱領を修正したものを公表する準備に着手した（Tobolka 1937, 200）。完成した「国民党」の綱領の基本方針は、ハプスブルク君主国とドイツとの同盟関係に対する支持表明を含んでいた。この綱領は、5月2日の「国民党」の会合において提案された。彼の突如の提案に対して、国民社会党は強く反発した。会合では無言で押し通したシャーマルも同調して、国民社会党とリアリスト党は「国民党」への不参加を決断した（Tobolka 2008, 170-173）。それによって、「国民党」の設立は失敗に終わったのであった。さらに、「国民党」構想と相互補完の関係にあったために、国民連合の実現可能性も急速にしぼんだのであった（Tobolka 1937, 200）。

　以上のように、マトシュとシュメラルが綱領の公表に固執したことが、「国民党」構想が頓挫した直接の契機であった。急進派にとってハプスブルク君主国への支持を明確に表明する綱領を公表することは、到底受け入れられることではなかった。政府と軍部の厳しい監視や摘発により弱体化していたとはいえ、青年チェコ党のシースのように、急進派は各党内で隠然たる影響力を有していた。急進派は、党内手続きを活用して交渉参加者を制約することにより、チェコ政治におけるハプスブルク君主国を明確に支持する動きを阻止しようとした。積極派は、それに対抗するほどの力を有しておらず、急進派を刺激しないために国民連合や「国民党」の綱領を非公開にする手法をとらざるをえなかった。一方、チェコ社民党と非社会主義政党との初の公式な協力関係の樹立という困難な仕事を背負うことになったシュメラルは、党内外の異論を封じるためにも、協力相手となる「国民党」の綱領の公開に固執したのであった。さらに、政府は、そのような積極派の事情を考慮せずに、また協力に対する見返りを示さずに、綱領などにおけるハプスブルク君主国への公的な支持表明をチェコ人政党・政治家に要求した。状況の悪化を防ぐという防衛的な意図に基づいて政府との交渉に乗り出すことは、積極派

にとっては極めて重要なことであったとしても、ハプスブルク君主国の枠組みを当然視しない急進派を説得する材料にはなりえなかった。このように、政府との関係と党内事情が積極派と急進派の対立の文脈で表出することにより、国民連合と「国民党」構想は実現しなかったのである。

それでも国民連合の設立にむけた交渉が一定の成功を収めたのには、積極派が政府との交渉の必要性を共有したことに加えて、政治活動がエリート・レヴェルに限定されたことが作用していた。積極派にとっては、諸政党が自党にとっての最大限の成果を得るために主張する「数」にあまり左右されずに、国民連合や「国民党」構想に関する交渉を進めることが可能になったのである。交渉において「数」が問題になる場合は、1911年帝国議会選挙の結果が客観的に利用されたのであった。チェコ政党政治における政党間競合の過熱化と遠心化を抑制した1つの要因は、皮肉にも戦時体制にあったのである。

このように、構想自体は失敗に終わったとはいえ、国民連合と「国民党」の設立をめぐる交渉は、チェコ社民党によるチェコ政党政治への主体的な関与の契機になるとともに、チェコ政党政治における政党間競合の現出を踏まえたチェコ人政党間の関係が模索された画期となったのである。特に、国民連合をめぐる交渉が一定の成果を挙げたことは、何かしらの契機が生じれば、積極派による政治代表一元化を目指す新たな試みへと結実するであろう。

第3節　チェコ連盟と国民委員会の設立

状況の変化の兆し

　1916年秋になると、シスライタニア政治に変化の兆しが現れるようになった。同年10月にはシュトゥルクが、ドイツ・オーストリア社会民主党の党員のフリードリヒ・アドラー（Friedrich Adler）によって暗殺された[10]。戦時指導にあたっていたシュトゥルクの暗殺は、戦時体制への公然たる挑戦であ

---

10) なお、フリードリヒ・アドラーは、全オーストリア社会民主党を代表する指導者と理論家の1人であったヴィクトル・アドラーの息子であった。

った。彼の後任として2度目の首相に就いたケルバーは、同年秋頃から各紙で議論されるようになっていた、帝国議会再開について賛意を明らかにした。シスライタニアにおける強権的な戦時体制は少しずつ緩み出したのであった。

　一方、同盟国が占領したロシア領ポーランドの将来に関して、1916年11月5日にドイツとハプスブルク君主国の両皇帝によって共同声明が発表された。独墺共同声明では、ドイツとハプスブルク君主国とに密接に結びつけられた独立したポーランドを戦後に実現することが約束された。その前日には、皇帝フランツ・ヨーゼフはガリツィアに広範な自治を付与することを約束していた。ガリツィア領邦議会に帝国議会と同等の権限が付与されれば、チェコ人政党・政治家にとって非常に不利になることが予想された。なぜなら、ガリツィア選出議員が帝国議会から姿を消した場合、ドイツ人議員のみで帝国議会における過半数を制することが可能になるからであった。この状態は、とりわけドイツ人ナショナリスト政党が長年にわたり望んできたことであり、チェコ人政党・政治家にとっては自らの交渉能力が大幅に低下することを意味した。

　ケルバーが帝国議会召集に意欲を示したことは、チェコ人政党・政治家に新たな戦略を立てることを迫った。近い将来に開会される帝国議会は、政府に対して公開での抗議と改革要求を表明する機会をすべての政党・政治家に与えるであろう。さらには、議事運営への協力や政府案への賛成に対する政府からの見返りも期待することができる。特に、ガリツィアへの自治拡大による不利益がチェコ人にもたらされることが予想されるときに、チェコ人政党・政治家には帝国議会召集というチャンスを活かすことは急務であった。とりわけ、積極派は、政府との交渉によってチェコ人に有利な改革を引き出さなければ、自らの存在意義を失いかねなかった。

　一方、チェコ社民党は帝国議会召集に向けてドイツ・オーストリア社会民民党に協力を打診した。しかし、チェコ社民党が全オーストリア社会民主党を脱退する原因となった労働組合問題をめぐる対立を乗り越えることができず、この提案は拒否された（Chrislock 1972, 124-125；Kárník 1996；44-46）。また、1916年初頭にはポーランド社会民主党はポーランド人議員クラブに

加盟することを決定していた（PL, 7.1.1916, 4）。チェコ社民党にとって、帝国議会における孤立を回避するためには、他のチェコ人政党の積極派と協力することが残された選択肢であった。

チェコ連盟と国民委員会の設立

　今回のイニシアティヴを取ったのもトボルカとフィードレルを中心とした青年チェコ党の積極派であった。11月8日に開催された青年チェコ党と老チェコ党の帝国議会議員団において、ケルバーとの交渉を視野に入れて、農業党の発案による全チェコ人政党による協定締結を目指すことが決定された（Tobolka 2008, 213-214）。青年チェコ党の積極派は、統一的な政治行動を主導してきた政党であるという自負を捨てて、議員数のうえではチェコ人政党における第一党である農業党に政治代表の一元化の実現を託したのであった。

　即座にトボルカはウドルジャルに手紙を送った。その手紙においてトボルカは、議員数のうえでは第一党である農業党が積み重ねてきた政治的経験や他党とのパイプへの敬意を強調して、農業党がチェコ人政党による統一組織設立における主導権を握ることを要請した。その結果、11日にトボルカとシュヴェフラ、シュメラルによる会談が実施された。その会合において、シュヴェフラの提案に基づき、憲政とナショナルな問題に関してチェコ人政党による共同議員クラブを設立すること、設立される共同議員クラブが多数決原理で運営されること、農業党が他のチェコ人政党に参加を要請することが合意された（Tobolka 2008, 213-216）。さらに、チェコ人政党による統一組織を短期間のうちに設立することを優先して、将来構想や綱領は棚上げすることになった（Tobolka 1937, 204）。

　この合意に基づいてシュヴェフラは、チェコ人政党による統一組織への参加を呼びかけた。彼の精力的な働きかけにより[11]、急進派の立場に立つ政党や急進派に近い立場の政治家もチェコ人政党による統一組織に加盟する協定に署名した。しかし、国家権進歩党は、設立される統一組織が積極派寄りの

---

11) 例えば、ある急進派の活動家は、実際に立ち会ったシュヴェフラの働きかけに感嘆している（Hajšman 1933, 133）。

性格を帯びることを嫌って、不参加を決断した（Tomeš 2015, 57-58）。リアリスト党のシャーマルは、「国民党」構想の際の経験から党内事情を理由にして参加を断念した（Paulová 1968, 54）。青年チェコ党が統一組織に参加することが可能になったのは行動委員会委員長に拠るところが大きかった。彼は、多くの急進派が委員を務めていた行動委員会を開催せずに、トボルカの説得により独断で協定に署名したのであった（Tobolka 2008, 220；Paulová 1968, 55）。その結果、国家権進歩党とリアリスト党、チェコ社民党中央派を除くチェコ人政党が、チェコ連盟と国民委員会を設立したのであった。

11月19日には大半のチェコ人政党が参加するチェコ連盟と国民委員会の結成を知らせる共同声明が各紙において掲載された。声明では、ハプスブルク君主国の支持を前提として、大半のチェコ人帝国議会議員が参加するチェコ連盟と、ナショナルな問題や政治的な問題に関するチェコ連盟の活動を「道徳的な最高権威」として支える国民委員会が設立されたことが表明された（SÚA 1995, 242-244）。この声明では、ハプスブルク君主国への支持以外については、抽象的または曖昧な表現が使用されており、チェコ連盟と国民委員会の設立によって実現しようとする具体的な要求や目標は明記されなかった。また、後日に作成されたチェコ連盟の規則は暫定的なものとされた（Tobolka 2008, 223）。積極派は、ハプスブルク君主国への支持を表明することにより政府の信頼を得ようとした一方、チェコ連盟・国民委員会の設立目的や具体的な要求に関する合意を先送りにすることにより、参加政党間での共同歩調を維持しようとしたのであった。

以下に両組織の構成を説明しよう。チェコ連盟の議長には農業党のスタニェクが、第一副議長にはシュメラルが、第二副議長に青年チェコ党のマシュタルカ（Jindřich Maštalka）が就任した。その3人に加えて合計9人からなる幹部会が設置された（*NL*, 19.11.1916, 1；*PL*, 19.11.1916, 1；*Venkov*, 19.11.1916, 1）。幹部会には、農業党からはウドルジャルやプラーシェク、チェコ社民党からはトゥザルが加わった。さらに、翌年2月には議会委員会の委員も選出されることになる（Soukup 1928, 358）。幹部会と議会委員会の構成は1911年帝国議会選挙の結果に基づいて各政党に比例配分された。チェコ連盟は、

大戦前の統一的な政治行動において結成された共同議員クラブと類似した構造を有していた。しかし、スタニェクが議長に選出されたことに象徴されるように、それまでの統一的な政治行動とは異なり、議席数という「数」の論理がチェコ連盟において貫徹されていた。その結果、青年チェコ党は副議長のマシュタルカ以外の議員をチェコ連盟幹部会に送ることができなかったのである。

プラハに設置された国民委員会は、チェコ連盟と同じく 1911 年帝国議会選挙における各政党の議席配分に基づいて指名された、帝国議会議員、領邦議会議員、有識者による 18 人から構成された（Chrislock 1972, 123；林 1990, 34）。委員長にはマトシュが就任し、シュヴェフラやフィードレルも委員を務めた。1917 年 1 月初旬に開催された国民委員会においては、ウィーンにおけるチェコ連盟の活動を国民委員会が尊重するとともに、政府との関係などの重要事項については両組織の間で相互理解を図ることが確認された（SÚA 1996, 23-27）。

「道徳的な最高権威」とされたはずの国民委員会の実際の役割や設立の理由は、チェコ社民党のチェコ連盟・国民委員会への参加の要因と同じく、少なくとも政府にとっては不可解なものであった（Tobolka 2008, 221-222）。国民委員会の実際の活動拠点がシュヴェフラの事務所であったことが明白に示すように、同委員会が設立された実際上の理由は、帝国議会議員ではなかったシュヴェフラがチェコ連盟に直接働きかけることを可能するためであった（Paulová 1968, 52）。大戦直前に自党の帝国議会議員団の統制に失敗したことと、プラハを重視する彼の志向（Miller 1999, 34）を考慮するならば、シュヴェフラはチェコ人帝国議会議員との相互理解を可能とする制度的な枠組みを必要としたのである。

チェコ連盟と国民委員会において、急進派は必ずしも排除されたわけではなかった。チェコ社民党のハブルマンなど、諸政党内部で重要な地位に就いていた急進派に近い政治家は、チェコ連盟議会委員会などに席を与えられた。しかし、チェコ連盟幹部会の構成の工夫などをつうじて、設立当初におけるチェコ連盟と国民委員会の主導権は積極派によって握られていた。

第5章　第一次世界大戦とチェコ政党政治の変容

　以上のように、積極派はチェコ連盟と国民委員会を短期間のうちに設立することに成功した。その要因として、政治活動のエリート・レヴェルへの限定が継続している状況に加えて、ケルバーの首相就任により政府との協力可能性が高まったことが挙げられる。ケルバーが前向きに検討した帝国議会の召集は、チェコ人政党・政治家にとって自らの要望を公の場で表明する機会が与えられることを意味した。皇帝フランツ・ヨーゼフが約束したガリツィアへの広範な自治付与により生じる不利益を回避するために、帝国議会におけるハプスブルク君主国への支持表明や上程される法案への賛否を取引材料として、政府と交渉することは積極派が取りうる有効な手段であった。

　一部の急進派にとっても、自らの主張を国内外で広めるためには帝国議会における演説は格好の機会であった。それゆえ、一部の急進派や彼らに近い立場に立つ政治家もチェコ連盟と国民委員会に参加したのであった。その際、短期間での設立を優先して将来構想の明確化を回避したことは、急進派にとって、両機関への参加にかかる負担を減らす一方、両機関の設立の際に介入する機会を失わせることになった。さらに、諸政党内部で重要な地位に就いていた急進派に近い政治家にチェコ連盟議会委員会や国民委員会に席が用意されたことは、党内における彼らの反発を和らげる効果を有した。政府との協力可能性と党内事情の点において、急進派の反発の回避もしくは緩和に成功したことが、両組織の設立に成功した要因であった。

　チェコ連盟と国民委員会の設立に際して、農業党とシュヴェフラが中心的な役割を果たしたことは様々な効果を有することになった。トボルカが意図したとおり、シュヴェフラはチェコ連盟と国民委員会の設立において活発な活動を展開した。青年チェコ党の積極派は、党内の基盤が必ずしも盤石ではないことと自らにはチェコ政治を主導する資源を有していないことを自覚していた。本来であれば先頭に立つはずのクラマーシュが獄中におり、国民連合・「国民党」交渉をつうじてマトシュでは力不足であることは明白であった。また、チェコ社民党がチェコ政党政治に深く関与するようになってから日が浅いことと、綱領や明確な将来構想を重視する傾向を考慮すれば、シュメラルに依頼することは論外であった。それゆえ、自らが主導することを断

念した青年チェコ党にとって、議席数のうえでは第一党の農業党と党内外で相対的には自らの地位を固めていたシュヴェフラが主導することは、最適かつ唯一の選択肢だったのである。この結果、議席数に基づく比例配分の原則がさらに重視されるようになり、チェコ政党政治において「数」の論理が定着したのであった。また、シュヴェフラの発言力を担保するために設立された国民委員会は、その後の政治情勢の変動により、多くの政治家が設立時点では想像もつかなかった機能を担うことになる。

連合国覚書とチェコ連盟・国民委員会

　チェコ連盟と国民委員会が設立された直後、半世紀以上にわたってハプスブルク君主国を統治してきた皇帝フランツ・ヨーゼフが他界した。皇帝には弱冠29歳であったカール（Karl）が即位した。新皇帝カールは、ハプスブルク君主国の現状を鑑みて休戦もしくは単独和平を模索するとともに、国内に関しては軍部の力を抑えて立憲政治への復帰を実現しようとした（Judson 2016, 419-420）。帝国議会召集にも彼は積極的な姿勢を示した。さらに、カールの即位後、首相にハインリヒ・クラム＝マルティニツ（Heinrich Clam-Martinic）が、共通外相にチェルニーン（Ottokar Czernin）が就任した。チェコ人政党・政治家をめぐる情勢が大きく変わりつつあるなかで、チェコ連盟と国民委員会は連合国覚書への対応を迫られたのであった。

　1916年12月にアメリカ大統領ウィルソン（Thomas Woodrow Wilson）が連合国と同盟国の両陣営に宛てて戦争目的に関する質問状を発表した。その質問状に対する回答として連合国側が1917年1月10日に公表したのが連合国覚書であった。連合国覚書では、「チェコ＝スロヴァキア人」という単語が初めて連合国の公式文書に使用された。国外独立運動にとって、連合国覚書は最初の外交上の成果であった（林 1990, 35）。

　これに対して国内のチェコ人政治家は対応を迫られた。チェコ連盟幹部会は、国際情勢と戦況を分析して、ハプスブルク君主国の存続を前提とし、連合国の申し出を拒絶することで一致していた（Tobolka 1937, 218）。しかし、その拒絶を表明する形式や拒絶の際に言及する内容については意見が対立し

第 5 章　第一次世界大戦とチェコ政党政治の変容

た。多くのチェコ人政治家は皇帝の謁見の際に連合国覚書の拒絶を表明することを望んだが、その期待はクラム＝マルティニツによって打ち消された（Tobolka 1925-1926, 170 ; Šedivy 2001, 295）。1 月 22 日と 23 日に開催されたチェコ連盟幹部会では、シュメラルが提案した声明において拒絶する形式は否決され、モラヴィア人民党のストラーンスキーが提案した、政府に文書を手交する形式とその文書案が採用されることになった。文書では、連合国覚書の拒絶とハプスブルク君主国への支持が表明されたのみならず、チェコ・ネイ

図 5-3　ハインリヒ・クラム＝マルティニツ

ションを取り巻く厳しい環境と帝国議会が開会されていない現状に対する不満が仄めかされた（Tobolka 1925-1926, 170-173）。また、チェルニーンとクラム＝マルティニツに文書を手交する予定を報道することにより、チェコ連盟が連合国覚書を拒絶したことを明らかにした（PL, 24.1.1917, 4 ; Venkov, 24.1.1917, 3）。

　しかし、チェルニーンは、チェコ連盟が提示した内容では不十分と考え、1 月 30 日にチェコ連盟議長スタニェクらを召還した。チェルニーンは、チェコ連盟に対する謝意を表明しつつも、国内情勢に関する批判に言及せずに連合国覚書の拒絶を公表することを要求した。さらに、彼自身が用意した草案がスタニェクらに手渡された（Soukup 1928, 366 ; Tobolka 1937, 220-221）。翌日に開催されたチェコ連盟幹部会では、ストラーンスキーの反対を抑えて、チェルニーンの要求の受諾を決定した。その決定を受けて、チェルニーンは 2 月 1 日にチェコ連盟からの文書を公表した（Tobolka 1925-1926, 176-178 ; SÚA 1996, 44）[12]。国民委員会は、チェコ連盟と相互に連絡していたとはいえ、31 日のチェコ連盟幹部会の決定については事後承認することになった（To-

---

[12] ストラーンスキーの息子は、急進派の立場から連合国覚書に対するチェコ連盟の決定過程を記述している（Stránský 1924）。

bolka 1937, 222)。

　しかし、連合国覚書の拒絶は、一般のチェコ人から大きな反感を買った（Tobolka 1937, 222)。確かに、政府への文書の手交という方式などから、積極派は連合国覚書の完全な拒否がチェコ国民社会に与える影響を過小評価してはいなかった。同時に、積極派は政府に対しても注意を払う必要があった。クラム＝マルティニツとチェルニーンはチェコ人に対して不信感を抱いていた。さらに、政府内では、帝国議会召集前に基本法第14条に基づく緊急令を用いて改革を実施し、ドイツ人に有利なかたちでナショナルな問題を解決することが検討されていた（Rees 1992, 28)。積極派は、チェルニーンの要求を完全に受け入れることにより、チェコ人にとってさらなる不利な状況を回避しようとしたのであった。また、協力の見返りとして、チェルニーンはチェコ連盟に対して政治犯の恩赦への支持を約束した（Soukup 1928, 367)。しかし、チェルニーンの提示した見返りや積極派の防衛的な意図は、政府への協力の成果として誇るにはあまりにも小さかった。

　このチェコ連盟による連合国覚書の拒絶にとって直接の打撃を被ったのは、マサリクらが率いる国外独立運動であった。しかしながら、チェコ連盟による連合国覚書の拒否に関する報道は、その時点において国外独立運動が複数紙に大きく取りあげられた数少ない機会であった。逆説的ではあるが、一連の報道は、国内における国外独立運動の認知度を高めただけでなく、紙面において国外独立運動に言及することに対する敷居を下げる契機にもなったのである。むしろ、チェコ国民社会がチェコ連盟に不信を抱き始めたために、長期的には積極派のほうがより大きな打撃を受けたといえよう。連合国覚書の拒絶によって、チェコ連盟と国民委員会が政治活動のエリート・レヴェルでの限定の上に成立していることが露呈したのであった。

　積極派は、必ずしもチェコ国民社会の動向を無視したわけではなかった。2月15日に開催されたチェコ連盟議会委員会では、チェコ国民社会における様々な利害を反映させるために、予想されていた帝国議会召集に向けてチェコ連盟の活動を強化することが決定された（*PL*, 15.2.1917, 5：*NL*, 15.2.1917, 1)。また、積極派としての政策を追求するチェコ社民党の執行委員会は、

1916年末の時点で自党の支持者が抱いている感情から乖離していることを自覚していた（Kálník 1996, 63）。しかし、戦争による苦境にあえぐチェコ国民社会からの要望を充足しつつも、チェコ人に対して譲歩することに消極的な政府とも良好な関係を維持するという二律背反を、積極派は乗り越えることができなかったのである。このことは、情勢が大きく動くようになると積極派の足元を掘り崩していくことになる。

第4節　積極派の黄昏──「5月30日宣言」の作成

情勢の変化と急進派の復活

　1917年春になるとハプスブルク君主国内外を取り巻く環境は大きく変わり始めた。まず、ロシア2月革命の発生が、各国の政治家や軍部に大きな衝撃を与えた。その影響は、戦時体制下で厳しい生活を余儀なくされていた一般住民にも及んだ。さらには、同年4月にアメリカがドイツに対して宣戦布告した[13]。これらの展開は、民主主義を掲げる連合国による、専制主義のドイツとハプスブルク君主国に対する戦争と位置づけることを連合国に許した。しかし、連合国側はこの時点でもハプスブルク君主国の解体を考慮していなかった。むしろ、単独講和締結によるハプスブルク君主国の戦線離脱とドイツの孤立を連合国は模索していた。実際、連合国とハプスブルク君主国の秘密交渉は断続的に行われた一方、連合国側から冷遇されたマサリクらの国外独立運動は苦境に陥っていた（林 1993, 164-165）。

　国内では戦争による経済状況の悪化が影を落とし始めていた。戦争の長期化は、農産物の減産や戦時封鎖などをつうじて、各種食料品や燃料の配給量の減少や遅配を招いた。1916年末のチェコ諸領邦では、生活必需品の不足は慢性化していた。生活状況の悪化は、戦時体制の抑圧に対する反感とロシア2月革命の影響と結びついて、各地で社会不安を引き起こした。1917年4月には各地でストライキが続発し、とりわけプラハの社会不安は最も深刻で

---

[13] なお、アメリカは1917年12月に至るまでハプスブルク君主国に宣戦布告しなかった。

あった（Rees 1992, 30-38）[14]。

　こうした状況は活動を停滞させていた急進派にとって大きな追い風となった。急進派は、国民社会における不満を自らがすくいあげる体裁を取りながら、チェコ人に対して敵意をむき出しにしているとされたドイツ人ナショナリストと並んで（Judson 2016, 406）、情勢にうまく対応できない積極派を糾弾した。チェコ社民党内では、党指導部とシュメラルに対する批判の声が高まりつつあった。ハブルマンを中心とするプルゼンの党組織は、重大な路線転換が行われているにもかかわらず、党大会が開催されていないことに疑問を呈した（Kálník 1996, 111）。5月に前線から復帰したモドラーチェクは、ナショナルな観点から党指導部とシュメラルへの批判を開始していた（Příborský 1996, 57）。国民社会党では、前線から復帰したストシーブルニー（Jiří Stříbrný）により、急進派の立場をより明確にする政党として再建が進められた。シースを中心とする青年チェコ党の急進派も、党内における勢力を回復しつつあり、会議の場などで党内の積極派を激しく非難した。

　農業党内においても、急進派の立場に賛同する政治家や積極派の活動に疑問を感じ始めた政治家が増加していった。例えば、農業党の機関紙では、『ヴェンコフ』が以前と同様にチェコ連盟寄りの報道を続ける一方、夕刊紙『ヴェチェル（Večer）』は急進派の主張を支持する論調を強めていた（Galandauer 1988, 69）。さらに、プラーシェクが、急進派寄りの姿勢を次第に強めていった。4月には、もともと欠席を繰り返していたとはいえ、彼はチェコ連盟幹部会員を辞職した（Tobolka 2008, 221-222；Kopáček 2005, 100-102）。党内保守派の代表格が急進派に接近したことは、農業党内でも急進派に対する共感が広がる可能性を高めた。

　一方、ロシア2月革命の発生によって、皇帝カールは帝国議会召集への意向を強めた。基本法第14条に基づく緊急令による改革を志向していた政府も、立憲制への復帰を模索する皇帝の意思に抗しきれず、4月末に帝国議会を5月30日に召集することを正式に公表した。チェコ連盟と国民委員会は、

14）大戦中の食糧供給体制の実情とそれが君主国社会に及ぼした影響については、ジャドソンが簡潔に議論している（Judson 2016, 394-407）。

帝国議会の場においてその成果を示すことを迫られたのである。

「5月30日宣言」[15]の作成①——積極派内部での妥協成立

　帝国議会召集直後において、正副議長の選出と並んで、諸政党や諸議員クラブが、自らの基本方針を公表することは重要な行事となっていた。特に、チェコ社民党を除くチェコ人政党は、その機会に「国家権宣言」というかたちで、ボヘミア国家権に基づくチェコ人の権利を表明することを慣例としていた。チェコ連盟にとって、帝国議会初日における基本方針──「5月30日宣言」──の公表は共同議員クラブとして欠かせないことであった。

　積極派は、「5月30日宣言」に際して、ハプスブルク君主国への支持を明確にして政府の歓心を買う一方、チェコ・ネイションの要求を代弁することにより自らの存在意義をチェコ国民社会に対して示さなければならなかった。「5月30日宣言」を契機として、政府から譲歩を引き出すことが積極派にとっての既定路線であった。しかし、具体的な内容については積極派内部における意見の相違は小さくなかった。特に、チェコ社民党と同党以外のチェコ連盟参加政党との間には、チェコ人の自治権要求の根拠をめぐる対立が棚上げにされたままであった。慣例どおりの基本方針演説を実施するためには、チェコ社民党が国家権を黙認することが必要条件であった。また、積極派が意図するように、政府が柔軟な姿勢を示すかどうかも不明であった。

　一方、急進派は、「5月30日宣言」において積極派がハプスブルク君主国への支持を表明することを阻止しようとした。連合国覚書の拒絶と同様にハプスブルク君主国への完全なる支持が表明されることは、チェコ人住民が現状に満足していることを国内外に発信することをつうじて、ナショナルな問題の解決に際してハプスブルク君主国の枠組みを前提としない急進派の立場を掘り崩すものであった。しかし、急進派内部においても、積極派に対する反発を除けば、チェコ人のナショナルな要求の内容や実現手法をめぐる相違

---

15) 1917年5月30日に召集された帝国議会においてチェコ連盟が公表した基本方針は、「5月30日の国家権宣言（státoprávní prohlášení ze dne 30. května r. 1917）」と呼ばれてきた。本書ではチェコ連盟による基本方針演説を「5月30日宣言」と表記する。

は大きかった。一方では、政府に対する安易な妥協を拒絶するが、情勢の変化に応じてチェコ人のナショナルな要求実現については柔軟に対応しようとする考えが存在しており、他方では、あくまでチェコ人の独立国家を国際会議の場で勝ち取ることにこだわる考えも根強かった。また、マサリクらの国外独立運動が構想した「チェコスロヴァキア」を単位とする独立についても、急進派の間での見解は一致しなかった[16]。

「5月30日宣言」の作成においても、当初は積極派が主導権を握った。5月11日にチェコ連盟幹部会がウィーンにおいて開催され、「5月30日宣言」の草案が青年チェコ党、農業党、国民社会党からそれぞれ提出された。トボルカによれば、この3党の提案は、いわゆる「12月憲法」を拒絶したうえでハプスブルク君主国への支持を明確にしている点、ボヘミア国家権を要求の根拠とする点、シスライタニアの連邦化を要求する点、スロヴァキアについて言及がなされていない点で共通していた。ボヘミア国家権を要求の根拠に据えた3党の提案に対して、帝国議会に初めて議員を送り込んだ1896年以来、自然権に依拠したネイションの自治を唱えてきたチェコ社民党は承諾できなかった（Tobolka 1937, 240-241）。そこで、日を改めて会合を開くことになった。

しかし、ネイションの要求根拠をめぐるチェコ社民党とそれ以外のチェコ人政党の対立はまもなく解消されることになった。15日にプラハにおいてトボルカとチェコ社民党の代表が新たに妥協案を作成した。この妥協案（以下では15日妥協案と表記）では、いわゆる「12月憲法」を拒絶しつつもハプスブルク君主国を承認したうえで、シスライタニアの連邦化、民主化、諸ネイションの平等の実現が要求された。その要求が正当であることを示すために、ボヘミア国家権に基づく論理と自然権に基づく論理の両方が併記された（To-

---

[16] 一部のスロヴァキア人政治家も「5月30日宣言」の作成に興味を有していた。1917年4月末にはシロバール（Vavro Šrobár）がプラハを訪問した。彼は、シュヴェフラを含む複数の政治家との個別の会談において、帝国議会における基本方針演説に際してスロヴァキア人に言及することを要求した。なお、第一次世界大戦中のスロヴァキアについては長與（1990）と中澤（2014）を参照せよ。

bolka 1924, 174-176；Soukup 1928, 401-403)。二重制の改革やスロヴァキアについて言及しない点などは類似しているとはいえ、15日妥協案と11日の3提案の最大の相違は、ボヘミア国家権と自然権を両論併記したうえでチェコ・ネイションの権利を主張した点であった。この点は、その後の「5月30日宣言」の草案にも継承されることになる。また、後述する18日のチェコ連盟議会委員会において、シュメラルも15日妥協案が成立したことには喜びを隠さなかった（Tobolka 2008, 363)。

　以上のように、ボヘミア国家権と自然権を両論併記することにより、チェコ社民党と他の政党の間で早期に妥協が成立したことには、複数の理由が考えられる。まず、1848年革命の際にはパラツキーとリーゲルが自然権に基づくネイションの権利を唱えていたことを考慮すれば、チェコ社民党以外のチェコ人政党はネイションの権原としての自然権を否定していなかった。それゆえ、チェコ社民党がボヘミア国家権を拒絶しなければ、チェコ連盟において妥協が成り立つ構図であった。また、来るべき帝国議会における基本方針の公表を気にかけていたトボルカは、チェコ社民党内の事情に理解を示しながらも、チェコ連盟による基本方針演説においてボヘミア国家権の言及は欠かせないことをシュメラルにかなり早期の時点で力説していた。シュメラルも、困惑しながらも、党内で議論すると返答していた（Tobolka 2008, 227)。このような事前調整が功を奏したのであった。

　本書の観点から15日妥協案について検討すると、帝国議会の召集が正式に決定したことが積極派内部での妥協の機運を高めたのであった。しかし、帝国議会の開会以外では政府の方針には変更がなく、その点では防衛的な意図からチェコ連盟と国民委員会の結束を積極派が図っていたことには変化がなかった。そのため、社会情勢の変化を背景として、急進派が勢力を回復させていくなかで、15日妥協案を完成させた積極派は事態のさらなる急変に直面するのである。

「5月30日宣言」の作成②――急進派の追い上げ

　15日妥協案は積極派が想定するようには承認されなかった。17日のチェ

コ連盟幹部会では承認されたものの、翌日に開催された議会委員会においては、チェコ社民党のニェメツ、農業党のシュパチェク（Josef Špaček）、国民社会党のバクサ（Karel Baxa）が同意しなかった。ニェメツの反対は、15日妥協案に対するものというよりも、シュメラルの政治指導に対する不満の表明と解された（Tobolka 2008, 362-363）。また、幹部会や議会委員会の決定に従う姿勢を示したものの、大戦前にモラヴィアの進歩主義勢力を自党に取り込んだ経緯から急進派に近いストラーンスキーも、脱退を検討するほどにチェコ連盟に対して不満を抱いていた（Hajšman 1933, 68）。そのため、シュパチェクとバクサに加えて、ストラーンスキーの3人が次の会議に新たな提案をすることになった（Tobolka 1924, 176）。チェコ連盟は、内部融和を優先して、異論を唱えた2人とストラーンスキーに新たな草案を提示させようとしたのであった。

一方、一部のチェコ人知識人は、「5月30日宣言」の草案作成を進めるチェコ連盟に対して強い不信感を抱いていた。彼らは、連合国覚書の拒絶のように、チェコ連盟が国外独立運動を拒絶する内容を含む基本方針を発表することを恐れた。詩人と演出家として活躍していたクヴァピル（Jaroslav Kvapil）は、シャーマルやハインなどの協力を得て、それを防ぐために「チェコ人作家の宣言（Projev českých spisovatelů）」を作成した。同宣言は、作家や学者などの間で222人の署名を集め、さらに検閲を通過して5月17日付の『ヴェチェル』を皮切りに各新聞にも掲載された（Soukup 1928, 395；林 1990, 38）。同宣言には、チェコ国家の独立が要求されたわけではなかったが、チェコ連盟と国民委員会、ハプスブルク君主国への言及がない一方、「チェコスロヴァキア人」という単語が使用された。とはいえ、同宣言の最大の眼目は、チェコ・ネイションの意思と要求を忠実に代弁することをチェコ人帝国議会議員に強く要請した点であった[17]。宣言の起草者と署名者、協力者は、チェコ連盟と国民委員会の正統性を疑問に付すと同時に、政府への譲歩も視野に入れる積極派に対して制約を課そうとしたのであった。

---

17) 全文については、資料集に掲載されたものを参照した（SÚA 1996, 85-88）。

「チェコ人作家の宣言」は、諸チェコ人政党において急進派のさらなる伸長に寄与した。青年チェコ党内では、20日の行動委員会が急進派の勝利のうちに終わった。25日に開催された同党執行委員会では、急進派に近い人物が委員に任命されただけでなく、政府に対する対決姿勢を強めることが党所属議員に要請された。同党内における急進派の勢力が拡大した（Tobolka 2008, 376-379；Galandauer 1988, 73）。農業党では、急進派の協力を得たプラーシェクは、チェコ国家の独立を要求する提案をシュヴェフラに手交した（Kopáček 2005, 104-105）。

図 5-4　ストラーンスキー

チェコ社民党内部では、「チェコ人作家の宣言」を批判する記事が『プラーヴォ・リドゥ』に掲載された（PL, 19.5.1917, 1）。しかし、プルゼンの党組織が発行する『ノヴァー・ドバ（Nová doba）』は同宣言の内容と公表を高く評価した。同党内部でも、シュメラルと彼に反発する政治家の対立がいっそう明確になった（Chrislock 1972, 149-150）。とはいえ、批判的な姿勢を維持しつつも、『プラーヴォ・リドゥ』も24日には同宣言の全文を掲載したことは（PL, 24.5.1917, 1）、積極派に対する風当たりの強さを傍証している。

23日には、先の会議で15日妥協案に反対したニェメツやシュパチェクも招かれて、チェコ連盟幹部会が開催された。シュパチェクの提案は15日妥協案から大きく隔たるものではなかった（Tobolka 1924, 178-179）。バクサの提案では、チェコ国家の独立を回復することを含めて、関係する国家とネイションの代表が集まる講和会議の開催とその会議におけるネイションの自決と自由の尊重が唱えられた（Tobolka 1924, 180-181）。バクサは、ハプスブルク君主国の枠組みを前提としていない案を提示することにより、急進派の要望を汲んだのであった。

ストラーンスキーの提案は、15日妥協案と非常に類似していたが、平等なネイションを単位とするハプスブルク君主国の再編に際して、自然権を根拠

として「チェコ諸領邦外に居住する多くの同胞」、すなわちスロヴァキア人を包摂することを要求した（Tobolka 1924, 176-179）。彼の提案は、15日妥協案の尊重と「スロヴァキア（人）」という単語を使用しないことで積極派と妥協する姿勢を示した。とはいえ、スロヴァキアを含めることを要求することにより、ストラーンスキーは「チェコ人作家の宣言」とマサリクに近い急進派の意向を尊重しようとした。

バクサとストラーンスキーの提案は、形態は異なるとはいえ急進派の伸長を示すものであり、積極派にとって即座に承諾できるものではなかった。結局、この3提案によりチェコ連盟内部での交渉はかえって行き詰まった。この状況を打開するために、チェコ連盟幹部会は、全チェコ人政党の代表とチェコ連盟幹部会によるプラハでの合同会議を、国民委員会の中心人物であったシュヴェフラに要請することを決定した（Soukup 1928, 404）。

「5月30日宣言」の作成③——最終案の作成と公表

帝国議会初日における基本方針をチェコ連盟という共同議員クラブで決定できずに、相互補完の関係にあるとはいえ、国民委員会という外部の機関に取りまとめを依頼することは、それまでの慣行からすると異例のことであった。シュメラルは、この決定がチェコ連盟の権威の低下につながることを恐れ、最終的な結論を出すことと同時に今までの議論の経緯を尊重することをシュヴェフラに手紙で懇願した（Tobolka 1924, 181-182）。とはいえ、積極派の取り巻く状況は悪化していた。すでに検討したように、まさにこの時期に青年チェコ党などにおいて急進派が党内における地位を強化していた。一方、政府が積極派に対して譲歩する気配はなかった。24日にチェコ連盟幹部会はクラム＝マルティニツと会談した。彼は、自らが誠実かつ公平な態度でチェコ人政治家に接してきたことを強調するが、チェコ人政党・政治家の具体的な要求の実現には引き続き消極的であった（Tobolka 2008, 370-375）。チェコ連盟も積極派も袋小路に追い込まれつつあった。

チェコ連盟の要求どおり、27日に「5月30日宣言」の最終案を決定する

ためにプラハにおいて国民委員会とチェコ連盟の合同会合が開催された[18]。シュヴェフラが示した草案（以下では27日提案と表記）は、チェコ社民党以外のチェコ人政党が慣例的に行ってきた基本方針と比べると、歴史的な経緯を省いた非常に簡潔なものであった。同案では、ハプスブルク君主国を自由かつ平等な国民国家から構成される連合国家に再編することが唱えられた。さらに、自然権とボヘミア国家権を根拠にして「チェコスロヴァキア人」の合同が要求された（Tobolka 1924, 183）。ストランスキーの提案と比較すると、二重制の否定と連合国家への改編要求に加えて、「チェコスロヴァキア人」という単語を使用した点において、27日提案は急進派の影響をより強く受けていた。一方、ハプスブルク君主国の再編に言及した点では、バクサの提案には欠けていた積極派への配慮が27日提案には含まれていた。最終的に27日提案は承認されて、チェコ連盟に送付されることになった（Tobolka 1924, 183）。

　27日提案が最終案として承認された理由として、シュヴェフラの高い交渉能力と提案自体の出来の良さを除けば、合同会合がプラハで開催されたことが急進派にとって有利に作用したことが挙げられる。急進派は、ウィーンを1つの活躍拠点とする帝国議会議員の間ではいまだに少数派であったが[19]、「チェコ人作家の宣言」が公表された場であるプラハにおいてはより多くの活動家や支持者を抱えていた。さらに、プラハを中心として社会不安が広がっており、5月30日にはデモの開催が予定されていた。このような情勢をハプスブルク君主国に対する反発の表現であると解釈することにより、急進派は、ハプスブルク君主国への支持表明を重視する積極派をチェコ国民社会から遊離した存在であるとして批判することができた。各政党内で影響力を拡大しつつあることに加えて、このような地の利を活かした急進派の主張に積極派や会合に参加した帝国議会議員は譲歩せざるをえなかったのである。27

---

18) トボルカは私用のために欠席した。
19) 例えば国家権進歩党は、加盟政党でもないのにもかかわらず、急進派の意向を反映させるべく、チェコ連盟の基本方針策定過程に一貫して働きかけた。しかし、チェコ連盟は同党の提案などを無視した（Tomeš 2015, 62-65）。

日の共同会合は、「シュヴェフラの仕事場」にすぎなかった国民委員会がまさに「道徳的な最高権威」を帯び始めた瞬間でもあった。

しかし、27日提案に対して必ずしも全員が満足したわけではなかった。急進派以外の政治家のなかでは、青年チェコ党やチェコ社民党を中心としてスロヴァキアへの言及が戦術的な失敗であると指摘する声や、27日のプラハでの決定によりチェコ連盟の権威の低下を心配する声が挙がった（Tobolka 2008, 382）。一方、急進派の一部も「5月30日宣言」においてハプスブルク君主国に言及することに不満を示していた。この不満とシュヴェフラに対する対抗意識から、プラーシェクは27日提案の修正案を提出した。彼の修正案は、ハプスブルク君主国と同国の再編に言及しておらず、より急進派の意向を反映したものであった。しかし、この提案は、29日に開催された農業党の帝国議会議員団でもチェコ連盟総会でも否決された（Tobolka 1924, 183-184）。とはいえ、農業党の帝国議会議員団による否決が僅差であったことを考慮すると、急進派が勢力を拡大しつつあることと、プラーシェクが影響力を保持していたために、シュヴェフラが帝国議会議員団の統制に苦慮していたことがうかがえる。結局、バクサやストシーブルニーらの一部の国民社会党議員とプラーシェクが反対したまま、29日にウィーンで開催されたチェコ連盟総会は、微修正を加えたうえで、27日提案を「5月30日宣言」として正式に承認した（Tobolka 2008, 384）。

5月30日に召集された帝国議会において、チェコ連盟議長のスタニェクは、チェコ連盟の基本方針として「5月30日宣言」を発表した[20]。ハプスブルク君主国の連合国家への改編とその構成国家としての「チェコスロヴァキア国家」の創設を要求した同宣言は、様々な反響を引き起こした。そもそも「5月30日宣言」は、ハプスブルク君主国への支持表明、二重制の否定、「チェコスロヴァキア人」としての要求のどれを重視するかにより、多様な解釈を許すものであった。トボルカは、同宣言によって国外独立運動を否認したと判断していた（Tobolka 1937, 247）。一方、急進派は、「5月30日宣言」を

20）全文は各紙に掲載された（ex. *NL*, 30.5.1917, 1；*Venkov*, 30.5.1917, 1）。

第 5 章　第一次世界大戦とチェコ政党政治の変容

自らの最低限の要求を示したものと考え、後に急進派独自の解釈を同宣言に施すことになる。同宣言は、急進派にとって「チェコスロヴァキア」の独立の出発点だったのである（Galandauer 1988, 92-94）。

「5月30日宣言」に衝撃を受けたのは、二重制の改革をまったく考慮していなかった政府とドイツ人政党であった。同宣言に目を通したクラム＝マルティニツは、狼狽と憤激を隠すことができず、同宣言をチェコ人の裏切りを表明したものと見なした。ドイツ人議員も彼に同調した（Tobolka 2008, 384-385）。さらに、クラム＝マルティニツはスタニェクに同宣言の撤回を要求した（Tobolka 1937, 245）。政府に同宣言が評価されなかったことは、政府との交渉を目標としていた積極派にとって不利に作用することになる。

以上のように、「5月30日宣言」の作成過程には、積極派内部における合意形成と、躍進する急進派に対する対応という2つの側面が存在した。積極派内部の合意形成に関しては、帝国議会の召集という事実が積極派内部における合意形成を促進した。しかし、それ以外の点では、チェコ人の要求に対する政府の冷淡な姿勢には変化がなかった。政府からの大幅な譲歩が期待できないことは、積極派が中心になって作成した「5月30日宣言」の草案に急進派が賛成する可能性を大幅に低下させた。一方、急進派は、各政党内で勢力を拡大させているだけでなく、生活物資の不足などに対する抗議行動を積極派に対する不満と解釈することをつうじて、積極派に対する攻勢を強めた。政治のエリート・レヴェルへの限定が解除されつつある状況は急進派にとって有利に作用したのである。その結果、積極派内部で合意が成立した15日妥協案をチェコ連盟の最終草案にすることができなかったのであった。

しかし、積極派の反対を押し切って、帝国議会初日に公表するチェコ連盟の基本方針を自らの考えに沿ったものにするだけの勢力を急進派はいまだに有していなかった。また、急進派や急進派に近い政治家の間でも意見の相違は小さいものではなかった。それゆえ、急進派独自の基本方針の公表にこだわったのは一部の政治家にとどまり、多くの政治家はチェコ連盟による基本方針の公表を目指した。

チェコ連盟内部での妥協形成に思いがけず効果を発揮したのが国民委員会

という場であった。国民委員会が置かれていたプラハという地の利を活用して、急進派と彼らに近い政治家は積極派から譲歩を引き出すことに成功した。同時に、帝国議会議員のみでは妥協に達することができない場合、帝国議会議員以外の委員も多く出席する国民委員会が合意形成の場として機能することを示したのであった。これにより、国民委員会と同委員会を実質的に取り仕切るシュヴェフラがチェコ政治において果たす役割が高まることになる。

　ただし、「5月30日宣言」の公表に至るまでの経緯が統一的な政治行動の復活を意味していたわけではない。チェコ政党政治において、すでに議席数に代表される「数」の論理は定着しており、ましてや特定の政党がチェコ政治を指導することは不可能になっていた。大戦の開始から「5月30日宣言」までの間に、政党間競合の存在を前提として、対等な諸チェコ人政党がチェコ政党政治において対立と協調を繰り返すようになったのである。

第5節　急進派によるチェコ政党政治再編の試みとその帰結

追い込まれる積極派

　前節で分析した「5月30日宣言」の作成過程において示された、積極派の衰退と急進派の躍進という傾向はその後も変化することはなかった。積極派の多くは政界から姿を消し、急進派や彼らに近い政治家がチェコ政治を主導するようになる。しかし、積極派によるチェコ連盟・国民委員会の設立と政党間競合の受容は、急進派による共同歩調の前提として受け継がれることになる。

　再開された帝国議会における議題の1つが国制改正であった。帝国議会召集前の5月21日にフィードレルは、憲法委員会を帝国議会に設置することを求める動議の提出をチェコ連盟幹部会に提案していた。この憲法委員会において、二重制の存続を前提として、いわゆる「12月憲法」の改正を審議することが想定されていた。しかし、15日妥協案を前提としていた彼の提案は、「チェコスロヴァキア国家」に言及することにより二重制の改革要求を含意した「5月30日宣言」と矛盾することになったために日の目を見なかった

(Tobolka 1924, 190-194)。実際、帝国議会における憲法委員会はポーランド人議員の提案によって設置されたのであった（*NL*, 7.6.1917, 1）。チェコ連盟は、各構成政党の意向に基づき、憲法委員会の委員にトボルカら 10 人の議員を選出した（Paulová 1968, 285）。

　チェコ人政党・政治家の間でいわゆる「12 月憲法」の改正が争点として浮上するのは、7 月上旬に入ってからであった。帝国議会の憲法委員会において同委員会の下に小委員会を設置することが提案された。提案によれば、15 人から構成される小委員会において、いわゆる「12 月憲法」の改正に関する原則を審議することが想定されていた（Tobolka 1937, 259）。チェコ連盟では、この小委員会を設置する提案への対応が新たな争点として浮上した。積極派は、「5 月 30 日宣言」における要求を具体化する場として小委員会に期待しており、設置された暁にはチェコ連盟から委員を派遣することに疑いを抱いていなかった。一方、急進派のなかは、二重制を否定した「5 月 30 日宣言」を厳格に解釈して、シスライタニアの国制改革のみを議論する場に過ぎない小委員会に対して否定的な意見もあった。

　チェコ連盟幹部会と議会委員会は、「5 月 30 日宣言」に基づいて憲法改正に関する小委員会に委員を派遣することを早々と決定した（Tobolka 1937, 259）。7 月 12 日に開催されたチェコ連盟総会では、この決定を承認するかどうかについて議論された。国民社会党とストラーンスキーは、本来であれば帝国議会議員の任期満了日が同月 17 日であることと「5 月 30 日宣言」が二重制を否定していることを理由として、憲法改正に関する小委員会に委員を派遣しないことを提案した。この提案はわずか 15 票の賛同を得たのみで否決された。しかし、委員派遣への賛同を求めたチェコ連盟幹部会と議会委員会の提案も僅差で否決されたのである。結局、農業党が提案した、「5 月 30 日宣言」の内容の具体化を検討する会合が結論を出すまで憲法改正に関する小委員会への委員派遣を見合わせる提案が可決された（Soukup 1928, 412；Tobolka 2008, 422-423）。農業党の提案は事実上の決定の延期であった。とはいえ、積極派にとっては、憲法改正に関する小委員会への委員派遣の延期は、同時に自らの要求を実現する機会を逸することを意味したのであっ

た。

　「5月30日宣言」以降の政府との関係も積極派に利することはなかった。同宣言を認めようとしなかったクラム＝マルティニツは、ガリツィアの自治をめぐるポーランド人議員との見解の相違が安定的な議会多数派形成を困難にしたことから、帝国議会召集から2週間経たないうちに辞任を表明した（Tobolka 1937, 255-256；Okey 2001, 388）。後任に任命されたのは、彼の内閣で農業大臣を務めていたザイドラー（Ernst Siedler）であった。ザイドラーは、戦時体制の緩和とネイション間の融和をつうじて国内からの支持をつなぎ止めようとした皇帝カールの意思を尊重して、いわゆる「12月憲法」の改正にも前向きの姿勢を示した。しかし、シスライタニア内部における改革を前提としていた政府と、急進派や国民社会から二重制の改革を要求することを迫られていた積極派との間の裂け目を架橋することは困難であった。さらに、ザイドラーは、チェコ人政党から政府支持を引き出すことと帝国議会における多数派を確保することを目的として、スタニェクやシュメラルに入閣を要請した。しかし、彼の提案はすでに機を逸しており、両者は入閣を拒絶した。積極派は、チェコ人にとって有利な条件を協力をつうじて政府から引き出すという入閣の利点よりも、ネイションの裏切り者として急進派から糾弾されることによりチェコ国民社会からの支持を失うことを考慮せざるをえなかったのである。

　また、戦時体制の緩和も政府にとって期待された効果をもたらさなかった。1917年7月に皇帝カールの主導により実現した恩赦も、クラマーシュとラシーン、クロファーチらの釈放によって急進派を勢いづかせることにより、むしろ積極派に打撃を与えることになる（Tobolka 1937, 258）。また、有罪判決を受けたクラマーシュとラシーンの議員資格が回復されなかったゆえに、恩赦自体も不十分なものであった。さらに、10月までにはシスライタニアにおいて戦時下の検閲が緩められた。検閲が開戦前の基準に復帰したことは、かえってシスライタニア内部の対立が昂進していることが露呈されたのであった（Judson 2016, 421）。チェコ国民社会では、国外独立運動や急進派の活動が各紙に掲載されやすくなり、結果として検閲の緩和も急進派に有利に作

用したのであった。

積極派の終焉

　積極派は、以上の状況からの活路を見いだすことができず、衰退の一途を辿った。急進派は、政治のエリート・レヴェルへの限定が解除されつつある状況を利用して、チェコ国民社会における不満という追い風を受けて積極派を糾弾しただけではなかった。「5月30日宣言」の作成過程をつうじて、急進派は、旗幟を鮮明にしてこなかった政治家を味方につけつつ、チェコ連盟内部にも確固たる足場を確保することに成功した。1917年夏以降になると、もはや積極派に属した政治家には、チェコ人政治家の間での影響力を喪失するか、急進派に鞍替えすることにより政治家生命を保つかの選択肢しか残されていなかった[21]。

　各政党内でも、急進派が党の主導権を獲得していくことになる。すでに、国民社会党では、「5月30日宣言」公表直前に急進派が党の主導権を掌握していた。青年チェコ党においては、クラマーシュとラシーンが再び党内の主導権を握ったことにより、党内積極派は命運を絶たれた。トボルカは、釈放後のクラマーシュとの間に生じた溝を埋めることができず、8月6日にチェコ連盟などにおける役職の辞任を表明した（Tobolka 2008, 442-443）。彼の辞職は翌月の青年チェコ党議員団によって承認された（*NL*, 20.9.1917, 2）。10月15日には『ナーロドニー・リスティ』を発行していたプラハ印刷所の指導部の刷新が行われ、青年チェコ党内での積極派の影響力は一掃されたのであった（Tobolka 2008, 442-443；Paulová 1968, 316）。

　チェコ社民党内では、シュメラルを取り巻く環境に変化が生じた。1917年に各国の社会主義者が和平の可能性を探るために参加したストックホルム和平会議には、ニェメツ以外にシュメラルとハブルマンが参加した。彼らは

21）7月に恩赦により釈放されたクラマーシュとラシーンを祝福するパーティーがチェコ連盟の主催により開催された。その場において彼らが自身の釈放に尽力したはずのチェコ連盟に対して謝辞を一言も発しなかったことは、連盟において主導的な役割を果たした積極派のその後の運命を物語っていた（Tobolka 2008, 420-421）。

図5-5　シュメラル

この機会にマサリクらの国外独立運動とも接触した。それにより自信を深めたハブルマンは、帰国後に党執行部に対する批判を強めていった（Kárník 1996, 146）。急進派によるシュメラルへの批判は、時を追うに従い激しさを増していった。9月には、シュメラルを党指導部から追放することを目的とした、モドラーチェクとハブルマンによる統一戦線が形成された。同月末に開催されたチェコ社民党代表者会議においてシュメラルに対する糾弾は頂点に達した。同会議は、それまでの党指導部に対する批判が公表されなかった点においては妥協的な性格であった。しかし、シュメラルは、この会議を自らの敗北と受け止め、会議後の10月には社民党内の役職やチェコ連盟副議長の職を次々に辞していった（Chrislock 1972, 177-182；Kárník 1996, 186-190；高橋 1987, 2-4）。

農業党では、プラーシェクが急進派としての立場からの発言と活動を精力的に行った。それにより、農業党議員からの多くの支持を集めることと国民社会における威信を高めることに彼は成功した。それにもかかわらず、シュヴェフラの地位が党内外でも揺らぐことはなかった（Kopáček 2005, 108-110）。大戦中をつうじて、シュヴェフラは、チェコ政治におけるすべての動きの中核にいると評されるようになった（Soukup 1928, 360）。その彼も、積極派を含む多くの人との接触と情勢の慎重な判断を継続しつつも、1917年6月頃から次第に急進派寄りの姿勢を鮮明にしていった（Hajšman 1933, 133；Rokoský 1994, 71-72）。トボルカによれば、シュヴェフラの指導力によって大戦中の農業党が党内対立の抑制に最も成功したのであった（Tobolka 1937, 283）。

1917年秋までには積極派はチェコ政治における影響力を喪失したのであった。積極派の活動は、完全に途切れたわけではなかったが、もはや国民社会において耳目を集めなかった。チェコスロヴァキアの独立前後から、積極派に属した主要な政治家は新たな人生を切り開く必要に迫られることになっ

第 5 章　第一次世界大戦とチェコ政党政治の変容

た。トボルカは、政界からの引退を決断し、独立後には図書館学の専門家として活躍することになる。一方、すべての役職を辞したシュメラルは、理論研究に没頭することで次第に社会主義の原点に立ち返っていく（高橋 1990, 53）。独立後の紆余曲折を経て、彼は最終的にチェコスロヴァキア共産党（Komunistická strana Československa）を 1921 年に立ち上げるのであった。

急進派による新たな政党間関係の模索とその帰結

　1917 年になると、急進派は、前項で述べた各政党における主導権の掌握と同時に、チェコ政治の再編とそれによる積極派の影響力の排除を目指した。急進派は、大戦直後から存在していた将来構想や所属政党間の差異を克服するだけでなく、新たに急進派に接近してきた政治家を自派に取り込むという課題を抱えるようになったのである。また、「チェコ人作家の宣言」の作成を主導した急進派寄りの知識人の間にも、急進派主導のチェコ政治とチェコ人政党の再編への期待が広がっていた。

　急進派によるチェコ政治の再編に向けた交渉は 1917 年 8 月 19 日に実現した。クロファーチの主導の下、青年チェコ党、国民社会党、国家権進歩党、リアリスト党、モラヴィア人民党、急進派寄りの知識人の代表による会合がモラヴィアの温泉保養地であるルハツォヴィツェにおいて開催された。会合の参加者は、都市の市民層を代弁する新政党の設立に合意した（Tobolka 1937, 269）。翌週には、『ナーロドニー・リスティ』において、この会合の合意事項とともに、都市の市民層を代表する政党とそれによるチェコ政治の再編の必要性が強調されたのであった（NL, 26.8.1917, 1）。

　しかし、この記事でも言及せざるをえなかったほど、交渉参加者の間での相違も大きかった。まず、新党の設立方法をめぐって、既存の政党の合併による新党設立の是非が問われていた（Tomeš 2015, 73）。それ以上に大きな問題であったのは、「社会主義」という用語であった。交渉では、構想されている新党の性格が民主的かつ進歩主義的であることについては意見が一致した。それに加えて、国民社会党は、新党の名称に「社会主義」を加えることを要求したのであった。この要求については、次回以降の会合で協議される

ことになった（Tobolka 1937, 269）。

　国民社会党内部には、青年チェコ党などと都市の市民層を代表する政党の設立を望む勢力以外にも、チェコ社民党への合流を望む勢力が存在していた（NL, 26.8.1917, 1）。「5 月 30 日宣言」の作成過程において示されたとおり、ナショナルな問題に関してチェコ社民党が他のチェコ人政党に接近していたことと、大戦による生活環境の悪化が社会における急進化を招いていることは、両政党の合併構想にとって追い風になっていた。クロファーチも、そのような情勢判断を下したうえで、ナショナルな意識を有する労働者を主たる支持基盤とする自党にとって最も有利に話を進めるために「社会主義」という名称にこだわったのである。

　しかし、社会主義に対して強い嫌悪感を抱いていたクラマーシュにとって、クロファーチの提案は到底受け入れられないものであった。8 月 30 日にボヘミア北東部のトゥルノフで開催された会合に参加したクラマーシュは、新党名に「社会主義」を入れようとするクロファーチと激しく対立した。その後の会合でも両者の溝は埋まらず、最終的にクロファーチは青年チェコ党などとの合併を断念したのであった（Tobolka 1937, 269-270；Tomeš 2015, 73-74）[22]。新党構想については、交渉に参加した国民社会党以外の政党において再検討が行われた。その結果、青年チェコ党、老チェコ党、国家権進歩党、リアリスト党、モラヴィア人民党の合同により国家権民主党（Česká státoprávní demokracie）が 1918 年 2 月に設立されることになる[23]。

　一方、急進派は、自らの影響力拡大の方策として、国民委員会の再編も視野に入れていた。ラシーンは、チェコ国民社会からより広く代表を参加させることにより、国民委員会の機能を強化することを目指した。しかし、自らの提案が却下されると、彼は国民委員会に非協力的な姿勢を示した（Tobolka 1937, 267）。また、一部の急進派の知識人はマトシュを激しく非難した（NL,

---

[22] その後、国民社会党は、チェコ社民党との合併を模索した。両政党の合併構想も最終的に破綻した結果、国民社会党は単独で存続することになる。

[23] 国家権進歩党は、チェコスロヴァキア独立後の 1919 年 3 月にチェコスロヴァキア国民民主党（Československá národní demokracie）に改名された。

20.8.1917, 1)。マトシュは、そのような圧力に抗しきれず、国民委員会委員長を辞職することを決断し、チェコ社民党のニェメツに辞意を書簡にて伝えた。それに対して、ニェメツは、急進派の知識人を批判する意図を込めて、その書簡を『プラーヴォ・リドゥ』に公表した。同時に、ニェメツは、チェコ連盟を監督する機能を国民委員会に付与しようとしているとして、国民社会党や農業党を批判したのであった (PL, 19.8.1917, 1-2)。急進派内部の意向だけでなく、各政党の思惑が錯綜した結果、国民委員会は一時的に機能不全の状態に陥ったのであった。

　1917年秋の時点で自らが主導するチェコ政治の再編が行き詰まった急進派は、積極派が設立したチェコ連盟の主導権を掌握することにより、自らの課題の解決を図っていくことになった。9月26日に青年チェコ党、老チェコ党、国民社会党、モラヴィア人民党、国家権進歩党は、それぞれの議員団を解散して、急進派主導の議員団として新たにチェコ国家権クラブ (Český klub státoprávní) を設立し、議長にクロファーチを選出した。結成と同時に同クラブは、チェコ連盟にも加入して、農業党議員団に次ぐ規模を有する議員クラブとして存在感を発揮したのであった (NL, 27.9.1917, 1；PL, 27.9.1917, 5；Venkov, 27.9.1917, 5)。クロファーチがチェコ国家権クラブの議長に選出された理由として、クラマーシュの帝国議会議員の資格が回復されなかったことがまず挙げられる[24]。さらに、同議員団の性格を明確に示すためにクラマーシュに匹敵する急進派の政治家を議員クラブの顔にしようとしたのであった。このチェコ国家権クラブの結成をつうじて国家権進歩党もチェコ連盟に参加することになった。それにより、チェコ連盟は1917年の時点で帝国議会に議席を有する全チェコ人政党が参加する組織になったのである。

　チェコ国家権クラブの設立前後にチェコ社民党の主導権を握ったハブルマンたちは、チェコスロヴァキア国家の設立のためにチェコ国民社会の全階級による協力を強調し、社会主義に基づく主張を一時的に差し控えることになった (Chrislock 1972, 188)。さらに、シュヴェフラと農業党が急進派との連

---

[24] 拘禁されたとはいえ告訴されなかったために、クロファーチの議員資格が有効であることについて疑問の余地はなかった。

携を強化することにより、急進派によるチェコ連盟の掌握はいっそう明確になった。最終的には、11月7日に開催されたチェコ連盟総会において、スタニェクの議長続投が決定されるとともに、クロファーチとハブルマンという2人の急進派が副議長に選出された（*PL*, 8.11.2017, 5；*Venkov*, 8.11.2017, 5）。積極派が完全に排除されたわけではなかったが（cf. Tobolka 1937, 284）、チェコ連盟における急進派の優勢はもはや揺るぎないものになった。同時に、以上の一連の過程をつうじて、積極派による政党間競合の受容が急進派にも引き継がれることになったのである。

　急進派や急進派に近い政治家は、チェコ連盟を活用して第一次世界大戦終戦までの大変動に対応していくことになった。ロシアとの講和会議にチェコ人の関与を目指して1918年1月に発表された「公現祭の宣言（Tříkrálová deklarace českých poslanců)」はもはやハプスブルク君主国に言及することもなかった（SÚA 1997, 25-27）。この時期のチェコ人政党・政治家にとって、シスライタニア政府は、独立の直前まで交渉相手ではあったが、協力することによって譲歩を引き出す相手とは見なされなくなっていった。1918年7月には、シュヴェフラが機能不全の状態にあった国民委員会の再編に乗り出した。同委員会は、1911年帝国議会選挙の結果に基づいて各政党が代表を派遣するチェコスロヴァキア国民委員会（Národní výbor československý）に再編された。この国民委員会が10月28日にプラハにおいてチェコスロヴァキアの独立を宣言することになる。

　国民委員会の議長に選ばれたのは、1911年帝国議会選挙では第三党に過ぎなかった青年チェコ党のクラマーシュであった。しかし、彼が選出されたのは、（本人はそのつもりであったかもしれないが）統一的な政治行動の指導者だからではなく、投獄と死刑判決という戦時中のチェコ人に対する政府・軍部の抑圧を象徴する、「ネイションの殉教者」だからであった。1人の卓越した指導者がチェコ政治を指導する時代が完全に幕を閉じ、対等な関係にある諸政党が、選挙はもちろんのこと政治過程における政党間競合の存在を所与として、政治課題に取り組んでいくようになったのである。

第 6 節　小　括

　第一次世界大戦による情勢の急激な変化と政府・軍部によるチェコ人に対する抑圧に対して、チェコ人政党・政治家は何かしらの対応を迫られた。大戦初期においては、ハプスブルク君主国の枠組みにこだわらずにチェコ人の利益の最大化を目指した急進派は、将来構想の違いを抱えながらも活発な動きを示した。しかし、急進派は国外独立運動への合流や政府・軍部による監視と摘発により活動を抑えなければならなくなった。

　急進派による活動の停滞後、大戦の中盤まではチェコ人政治家の間で多数派を占めたのは積極派であった。彼らは、ハプスブルク君主国の存続を前提として、政府との交渉によってチェコ人に有利な改革を引き出そうとした。その最初の試みである国民連合と「国民党」構想の実現に向けた交渉は、政治活動がエリート・レヴェルに限定されたことにより、「数」にあまり左右されずに、積極派によって当初は順調に進められた。しかし、政府との低い協力可能性と各政党の党内事情が次第に交渉の難易度を高めていった。すなわち、政府がハプスブルク君主国への支持を公表するように圧力をかける一方、党内で隠然たる勢力を有する急進派はそれを阻止しようとしたのであった。積極派はこのジレンマを解決することができず、国民連合と「国民党」構想は頓挫した。

　その約半年後には、積極派はチェコ連盟と国民委員会を短期間のうちに設立することに成功した。その要因として、政治活動のエリート・レヴェルへの限定が継続している状況に加えて、ケルバーの首相就任により政府との協力可能性が高まったことが挙げられる。さらに、短期間での設立を優先して将来構想の明確化を回避したことは、急進派にとって、両機関への参加にかかる負担を減らすことになった。また、諸政党内部で重要な地位に就いていた急進派に近い政治家にチェコ連盟議会委員会や国民委員会に迎えられたことは、党内における彼らの反発を和らげる効果を有した。

　チェコ連盟と国民委員会がその真価を試されたのが、帝国議会召集日に

「5月30日宣言」を公表することであった。同宣言の作成過程では、積極派内部における合意形成は比較的容易に達成された。しかし、政府からの大幅な譲歩が期待できないことは、積極派が中心になって作成した「5月30日宣言」の草案に急進派が賛成する可能性を大幅に低下させた。一方、急進派は、各党内部で勢力を拡大させているだけでなく、政治のエリート・レヴェルへの限定が解除されつつある状況を利用して、積極派に対する攻勢を強めた。とはいえ、急進派独自の基本方針の公表にこだわったのは一部の政治家にとどまり、多くの政治家は一体性を保持したチェコ連盟による基本方針の公表を目指した。チェコ連盟内部での妥協形成に思いがけず効果を発揮したのが国民委員会という場であった。国民委員会が置かれていたプラハという地の利を活用して、急進派と彼らに近い政治家は積極派から譲歩を引き出すことに成功したのであった。

　「5月30日宣言」の公表後も、急進派の躍進と積極派の衰退という流れに変化はなかった。急進派は、各政党の主導権の掌握を進める一方、政府から大きな譲歩を引き出せないために国民社会からの支持を失いつつある積極派を追い詰めた。最終的には、積極派に属した政治家は、チェコ人政治家の間での影響力を喪失するか、急進派に鞍替えすることにより政治家生命を保つことになった。チェコ政治の主役に躍り出た急進派は、自らが構想した政治の再編には失敗し、最終的には積極派が遺したチェコ連盟と国民委員会を活用していく。この過程をつうじて、急進派も政党間競合を受容したのである。

おわりに

チェコ政党政治における政党間競合の現出

　1907年に実施された男子普通選挙権に基づく初の帝国議会選挙後、チェコ社民党を除く全チェコ人政党は帝国議会の共同議員クラブであるチェコクラブを結成した。チェコクラブでは、議席数に応じた共同議員クラブにおけるポストの比例配分が部分的に導入されたが、チェコ人政党の間では第三党に転落したはずの青年チェコ党が主導権を維持することに成功した。しかし、ナショナルな要求を実現するための手法に関しては、同クラブに参加した政党の間に大きな隔たりが存在していた。この隔たりこそが、政党間競合を現出させる1つの契機となった。国民社会党などの反発によりチェコクラブが行き詰まるようになると、青年チェコ党は、農業党やカトリック政党からの賛同を経て国民クラブを設立したのであった。

　チェコ人政党・政治家による統一的な政治行動が男子普通選挙権の導入後においても青年チェコ党の主導の下で継続されたのは、対政府関係、議席の「数」、党内関係から説明することができる。帝国議会選挙前から「挙国一致」内閣を率いていたベックは、特定のネイションを優遇しないということを前提に、安定的な議会運営に必要な多数派を形成するために、チェコ人の要求の一部を実現しようとした。多くのチェコ人政党は以上のようなベックの姿勢に期待を抱き、それゆえに政府との協力可能性が高まったのであった。

　一方、男子普通選挙権に基づく初の帝国議会選挙後、諸チェコ人政党は新たなる党内改革に乗り出した。青年チェコ党の指導部にとっては、党内急進派を押さえ込むことのほうが喫緊の課題であった。議席のうえではチェコ人政党の間で最大政党であった農業党も、シュヴェフラ派を中心にして、党内規律の強化と党組織の整備・拡大に力を入れていた。諸チェコ人政党が党内改革や党への支持拡大に精力を傾けていたことは、統一的な政治行動の継続

に大きく寄与した。

　議席の「数」に関しては、構成政党に所属する議員がチェコ社民党を除くチェコ人議員の約4分の3を占めたことを利用して、国民クラブはチェコ人を代表していることを訴えることが可能であった。一方、青年チェコ党が主導するチェコ人政党・政治家の統一的な政治行動から離脱したチェコ人政党は、議席数の少なさゆえに効果的な議会活動が困難であった。

　しかし、ボヘミア領邦議会におけるドイツ人議員による議事妨害とドイツ人学生を中心とするデモを好機と捉えた国民社会党は、積極的な街頭行動を展開し、政府やドイツ人だけでなく青年チェコ党をも激しく糾弾した。帝国議会議員補欠選挙に勝利したことは、国民社会党が議会内外において発言力を高めていく契機となった。このように、青年チェコ党とクラマーシュに対する反発から、政党間競合の兆しが生じてきたのである。それに対して、クラマーシュと青年チェコ党は、国民クラブ崩壊後にチェコ人政党・政治家による共同議員クラブ（当初はチェコ連盟、後に統一チェコクラブ）を再建するだけでなく、スラヴ同盟を南スラヴ系のネイションとともに結成することにより、チェコ人政党・政治家による統一的な政治行動を継続しようとした。さらに、1911年帝国議会選挙においては、青年チェコ党と国民社会党による選挙協力である「カルテル」が成立し、選挙レヴェルにおける統一的な政治行動すら実現されたのであった。しかし、国民社会党が勢力を伸長し、農業党が独自性を強めたために、青年チェコ党は自らの主導権を維持するために苦労を重ねた。そのような駆け引きのなかから、政党間競合が徐々に現出しつつあったのである。

　政党間競合が現出しつつあった第一の要因として挙げられるのは政府との協力可能性の低下であった。ベックの後任となったビーネルトは、安定した議会運営を実現するために、主として閣僚ポストの提供とドイツ人政党との和協交渉の仲介により、チェコ人政党を懐柔することに積極的であった。しかし、彼は自らの内閣の支持母体であるドイツ人政党の意向を重視していたため、チェコ人政党を満足させるような譲歩がなされることはなかった。

　議席の「数」と党内事情も政党間競合の現出に向けて作用した。農業党は、

議席数に見合った対価を得られないことと農業利益が配慮されないことに対して不満を感じるようになった。国民社会党は、帝国議会補欠選挙での勝利を根拠として自らの主張をより強く打ち出した。それに対して、党組織改革にもかかわらず、青年チェコ党は選挙での敗北を重ねた。そのため、国民社会からの反発に対して敏感になったクラマーシュは、政府やドイツ人政党への譲歩をしばしば躊躇するようになった。しかし、それにより、政府寄りのカトリック政党は反発することになる。その結果、一方では政府との連携を重視する勢力と、他方では自らが正当と考えるチェコ人の要求を重視する勢力とが対峙するという、政党間競合の対立軸が明確になりつつあった。

　確かに、1911年帝国議会選挙に際して、青年チェコ党と国民社会党の「カルテル」が成立したことは政党間競合の現出に歯止めをかけた。統一チェコクラブは、選挙後に集権性と凝集性を高めようとした。しかし、国民社会党の発言力の増加により逆に内部不一致を露呈したのであった。最終的には、防衛・戦時動員関連法案を契機として、青年チェコ党が主導する統一的な政治行動はついに崩壊したのであった。さらに、ボヘミア領邦議会の閉鎖と領邦行政委員会の設置を定めたアネンスケー勅令の発令後、政党間競合がチェコ政党政治において初めて現出したのである。

　青年チェコ党が主導する統一的な政治行動を崩壊に導き、チェコ政党政治に政党間競合をもたらした要因として、まず対政府関係が挙げられる。1911年帝国議会選挙後に組閣したシュトゥルクは、強権的な手段を用いることを辞さなかっただけでなく、統一チェコクラブに協力の対価を事前に提示する必要性を見いださなかった。最終的には、ボヘミア領邦議会の活動停止と帝国議会の閉会期間の長期化が、議会という重要な活動場所を喪失した諸政党が他の政党を顧みなくなることをつうじて、政党間競合の現出と、さらにはその過熱化と遠心化を引き起こしたのである。

　1911年帝国議会選挙による議席の「数」の変化も、国民社会党の発言力の強化をつうじて、統一的な政治行動の崩壊と政党間競合の現出を引き起こす要因となった。都市選挙区において青年チェコ党よりも多い得票を獲得した国民社会党は、チェコ国民社会を代表する政党としてチェコ政治を取り仕

切ろうとした。一方、国民社会党よりも 1 議席多い議席を有した青年チェコ党は、チェコ政治の主導権を手放そうとはしなかった。とはいえ、農業党と国民社会党の共闘が成立するようになると、「数」の力に押されるようになった青年チェコ党は、逆に行動の自由の確保を目指したのであった。

　また、各チェコ人政党の党内情勢もチェコ人政党・政治家による統一的な政治行動の崩壊と政党間競合の現出の要因に挙げられる。国民社会党は、政府や青年チェコ党への攻撃では成果を挙げたが、他の政党との長期的な連携関係を構築できなかった。このことは、国民社会党による統一的な政治行動の実現を不可能なものにした。農業党においては、プラーシェクの復党問題を契機として、シュヴェフラ派と党内保守派の対立だけでなく、党内規律の強化をめぐる党指導部と帝国議会議員団の対立が顕在化した。さらに、党指導部による統制を可能にした人的紐帯がウドルジャルの議員団長の辞任により緩んだ結果、同議員団は、党指導部に対する自律性を高めていき、次第に国民社会党に接近していくのであった。一方、ますます守勢に立たされた青年チェコ党は、自らの意思でチェコ政治を主導する責任を放棄し、他の政党に対する攻撃に手を染めたのである。

　1913 年夏までには、青年チェコ党が主導するチェコ人政党・政治家による統一的な政治行動には最終的に終止符が打たれ、チェコ政党政治において政党間競合が現出したのであった。すなわち、政府やドイツ人政党との交渉によって要求の実現を目指す青年チェコ党を一方の軸に、政府との全面的な対決姿勢を示すことによって譲歩を勝ち取ろうとする国民社会党を他方の軸とする対立軸がチェコ政党政治を規定するようになったのである。しかし、チェコ政党政治における政党間競合は、議会という政党にとって重要な活動場所が失われつつあった時期に現出したために、過熱化と遠心化という傾向を帯びることになったのである。

チェコ政党政治における政党間競合の受容
　第一次世界大戦による情勢の急激な変化と政府・軍部によるチェコ人に対する抑圧に対して、チェコ人政党・政治家は何かしらの対応を迫られた。同

時に、積極派と急進派という新たな対立軸がチェコ政党政治において生じることになった。大戦初期においては、ハプスブルク君主国の枠組みにこだわらずにチェコ人の利益の最大化を目指した急進派は、将来構想の違いを抱えながらも活発な動きを示したが、国外独立運動への合流や政府・軍部による監視と摘発により活動を抑えなければならなくなった。

その後、大戦の中盤まではチェコ人政治家の間で多数派を占めた積極派は、ハプスブルク君主国の存続を前提として、政府との交渉によってチェコ人に有利な改革を引き出そうとした。その最初の試みである国民連合と「国民党」構想の実現に向けた交渉は、政治活動がエリート・レヴェルへと限定されたことにより、「数」にあまり左右されずに、積極派によって当初は順調に進められた。しかし、政府との低い協力可能性と各政党の党内事情が、次第に交渉の難易度を高めていった。すなわち、政府がハプスブルク君主国への支持を公表するように圧力をかける一方、党内で隠然たる勢力を有する急進派はそれを阻止しようとしたのであった。積極派はこのジレンマを解決することができず、国民連合と「国民党」構想は頓挫したのであった。

その失敗から1年も経たないうちに、積極派はチェコ連盟と国民委員会を短期間のうちに設立することに成功した。その要因として、政治活動のエリート・レヴェルへの限定が継続している状況に加えて、ケルバーの首相就任により政府との協力可能性が高まったことが挙げられる。さらに、短期間での設立を優先して将来構想の明確化を回避したことは、急進派にとって、両機関への参加にかかる負担を減らすことになった。

チェコ連盟と国民委員会がその真価を試されたのが、帝国議会召集日に「5月30日宣言」を公表することであった。同宣言の作成過程では、積極派内部における合意形成は比較的容易に達成された。しかし、政府からの大幅な譲歩が期待できないことは、積極派が中心になって作成した「5月30日宣言」の草案に急進派が賛成する可能性を大幅に低下させた。一方、急進派は、各党内部で勢力を拡大させているだけでなく、政治のエリート・レヴェルへの限定が解除されつつある状況のもとで、積極派に対する攻勢を強めた。チェコ連盟内部での妥協形成に思いがけず効果を発揮したのが国民委員会とい

う場であった。国民委員会が置かれていたプラハという地の利を活用して、急進派と彼らに近い政治家は積極派から譲歩を引き出すことに成功したのであった。

「5月30日宣言」の公表後も、急進派の躍進と積極派の衰退という傾向は継続した。急進派は、各政党の主導権の掌握を進める一方、政府から大きな譲歩を引き出せないために国民社会からの支持を失いつつある積極派を追い詰めた。最終的には、積極派に属した政治家は、チェコ人政治家の間での影響力を喪失するか、急進派に鞍替えすることにより政治家生命を保つしかなかった。チェコ政治の主役に躍り出た急進派は、自らが構想した政治の再編には失敗し、最終的には積極派が遺したチェコ連盟と国民委員会を活用していくことになった。この過程をつうじて、急進派も政党間競合を受容していくのであった。

中東欧における議会制民主主義の岐路

チェコスロヴァキアの独立の時点において、諸チェコ人政党の間での政党間競合自体の存在と競合激化の可能性とは、共に等しくチェコ人政党・政治家の間で認識されていた。戦間期においては、それらのことを前提として政権や議会が運営されていたことが、チェコスロヴァキアにおける議会制民主主義の固定化にとっての1つの要因だったのである[1]。一方、同じくシスライタニアの継承国であったポーランドやユーゴスラヴィア（1929年までは「セルビア人・クロアチア人・スロヴェニア人王国」）は、第一次世界大戦前までに政党間競合を経験していなかったために、1920年代において議会制民主主義の固定化に失敗したのであった。

ガリツィアにおける一定の自治を認められたポーランド人政党・政治家は、シスライタニアの歴代内閣による議会多数派形成において鍵となる存在であった。1870年代以降の大半の時期において、保守派の指導の下で強力に組織されたポーランド人議員クラブが、シスライタニアの政治システムの最も

---

1) なお、チェコ人政党・政治家の柔軟性のみならず、ドイツ人政党やスロヴァキア人民党がチェコ人政党との協働に対して積極的な姿勢を示したことも重要である。

強力な柱だったのである（Kann 1950, 231）。さらに、ガリツィアにおいては、ポーランド人とウクライナ人との間において和協交渉が行われており、第一次世界大戦勃発の時点でその交渉は妥結寸前であったと言われている。そのため、分化が進みつつあったとはいえ、ポーランド人政党・政治家による統一的な政治行動は機能していたのであった。このことは、1916 年にポーランド社会民主党がポーランド人議員クラブに加入を決定したことによっても傍証される。

チェコ人と同じく、ドイツ人とのナショナルな対立を抱えていたスロヴェニア人政党・政治家の間では、自由派と教権派による政党間競合が展開する可能性は存在していた。しかし、スロヴェニア人自由派は、選挙権の漸進的な拡大に加えて、キリスト教社会主義の影響を受けたカトリック政党であるスロヴェニア人民党（1905 年まではカトリック国民党）による優越的な地位の確立とスロヴェニア社会民主党の伸長の結果、20 世紀初頭までに政治的な発言力を喪失してしまった。逆に、スロヴェニア人民党は、他のスロヴェニア人教権派との統合に成功し、20 世紀初頭には一党支配とも表現できる状況を作り出した（Cabada 2005, 31-38）。両ネイションの政党・政治家の間では、政党間競合が定着することがなく、チェコ人やオーストリア・ドイツ人のそれに比べて相対的な安定が実現されていたのであった。

その結果、戦間期のポーランドとユーゴスラヴィアにおいて議会制民主主義が危機に陥った際には、議会制民主主義の存続よりも政治の「安定」が重視されたのである。確かに、戦間期ポーランドに関して議会制民主主義の固定化への接近の芽は複数存在していた（中田 2011, 195）。しかし、議会制の破綻を回避する一時的な方策であるはずの議会外専門家内閣の下で、議会レヴェルでの合意形成の可能性はついに生み出されなかった。ピウスツキ（Józef Piłsudski）によるクーデターの直後に、クーデターに対する支持の立場と中立の立場に立つ議員が過半数を占めたことは（中田 2008, 195）、クーデターという非民主主義的な手法に対する党派対立を超えた反対よりも、自党の利益と政治の「安定」が追及されたことを示している。

一方、スロヴェニア人民党は、旧ハプスブルク君主国領とカトリックとい

う共通項からクロアチア農民党と連携することができただけでなく、そのクロアチア農民党とは異なってセルビア人諸政党との間に深刻な対立を抱えていなかったゆえに、セルビア急進党やセルビア民主党とも協力することができる、戦間期ユーゴスラビアにおける「かなめ党（pivotal party）」の位置を占めていた。しかし、スロヴェニア人民党は、国王独裁の直前に至るまでその利点を議会制民主主義の固定化に用いることはなかった。同党は、政党間競合を前提とする合意形成や議会運営に習熟しようとしたのではなく、戦間期においても二元的立憲制下の議会における行動様式から抜け出せなかったのである。

　一方、オーストリア・ドイツ人の政党政治では、すでに指摘したとおり、19世紀後半の時点で保守＝教権派と自由派が対峙する構造が存在していた[2]。1873年のウィーン証券取引所における大暴落を契機とする大不況、ターフェによる「鉄の環」内閣の成立による政権の喪失、漸進的な選挙権の拡大、オーストリア・ドイツ人としてのナショナルな意識の拡大と高まりの結果、自由派はその内部で分化と離散集合を繰り返しただけでなく、ナショナリスティックな主張を訴える政治勢力が分化していった。一方、保守＝教権派においても分化が進展するが、複数の政治勢力が合流して誕生したキリスト教社会党が次第に教権派を代表する政党に成長した。以上のような分化と離散集合にもかかわらず、オーストリア・ドイツ人政党の間では、自由派と教権派が対峙する構造は大きな変化を被ることがなかった。それゆえ、チェコ人やポーランド人、スロヴェニア人とは異なり、オーストリア・ドイツ人政党の間では、統一的な政治行動に類する試みを実現することは早い段階で不可能になっており、政党間競合の存在が前提とされていたのであった。その結果、戦間期オーストリアにおいては、キリスト教社会党と社会民主党が対峙する構造に変化したとはいえ、1920年代に政党間競合の存在を前提とする政府と議会運営が行われたのであった。

　しかし、ミュンヘン会議に至るまでチェコスロヴァキアでは議会制民主主

2）オーストリア・ドイツ人政党に関する本書の記述は、シェベク（Šebek 2005）と平田（2007）に依拠している。

義が維持された一方、オーストリアでは1930年代に議会制民主主義から権威主義体制へと移行していった。1930年代において両国の間に生じた差異についての説明は、少なくとも安定したかのように思われた議会制民主主義の危機と世界恐慌に端を発する革新の必要性という、1930年代における課題への取り組みからなされるべきであり[3]、本書の射程を超えている。とはいえ、その課題への取り組みに際して、第一次世界大戦中の政党政治の差異が影響を与えたことは指摘できるであろう。

　第一次世界大戦開戦までに政党間競合を経験していたオーストリア・ドイツ人政党・政治家は、確かに政党間競合の存在を前提とした行動に習熟していたために、習熟する機会を逸したポーランド人やスロヴェニア人政党・政治家とは異なり、1920年代には議会制民主主義の崩壊を免れることに成功した。しかしながら、第一次世界大戦終戦までに政党間競合の過熱化と遠心化が引き起こす問題への認識が、オーストリア・ドイツ人政党・政治家の間で共有されなかった。そのために、キリスト教社会党と社会民主党は戦間期において対立を亢進させていった。また、「かなめ党」になる将来性を有していたドイツ人自由派は、領土の大幅な削減による支持基盤の喪失もあったとはいえ、長期にわたる衰退傾向に第一次世界大戦が拍車をかけた。大戦後にはいっそうナショリズムに傾倒したドイツ人自由派は、主にキリスト教社会党のジュニアパートナーの地位に落ちつくことになり、大きな影響力を発揮できなった。これらの結果、世界恐慌に際して両政党が対立を棚上げして危機への対応に取り組むという選択肢は、実現可能性の低いものとして顧みられなくなってしまったのである。

政治的一体性と政党間競合

　20世紀後半の政治学においては、「はじめに」で指摘したように、民主化研究が一世を風靡すると同時に、様々な角度から民主主義自体について再検討されている。政党間競合と議会制民主主義の関係についても問い直す試み

---

[3] そのような取り組みの例として中田（2012）が挙げられる。

が行われるようになってきている。例えば、網谷は、政党間競合のみが議会制民主主義の正統性をアプリオリに担保することへ強い疑念を表明し、妥協と統合が議会制民主主義の正統性を支えていた可能性を主張している（網谷2016）。また、中田は、政党研究と議会制民主主義に関する研究を架橋することにより、競合による応答性ではなく、「部分社会統合政党」による代表性と政党を通じた政治参加に依拠した議会制民主主義の存在を指摘している（中田2015）。

このような再検討に対して本書は、議会制民主主義における政党間競合の絶対性を主張するものではない。本書が指摘することは、政党間競合以外の事象や概念に正統性をもとめる議会制民主主義の成立に至るまでの過程においても、政党間競合の現出という契機が存在していた可能性である。例えば、20世紀初頭のチェコ政党政治においては、社会的・経済的利害を諸チェコ人政党が独自に擁護することは比較的早期に容認された。しかし、ナショナルな問題に関するチェコ人政党間の一体性の追求と社会的・経済的な諸政党間の独自性の容認は併存することが困難であった。両者のバランスを保つ方策は、政党間競合の現出後にあたる第一次世界大戦中の積極派によって、辛うじて見いだされたのであった。ただし、この方策が恒常的な性質を有していたとは考えにくい。むしろ、政党間競合の存在を前提として、ありうるべき政党間関係や政治体制、政治慣行が常に模索されていると考えるほうが適切ではないだろうか。

また、政党間競合が現出したことにより政治における一体性が追求されなくなったわけでもない。戦間期以降においては、政治的一体性を追求する政治勢力は、共産主義に代表される特定の階級による支配の正統化、コーポラティズムに代表される階級間の対立の克服、ファシズムに代表されるナショナリズムの過度の強調のように、政党間競合の否定もしくは制約を正当化する論理を打ち立てることにより、議会制民主主義に代わる新たな政治体制を構想したのであった。そのような論理を欠いていたとしても、政党間競合の現出以前から存在した戦術かもしれないが、「人民」との斉一化を声高に主張することや軍部という非選出機関の介入により、政党間競合よりも政治的

一体性を優先することは可能である。政治の場において一体性という言葉は常に魅惑的な響きを有しているのである。

　以上のように考えると、政党間競合の現出が政治的一体性に終止符を打ったのではない。むしろ、その後における政党間競合と政治的一体性は、対極にありながらも切り離すことのできない、また単純な二元論では語ることが不可能な関係にあると考えることができる。両事象のこのような複雑な関係において仮初めかもしれない均衡点を発見することが、第一次世界大戦以降のヨーロッパにおける議会制民主主義が抱えた1つの課題であった。さらに、現実的には、政党間競合と政治的一体性の双方を視野に入れて、最適だと考えられる政党間関係や政治体制、政治慣行の構想と実践を不断に繰り返していくことが現代においても必要とされているのかもしれない。

　チェコ文学を代表する作品として世界的に有名である『兵士シュヴェイクの冒険』[4]を執筆したヤロスラフ・ハシェク（Jaroslav Hašek）は、1911年帝国議会選挙におけるチェコ人政党間の選挙戦を飲み友達と揶揄するために、「合法的穏健進歩党（Strana mírného pokroku v mezích zákona）」を「設立」して「選挙運動」を行ったとされている（Pytlík 1982；栗栖 1974, 428-429）[5]。確かに、当時のチェコ政党政治は揶揄するほどの対象だったのかもしれない。しかし、酔った勢いかもしれないが、当代一流の文筆家であったハシェクが揶揄するために「政党」を設立するほどに、政党間競合が生じつつあった20世紀初頭のチェコ政党政治は現代につながる「何か」を先取りしていたのである。

---

4) なお、『兵士シュヴェイクの冒険』はチェコ・ナショナリズムを体現した作品であると解釈されることもある。邦訳も複数存在するが、さしあたり岩波文庫版を挙げる（ハシェク 1972-1974）。
5) 栗栖は「法の枠内における穏健なる進歩の党」と訳している。本書では、政党名らしさを表現することを重視して、訳語を変更した。なお、同書も邦訳が存在する（ハシェク 2012）。

地図 1　20世紀初頭のハプスブルク君主国

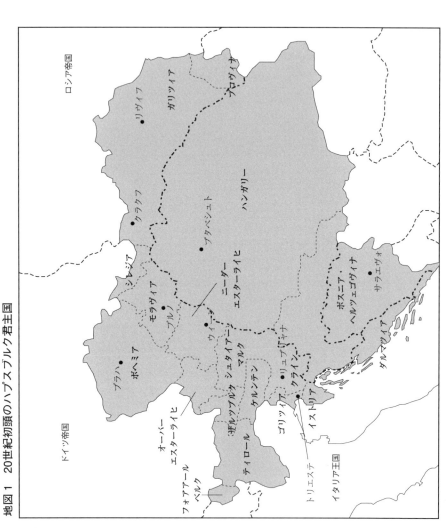

出典）Magocsi, Paul Robert (1993), *Historical Atlas of East Central Europe*, University of Washington Press, p. 81 をもとに筆者作成。

地図2　20世紀初頭のチェコ諸邦

シレジア
オパヴァ
オロモウツ
ブルノ
イフラヴァ
ズノイモ
ウィーン
モラヴィア
リベレツ
フラデツ・クラーロヴェー
ウースティ・ナド・ラベム
プラハ
ターボル
チェスケー・ブジェヨヴィツェ
カルロヴィ゠ヴァリ
プルゼニ
ヘプ
ボヘミア
ドイツ帝国

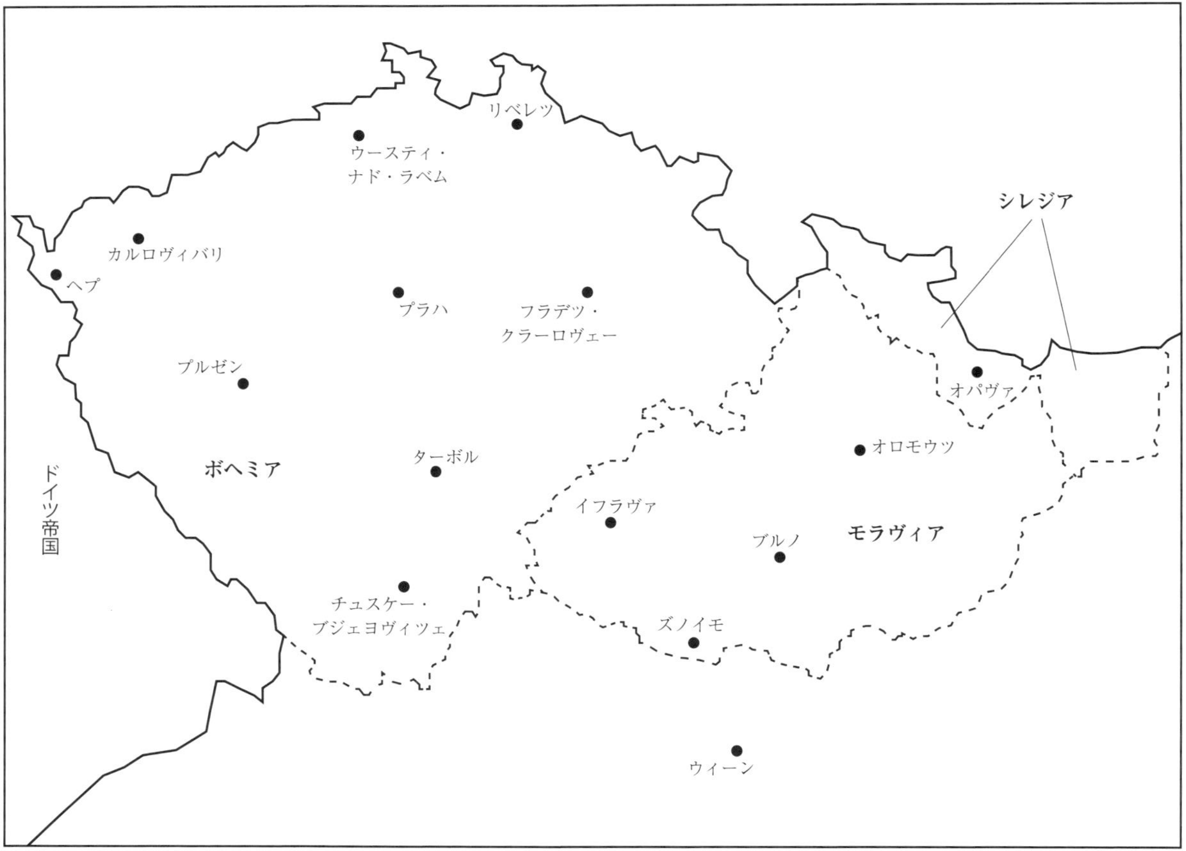

出典）Malý, Karel ed. (2005). *Dějiny českého a československého práva do roku 1945*, Linde Praha, p. 598 をもとに筆者作成。

選挙結果

表1　1907年帝国議会選挙のチェコ諸領邦における結果（チェコ人政党のみ）

	ボヘミア		モラヴィア・シレジア		合計	
	議席数	得票数	議席数	得票数	議席数	得票数
老チェコ党	2	6,940	4	35,531	6	42,471
青年チェコ党	15	71,264	—	—	15	71,264
モラヴィア人民党	—	—	6	39,184	6	39,184
急進進歩党	2	11,895	—	—	2	11,895
チェコ国家権党	1	3,424	—	—	1	3,424
リアリスト党	1	4,230	1	5,474	2	9,704
農業党	23	190,198	4	55,012	27	245,210
社会民主党	17	269,169	6	107,960	23	377,129
国民社会党	6	65,501	0	267	6	65,768
カトリック人民党	7	55,264	—	—	7	55,264
カトリック国民党[注]	—	—	10	98,772	10	98,772
無所属	1	6,627	1	8,152	2	14,779
その他	0	2,665	—	—	0	2,665
合計	75	687,177	32	350,352	107	1,037,529

出典）Die Ergebnisse der Reichsrathswahlen in den im Reichsrathe vertretenen Königreichen und Ländern im Jahre 1907, in Österreichische Statistik, Band 84, Helf 2., Wien, 1908, より筆者作成。
注）カトリック国民党はモラヴィア・シレジアキリスト教社会党と選挙連合を組んでいた。

表2　1911年帝国議会選挙の結果(チェコ人政党のみ)

	ボヘミア		モラヴィア・シレジア		合計	
	議席数	得票数	議席数	得票数	議席数	得票数
老チェコ党	1	2,803	0	8,415	1	11,218
青年チェコ党	14	62,618	—	—	14	62,618
モラヴィア人民党	—	—	4	40,173	4	40,173
国家権進歩党	4	21,476	—	—	4	21,476
リアリスト党	0	1,419	1	5,184	1	6,603
農業党[注1]	29	208,061	8	90,169	37	298,230
社会民主党	14	244,804	11	95,318	25	340,122
社会民主党(中央派)	0	210	1	8,902	1	9,112
国民社会党	12	77,209	1	4,422	13	81,631
チェコカトリック党	0	60,415	—	—	0	60,415
カトリック国民党[注2]	—	—	7	124,391	7	124,391
無所属	1	8,024	0	162	1	8,186
その他	0	3,039	0	1,920	0	4,959
合計	75	690,078	33	379,056	108	1,069,134

出典) Die Ergebnisse der Reichsrathswahlen in den im Reichsrathe vertretenen Königreichen und Ländern im Jahre 1911, in Österreichische Statistik, Neue Folge Band 7/1 Statistik, Wien, 1912, より筆者作成.
注1) 農業党を離党して出馬したプラーシェクらを含む.
注2) カトリック国民党はモラヴィア・シレジアキリスト教社会党と選挙連合を組んでいた.

表3 1908年ボヘミア領邦議会選挙後の議席数(大土地所有者とチェコ人政党のみ)

	第一クーリエ	第二クーリエ	第三クーリエ	第四クーリエ	合計
連邦派大土地所有者	49				49
集権派大土地所有者	21				21
老チェコ党		2	2		4
青年チェコ党		6	30	2	38
国家権進歩党[注1]			3		3
進歩党(リアリスト党)				1	1
農業党				43	43
国民社会党[注1]			2		2
チェコカトリック党				1	1
統一候補			1		1
無所属[注2]			3	2	5

第一クーリエ:大土地所有者クーリエ
第二クーリエ:商工会議所クーリエ
第三クーリエ:都市クーリエ
第四クーリエ:農村クーリエ

出典)Statistika všeobecných voleb do sněmu království Českého konaných počátkem r. 1908, in Zprávy zemského statistického úřadu království Českého, svazek 12., sešit 1.、より筆者作成。
注1)国民社会党と国家権進歩党は選挙連合を組んでいた。
注2)うち2人が青年チェコ党系の立候補者で、1人が国家権進歩党系の立候補者であった。

参考文献

定期刊行物
Akademie
Česká revue
České slovo
Den
Národní listy
Právo lidu
Venkov

統計集
Die Ergebnisse der Reichsrathswahlen in den im Reichsrathe vertretenen Königreichen und Ländern im Jahre 1907, Österreichische Statistik, Band 84, Helf 2. (1908).

Die Ergebnisse der Reichsrathswahlen in den im Reichsrathe vertretenen Königreichen und Ländern im Jahre 1911, Österreichische Statistik, Neue Folge Band 7/1 Statistik (1912).

Statistika všeobecných voleb do sněmu království Českého konaných počátkem r. 1908, Zprávy zemského statistického úřadu království Českého, svazek 12., sešit 1. (1908).

党綱領など
Program české strany agrární (1903), Výkonný výbor české strany agrární.
Program národní strany svobodomyslné (1912), Pražské akciové tiskárny.
Stanovy „Národního klubu" na radě říšské (1907).

資料集
Cibulka, Pavel ed. (2000), *Politické programy českývh národních stran 1860-1890 (edice politických programů sv. 3)*, Historický ústav AV ČR.

Harna, Josef ed. (1998), *Politické programy českého národního socialismu (edice politických programů sv. 1)*, Historický ústav AV ČR.

Harna, Josef and Vlastislav Lacina eds. (2007), *Politické programy českého a slovenského agrárního hnutí 1899-1938 (edice politických programů sv. 5)*, Historický ústav AV ČR.

Marek, Pavel ed. (2011), *Politické programy českého politického katolicismu 1894-1938 (edice politických programů sv. 7)*, Historický ústav AV ČR.

Prokš, Petr ed. (1999), *Politické programy českoslovanské a československé sociálně demokratické strany dělnické 1878-1948 (edice politických programů sv. 2)*, Historický ústav AV ČR.
SÚA (1993), *Sborník dokumentů k vnitřnímu vývoji v českých zemích za 1. světové války 1914-1918*, svazek I. Roku 1914, Státní ústřední archiv v Praze.
SÚA (1994), *Sborník dokumentů k vnitřnímu vývoji v českých zemích za 1. světové války 1914-1918*, svazek II. Roku 1915, Státní ústřední archiv v Praze.
SÚA (1995), *Sborník dokumentů k vnitřnímu vývoji v českých zemích za 1. světové války 1914-1918*, svazek III. Roku 1916, Státní ústřední archiv v Praze.
SÚA (1996), *Sborník dokumentů k vnitřnímu vývoji v českých zemích za 1. světové války 1914-1918*, svazek IV. Roku 1917, Státní ústřední archiv v Praze.
SÚA (1997), *Sborník dokumentů k vnitřnímu vývoji v českých zemích za 1. světové války 1914-1918*, svazek V. Roku 1918, Státní ústřední archiv v Praze.
Urban, Zdeněk ed. (1987), *Československé dějiny v datech, 2, vyd.*, Nakladatelství svoboda.

同時代文献・回想録など

Chundela, Václav (1933), *Stanislav Kubr. Zakladatel české strany agrární: sedlák a politik*, ústřední sekretariát republikánské strany.
Čelakovský, Jaromír (Velek, Luboš and Alice Velková ed.) (2004), *Moje zápisky 1871-1914*, Archiv hlavního města Prahy and Scriptorium.
Frankenberger, Otakar and J. O. Kubíček (1931), *Antonín Švehla v dějinám českoslovanské strany agrární*, Novina.
Grégr, Prokop (1907), *Na obhájení stanoviska Národních listů*.
Hajn, Alois (1921), *O českých stranách politických*, Státní nakladatelství v Praze.
Hajšman, Jan (1933), *Mafie v rozmachu: vzpomínky na odboj doma*, Nakladatelství obris.
Heidler, Jan (1913), *České politické strany v Čechách, na Moravě a ve Slezsku*, Nakladatel Jos. R. Vilímek.
Hoch, Karel (1934), *Alois Rašín: jeho život, dálo a doba*, Nakladatelství obris.
Hudec, Josef (1912), *Druhá lidová sněmovna: činnost poslanců sociálně demokratických a druhých stran českých na radě říšské rok 1911*, Tiskový výbor českoslovanské sociálně demokratické strany dělnické (čas. „Zář").
Kramář, Karel, (1906), *Poznámky o české politice*, Nakladatelé bursík a kohout.
Kramář, Karel and Zděněk Tobolka (1909), *Česká politika díl. 3: dějiny české politiky nové doby*, Jan Laichter.
Modráček, František (1907a), „Po prvné bitvě," Akademie, roč. 11., pp. 242-244.
Modráček, František (1907b), „Nový parlament," Akademie, roč. 11., pp. 257-267.
Penížek, Josef (1910-1911a), „Na rozhraní," *Česká revue*, roč. 1910-1911, pp. 224-

230.

Penížek, Josef (1910-1911b), „V meziaktí," *Česká revue*, roč. 1910-1911, pp.456-467.

Penížek, Josef (1912-1913a), „O parlamentarisum. Předneseno v řadě veřejných přednášek 》 O české politice 《 dne 8. března 1913," *Česká revue*, roč. 1912-1913, pp.385-397, 467-483.

Penížek, Josef (1912-1913b), „Svojí cestou. stať situační," *Česká revue*, roč. 1912-1913, pp.577-590.

Penížek, Josef (1913-1914), „Jarní proudy," *Česká revue*, roč. 1913-1914, pp. 224-465.

Sís, Vladmír (1930), *Karel Kramář: život a dílo*, Pražské akciové tiskárny.

Skála, Jan (1911), „Před říšskými volbami," *Akademie*, roč. 13., pp. 313-319.

Soukup, František (1908), „Mrtvý dúm mrtvého království," *Akademie*, roč. 12., pp. 14-18.

Soukup, František (1928), *28. říjen 1918: předpoklady a vývoj našeho odboje domácího v československé revoluci za státní samostatnost národa*, Nakladatelství obris.

Srb, Adolf (1926), *Politické dějiny národa českého od počátku doby konstituční II od r. 1879 do r. 1918*, Nakladatelství J. Otto.

Stránský, Jaroslav (1924), „K historii dopisu Českého svazu hr. Czerninovi 30. ledna 1917," *Naše revoluce*, roč. 2., pp. 252-260.

Tobolka, Zděněk (1924), „Státoprávní prohlášení ze dne 30. května r. 1917," *Naše revoluce*, roč. 2., pp. 161-236.

Tobolka, Zděněk (1925-1926), „K historii dopisu Českého svazu hr. Czerninovi z 30. ledna 1917," *Naše revoluce*, roč. 3., pp. 169-183.

Tobolka, Zděněk (1934), *Politické dějiny československého národa od r. 1848 až do dnešní doby*, díl 3., část 1. (1879-1891), Československý kompas.

Tobolka, Zděněk (1936), *Politické dějiny československého národa od r. 1848 až do dnešní doby*, díl 3., část 2. (1891-1914), Československý kompas.

Tobolka, Zděněk (1937), *Politické dějiny československého národa od r. 1848 až do dnešní doby*, díl 4., (1914-1918), Československý kompas.

Tobolka, Zděněk (Kučera, Martin ed.) (2008), *Můj deník z první světové války*, Nakladatelství Karolinum.

Vacek, Václav (1911), *Prvé období lidového parlamentu: činnost poslanců soc. demokratických a měšťáckých stran českých na radě říšské v období 1908-1911*, Tiskový výbor českoslovanské sociálně demokratické strany dělnické (čas. „Zář").

Winter, Lev (1907), „Po volbách," *Akademie*, roč. 11., pp. 225-228.

二次文献

Bartolini, Stefano (1999-2000), "Collusion, Competition and Democracy. Part I-II," *Journal of Theoretical Politics*, vol. 11, pp. 435-470, and vol. 12, pp. 33-65.

Bartolini, Stefano (2002), "Electoral and Party Competition: Analytical Dimensions and Empirical Problem," in Gunther, Montero and Linz, pp. 84-110.

Beneš, Jakub S. (2017), *Workers and Nationalism: Czech and German Social Democracy in Habsburg Austria, 1890-1918*, Oxford University Press.

Boyer, John W. (2013), "Power, Partisanship, and the Grid of Democratic Politics: 1907 as the Pivot Point of Modern Austrian History," *Austrian History Yearbook*, 44, pp. 148-174.

Brock, Peter and Skilling, H. Gordon eds. (1970), *The Czech Renascence of the Nineteenth Century: Eassays presented to Otakar Odložilík in Honour of His Seventieth Birthday*, University of Toronto Press.

Bílek, Jan and Luboš Velek eds. (2009), *Karel Kramář (1860-1937): život a dílo*, Masarykův ústav a Archiv AV ČR and Historický ústav AV ČR.

Butvin, Jozef and Jan Havránek (1970), *Dějiny československa*, díl. 3., Státní pedagogické nakladatelství.

Cabada, Ladislav (2005), *Politický systém Slovinska*, Nakladatelství SLON.

Capoccia, Giovanni and Daniel Ziblatt (2010), "Historical turn in Democratization Studies: A New Research Agenda for Europe and Beyond," *Comparative Political Studies*, vol. 43., pp. 931-968.

Charbuský, Miloš (2000), „František Udržal: agrární politik 1906-1914," *Politickí a stavovská zemědělská hnutí ve 20. století: Sborník příspěvků z mezinárodní konference konané ve dnech 17.-18. 5. 2000 (Studie slováckého muzea 5)*, pp. 201-214.

Chrislock, Carl Winston (1972), *Reluctant Radicals, Czech Social Democracy and the National Question, 1914-1918*, Ph. D. dissertation, Indiana University.

Cibulka, Pavel (1995), „K vývoji předlitavského politického programu v letech 1849-1918," *Slovanská historické studie*, roč. 21., pp. 129-164.

Cibulka, Pavel (2000), „Proměny českého politického programu v letech 1860-1891," in Cibulka ed., pp. 9-36.

Cibulka, Pavel (2005), „Národní strana," in Malíř and Marek eds., pp. 109-138.

Clarke, Killian (2017), "Social Force and Regime Change: Beyond Class Analysis," *World Politics*, 69 (3), pp. 1-34.

Cohen, Gary B. (1979), "Recent Research on Czech Nation-Building," *The Journal of Modern History*, vol. 51, pp. 760-772.

Cohen, Gary B. (1981), *The Politics of Ethnic Survival: Germans in Prague, 1861-1914*, Purdue University Press.

Cohen, Gary B. (1998), "Neither Absolutism nor Anarchy: New Narratives on Society and Government in Late Imperial Austria," *Austrian History Yearbook*, vol. 29, pp. 37-61.

Cohen, Gary B. (2007), "Nationalist Politics and the Dynamics of State and Civil Society in the Habsburg Monarchy, 1867-1914," *Central European History*, vol. 40, pp. 241-278.

Collier, Ruth Berins (1999), *Paths toward Democracy: the Working Class and Elites in Western Europe and South America*, Cambridge University Press.

Daalder, Hans (1974a), "On Building Consociational Nation: the Cases of the Netherlands and Switzerland," in McRae, Kenneth ed. *Consociational Democracy: Political Accommodation in Segmented Societies*, McCelland and Stewart, pp. 107-124.

Daalder, Hans (1974b), "The Consociational Democracy Theme," *World Politics*, 26, pp. 604-620.

Dostál, Vladimír (1989), *Antonín Švehla: profil československého státníka*, Výkonný výbor Republikanské strany v exilu.

Efmertová, Marcela C. (1998), *České země v letech 1848-1918*, Libri.

Ertman, Thomas (1998), "Democracy and Dictatorship in Interwar Western Europe Revisited," *World Politics*, 50, pp. 475-505.

Ertman, Thomas (1999), "Liberalization and Democratization in Nineteen and Twentieth Century Germany in Comparative Perspective," in Lankowski, Carl ed., *Breakdown, Breakup, Breakthrough: Germany's Difficult Passage to Modernity*, Berghahn Books.

Galandauer, Jan (1988), *Vznik československé republiky 1918: Programy, projekty, předpoklady*, Svoboda.

Garver, Bruce M. (1978), *The Young Czech Party 1874-1901 and the Emergence of a Multi-Party System*, Yale University Press.

Georgiev, Jiří (2005), „Strana konzervativního velkostatku," in Malíř and Marek eds., pp. 59-86.

Giustino, Cathleen M. (2003), *Tearing Down Prague's Jewish Town: Ghetto Clearance and the Legacy of Middle-Class Ethnic Politics around 1900*, Columbia University Press.

Gourevitch, Peter (1986), *Politics in Hard Times: Comparative Responses to International Economic Crises*, Cornell University Press.

Gunther, Richard, José Ramón Montero and Juan J. Linz (2002), *Political Parties: Old Concepts and New Challenges*, Oxford University Press.

Hale, Henry E. (2005), "Regime Cycles: Democracy, Autocracy, and Revolution in Post-Soviet Eurasia," *World Politics*, 58, pp. 133-165.

Hanley, Seán (2014), "Two Cheers for Czech Democracy," *Politologický časopis*, 21. 3, pp. 161-176.

Harna, Josef (1998), „O vývoji programů českého národního socialismu," in Harna ed., pp. 13-29.

Harna, Josef (2005), „Česká strana národně sociální," in Malíř and Marek eds., pp. 395-412.

Harna, Josef and Vlastislav Lacina (2007), „O vývoji českého a slovenského agrárního programu," in Harna and Lacina eds., pp. 11-26.

Havránek, Jan (1964), *Boj za všeobecné, přímé a rovné hlasovací právo roku 1893*, Nakladatelství Českosolvenské akademie věd.

Havránek, Jan (1967), "The Developments of Czech Nationalism," *Austrian History Yearbook*, vol. 3, pp. 223-260.

Havránek, Jan (1992), „Český liberalismus na přelomu 19. a 20. století," in Kořalka, Jiří and Hans Mommsen, *Němci, Češi, Slováci: Souběžné a rodílné tendence jeich společenského vývoje 1815-1918*, Federální ministerstvo zahraničních věcí, pp. 101-124.

Havránek, Jan (1993), „Od honoračních stran k masovým politickým stranám v českých zemích," in *Politické strany a spolky na jížní Moravě. 22. Mikulovské sympozium 7.-8. října 1992*, pp. 5-9.

Historický ústav AV ČR (1960), *Přehled československých dějin*, díl 2., svatek 2. (1900-1918), Nakladatelství československé akademie věd.

Hobsbawm, Eric J. (1990), *Nations and Nationalism since 1780: Programme, Myth, Reality*, Cambridge University Press. (E. J. ホブズボーム〔浜林正夫・嶋田耕也・庄司信訳〕『ナショナリズムの歴史と現在』、大月書店、2001年。)

Höbelt, Lothar (1992), "Parliamentary Politics in a Multinational Setting: Late Imperial Austria," *Center for Austrian Studies Working Paper*, 92-6, Center for Austrian Studies, University of Minnesota, pp. 1-18.

Höbelt, Lothar (2000), "Bohemia 1913: a consensual *coup d'état?*," *Parliaments, Estates and Representation*, vol. 20., no. 1., pp. 207-214.

Horowitz, Donald L. (2000), *Ethnic Groups in Conflict (Second Edition)*, University of California Press.

Hroch, Miroslav (1985), *Social Preconditions of National Revival in Europe: A Comparative Analysis of the Social Composition of Patriotic Groups among the Smaller European Nations*, Cambrige University Press, translated by Fowkes, Ben.

Janák, Jan, Zdeňka Hledíková and Jan Dobeš (2005), *Dějiny správy v českých zemích od počátků státu po současnost*, Nakladatelství Liové noviny.

Jenks, William Alexander (1965), *Austria under Iron Ring 1879-1893*, The University Press of Virginia.

Jenks, William Alexander (1974), *The Austrian Electoral Reform of 1907*, Octagon Books.

Judson, Pieter M. (1996), *Exclusive Revolutionaries: Liberal Politics, Social Experience, and National Identity in the Austrian Empire, 1848-1914*, the University of Michigan Press.

Judson, Pieter M. (2016), *The Habsburg Empire: A New History*, The Belknap Press of Harvard University Press.

Kárník Zdeněk (1996), *Habsburk Masaryk či Šmeral: Socialisté na rozcestí*, Univerzita Karlova v Praze.

Kalvoda Josef (1986), *The Genesis of Czechoslovakia*, Columbia University Press.

Kann, Robert (1950), *Multinational Empire: Nationalism a Nation Reform in the Habsburg Monarchy 1848-1918*, Columbia University Press.

Katz, Richard S. and Peter Mair (1997), "Party Organization, Party Democracy, and the Emergence of the Cartel Party," in Mair, Peter, *Party System Change: Approaches and Interpretation*, Oxford University Press, pp. 93-119.

Kazbunda, Karel (1934-1935), „Krize české politiky a vídeňská jednání o t. zv. Punktace roku 1890 (Podle nových pramenů povahy úřední.)," *Československý časopis historický*, roč. 40., pp. 80-108, 310-346, 491-528, and roč. 41., pp. 41-82, 294-320, 514-554.

Kelly, Theodre Mills (2006), *Without Remorse: Czech National Socialism in Late-Habsburg Austria*, Columbia University Press.

King, Jeremy (2002), *Budweisers into Czechs and Germans: A Local History of Bohemian Politics, 1848-1948*, Princeton University Press.

Kitschelt, Herbert (2001), "Divergent Paths of Postcommunist Democracies," in Diamond, Larry and Richard Gunther eds., *Political Parties and Democracy*, The Johns Hopkins University Press, pp. 299-323.

Kitschelt, Herbert (2003), "Accounting for Post-communist Regime Diversity: What Counts as a Good Cause," in Ekiert, Grzegorz and Stephen E. Hanson, *Capitalism and Democracy in Central and Eastern Europe: Assessing the Legacy of Communist Rule*, Cambridge University Press, pp. 49-88.

Klátil, František (1992), *Republika nad stranami: o vzniku a vývoji Československé strany národně socialistické (1897-1948)*, Melantrich.

Kolář, František (1986), „Česká buržoazie a řešení „české otázky" (1848-1914)," *Sborník k dějnám 19. a 20. století*, r. 10, pp. 57-98.

Konirsh, Suzanne G. (1952), *The Struggle for Power between Germans and Czechs, 1907-1911*, Ph. D. dissertation, Stanford University.

Konirsh, Suzanne G. (1955), "Constitutional Aspects of the Struggle between Germans and Czechs in the Austro-Hungarian Monarchy," *The Journal of Modern History*, vol. 27., no. 3., pp. 231-261.

Kopáček, Petr (2005), „Politické působení Karla Práška v letech 1901-1918," *Moderní dějiny*, 13, pp. 29-119.

Kořalka, Jiří (1990), "The Czech Worker's Movement in the Hapsburg Empire," in Van Der Linden, Marcel and Jürgen Rojahn eds., *The Formation of Labour Movement 1870-1914: An International Perspective*, Brill, pp. 321-346.

Kořalka, Jiří (1996), *Češi v habsburské říši a v Evropě : Sociálněhistorické souvislosti vytváření novodobého národa a národnostní otázky v Českých zemích*, Argo.

Kořalka, Jiří (2005), „Českoslovanská sociálně demokratická strana dělnická," in Malíř and Marek eds., pp. 213-239.

Křen, Jan (1990), *Konfliktní společenství Češi a Němci 1780-1918*, Academia.

Křen, Jan (2005), *Dvě století střední Evropy*, Argo.

Kříček, Jiří (1958), „Česká buržoasí politika a „česká otázka" v letech 1900-1914," *Českovenký časopis historický*, r. 6., pp. 621-661.

Kubricht, Andrew P. (1974), *The Czech Agrarian Party, 1899-1914: A Study of National and Economic Agitation in the Habsburg Monarchy*, Ph. D. dissertation, Ohio State University.

Kučera, Karel (2002 [1983]), „Pokus o smír v národním táboře po Palackého smrti," in K. Kučera, pp. 123-157.

Kučera, Karel (2002 [1979]), „K pozadí příprav Anenských patentů," in K. Kučera, pp. 87-108.

Kučera, Karel (Pousta, Zdeněk ed.)(2002), *Na paměť Karla Kučery: Výbor z jeho článků a projevů*, Univerzita Karlova v Praze, Ústav dějin Univerzity Karlovy - Archiv Univerzity Karlovy.

Kučera, Martin (1993), „Alois Rašín v mladočeské straně (1907-1914)," *Moderní dějiny*, roč. 1., pp. 9-36.

Kučera, Martin (1994), „Albín Bráf, Reorganizace staročeské strany 1906 a její zánik," *Český časopis historický*, roč. 92., pp. 706-731.

Kučera, Martin (1996), „Souboj vedení mladočeské strany s Národní listy („Den" 1907-1909)," *Moderní dějiny*, roč. 4., pp. 71-113.

Kučera, Martin (1998), „K reorganizaci České strany agrární (1904-1910)," *Český časopis historický*, roč. 96., pp. 307-343.

Kučera, Martin (2000), „Český politický katolicismus před první světovou válkou," *Český časopis historický*, roč. 98., pp. 83-118.

Kučera, Martin (2005), „Pokrokáři," in Malíř and Marek eds., pp. 313-340.

Kwan, Jonathan (2013), *Liberalism and the Habsburg Monarchy, 1861-1895*, Palgrave Macmillan.

Lijphart, Arend (1968), "Typologies of Democratic Systems," *Comparative Political Studies*, vol. 1, pp. 3-44.

Lijphart, Arend (1975), *The Politics of Accommodation: Pluralism and Democracy in the Netherlands, Second Edition, Revised*, University of California

Press.

Lindström, Fredrik (2004), "Ernest von Koerber and the Austrian State Idea: A Reinterpretation of the Koerber Plan (1900-1904)," *Austrian History Yearbook*, 35, pp. 143-184.

Linek Josef (1964), „Podstata Švihovy aféry," *Novinářský sborník: časopis pro teorii a praxi tisku, rozhlasu a televize*, roč. 9., pp. 431-436.

Linz, Juan J. and Alfred Stepan (1996), *Problems of Democratic Transition and Consolidation: Southern Europe, South America, and post-Communist Europe*, The Johns Hopkins University Press.（J. リンス、A. ステパン〔荒井祐介・五十嵐誠一・上田太郎訳〕『民主化の理論――民主主義への移行と定着の課題』、一藝社、2005年。）

Lipset, Seymour M., and Stein Rokkan (1967), "Cleavage Structures, Party Systems, and Voter Alignments: An Introduction," in *Party Systems and Voter Alignments: Cross-National Perspectives*, Free Press, pp. 1-64.

Luebbert, Gregory M. (1991), *Liberalism, Fascism or Social Democracy: Social Classes and the Political Origins of Regimes in Interwar Europe*, Oxford University Press.

Luft, Robert (1991a), „Politická kultura a česká stranictví před první světovou válkou," *Collegio Carolino ad honorem: Setkání projevů a přípěvků za setkání zástupců mnichovského střediska bohemistického bádání Collegia Carolina s českou historickou obcí v Praze v květnu roku 1990*, Historický ústav ČSAV, pp. 39-50.

Luft, Robert (1991b), „Politischer Pluralismus und Nationalismus. Zu Parteienwesen und politischer Kultur in der tschechischen Nation vor dem Ersten Weltkrieg," *Österreichische Zeitschrift für Geschichtswissenschaften*, 2/3, pp. 72-87.

Luft, Robert (2000), „Tschechische Parteien, Vereine und Verbände vor 1914: Besonderhaeiten und Defizite der politischen Kultur einer modernen Nation in einem Vielvölkerstaat," in Marko, Joseph, Alfred Ableitinger, Alexander Bröstl, Pavel Holländer eds., *Revolution und Recht: Systemtransformation und Verfassungsentwicklung in der Tschechischen und Slowakischen Republik*, Peter Lang, pp. 311-350.

Lustigová, Martina (2007), „Karel Kramář a první světová válka," *Časopis národného muzea: řada historická*, roč. 176, č. 1-2., pp. 89-104.

Malíř, Jiří (1994), „Moravská lidová strana Hynka Bulína, 1913-1914," *Časopis matice moravská*, roč. 113, pp. 157-169.

Malíř, Jiří (1996a), *Od spolků k moderním politickým stranám: Vývoj politických stran na Moravě v letech 1848-1914*, Filozofická fakulta Masarykovy univerzity.

Malíř, Jiří (1996b), „Generálové bez vojska (Národní strana na Moravě v letech

1890-1914)," *Sborník prací filozofické fakulty brněnské univerzity*, C43, pp. 95-113.

Malíř, Jiří (2005), „Národní strana svobodomyslná v Čechách a Lidová strana (pokroková) na Moravě," in Malíř and Marek eds., pp. 139-199.

Malíř, Jiří (2011), „Karel Kramář a Morava v letech 1891-1914," in Bílek and Velek eds., pp. 139-162.

Malíř, Jiří and Pavel Marek eds. (2005), *Politické strany: Vývoj politických stran a hnutí v českých zemích a Československu 1861-2004*, díl 1. (1861-1938), Nakladatelství doplněk.

Malý, Karel and Florian Sivák (1988), *Dějiny státu a práva v československu do r.1918*, Panorama.

Malý, Karel ed. (2005), *Dějiny českého a československého práva do roku 1945*, Linde Praha.

Mamatey, Victor S. and Radomír Luža eds. (1973), *A History of Czechslovakia Republic 1918-1948*, Princeton University Press.

Marek, Pavel (2005), „Český politický katolicismus a katolické strany," in Malíř and Marek eds., pp. 255-311.

Marek, Pavel (2011), „Organizační vývoj českého politického katolicismu do roku 1938," in Marek ed., pp. 13-24.

Miller, Daniel E. (1999), *Forging Political Compromise: Antonín Švehla and the Czechoslovak Republican Party 1918-1933*, University of Pittsburgh Press.

Mitchell, Paul, Geoffrey Evans, Brendan O'Leary (2009), "Extremist Outbidding in Ethnic Party Systems is Not Inevitable: Tribune Parties in Northern Ireland," *Political Studies*, vol. 57, pp. 397-421.

Mungiu-Pippidi, Alina (2015), "The Splintering of Postcommunist Europe," *Journal of Democracy*, vol. 26., pp. 88-100.

Nolte, Clarie E. (2002), *The Sokol in the Czech Lands to 1914: Training for the Nation*, Palgrave Macmillan.

Norgate, Frank Eugene (1978), The Internal Politics of the Stürgkh Government November 1907-March 1914: a Study in a Holding Action, Ph. D. dissertation, New York University.

Okey, Robin (2001), *The Habsburg Monarchy: From Enlightenment to Eclipse*, St. Martin's Press.（ロビン・オーキー〔三方洋子訳、山之内克子・秋山晋吾監訳〕『ハプスブルク君主国 1765-1918 ——マリア＝テレジアから第一次世界大戦まで』、NTT 出版、2010 年。）

Olivová, Věra (1972), *The Doomed Democracy: Czechoslovakia in a Disrupted Europe 1914-1938*, Sidgwick and Jackson.

Pajakowski, Philip (1993), "The Polish Club, Badeni, and the Austrian Parliamentary Crisis of 1897," *Canadian Slavonic Papers*, vol. 35 (1-2), pp. 103-120.

Paulová, Milada (1937), *Dějiny Maffie: Obboj Čechů a Jihoslovanů za světové války 1914-1918*, Československá grafická unie.

Paulová, Milada (1968), *Tajný výbor [Maffie] a spolupráce s Jihoslovany v letech 1916-1918*, Academia.

Pech, Stanley Z. (1955), *The Role of František L. Rieger in Nineteenth Century Czech Political Development*, Ph. D. dissertation, University of Colorado.

Pernes, Jiří (2004), „Švihova aféra aneb jak vzniklo slovo průšvih," in Kocian, Jiří, Jiří Pernes, Oldřich Tůma eds., *České průšvihy aneb prohry, krize, skahdály a aféry českých dějin let 1848-1989*, nakradatelství Barrister & Principal, pp. 35-39.

Příborský, Zbyněk (1996), „Modráčkova cesta k družstvnímu socialismu," *Moderní dějiny*, roč. 4., pp. 45-70.

Pytlík, Radko (1982), „Doslov," in Hašek, Jaroslav, *Politické a sociální dějiny strany mírného pokroku v mezích zákona*, Československý spisovatel, pp. 447-453.

Rataj, Jan and Miloslav Martínek (2015), *Česká politika 1848–1918*, Metropolitan University Prague Press.

Rees, H. Louis (1992), *The Czechs during World War I: the Path to Independence*, Columbia University Press.

Rokoský, Jaroslav (1994), „Antonín Švehla za první světové války," *Střední evropa*, 41, pp. 66-80.

Rokoský, Jaroslav (2005), „Agrární strana," in Malíř and Marek eds., pp. 413-441.

Rupnik, Jacques (2007), "From Democracy Fatigue to Populist Backlash," *Journal of Democracy*, vol. 18., 4, pp. 19-25.

Rupnik, Jacques and Jan Zielonka (2013), "Introduction: The State of Democracy 20 Years on: Domestic and External Factors," *East European Politics and Societies and Cultures*, vol. 27., pp. 3-25.

Rustow, Dankwart A. (1970). "Transitions to Democracy," *Comparative Politics*, vol. 2., pp. 337-363.

Sak, Robert (1993), „František Ladislav Rieger a pokusy o sjednocení rakouských konzervariveů," in *Politické strany a spolky na jížní Moravě. 22. Mikulovské sympozium 7.-8. října 1992*, pp. 153-161.

Sartori, Giovanni (1966), "European Political Parties: The Case of Polarized Pluralism," in LaPalombara, Josef and Myron Weiner, *Political Parties and Political Development*, Princeton University Press, pp. 137-176.

Sartori, Giovanni (1968), "Political Development and Political Engineering," *Public Policy*, vol. 17., pp. 261-298.

Sartori, Giovanni (2005), "Party Types, Organisation and Function," *West European Politics*, vol. 28., pp. 5-32.

Schattschneider, Elmer E. (1960), *Semisovereign People: A Realist's View of De-

mocracy in America, Holt, Rinehart and Winston.（E.E. シャットシュナイダー〔内山秀夫訳〕『半人民主権』、而立書房、1972 年。）

Scheiner, Ethan（2006）, *Democracy Without Competition in Japan: Opposition Failure in a One-Party Dominant State*, Cambridge University Press.

Skilling, Gordon H.（1970）, "The Politics of the Czech Eighties," in Brock and Skilling, pp. 254-281.

Strom, Kaare（1989）, "Inter-Party Competition in Advanced Democracies," *Journal of Theoretical Politics*, vol. 1., no. 3., pp. 277-300.

Strom, Kaare（1990）, "A Behavioral Theory of Competitive Political Parties," *American Journal of Political Science*, vol. 34., no. 2., pp. 565-598.

Strom, Kaare（1992）, "Democracy as Political Competition," in Marks, Gary and Larry Diamond eds., *Reexamining Democracy: Essays in Honor of Seymour Martin Lipset*, Sage.

Šebek, Jaroslav（2005）, „Německé politické strany v Českých zemích," in Malíř and Marek eds., pp. 467-494.

Šedivý, Ivan（2001）, *Češi, české země a velká válka 1914-1918*, Nakladatelství Lidové noviny.

Šetřilová, Jana（1994）, „Druhý či první muž strany?: Ke vztahu Aloise Rašína a Karla Kramáře," *Historický obzor*, 5, č. 5, pp. 114-118.

Špilitová, Alexandra（1992）, „České klub členů poslanecké sněmovny říšské rady v letech 1879-1918," *Paginae historiae (Sborník státního ústředního archivu v Praze)*, 0, pp. 170-189.

Therborn, Göran（1977）, "The Rule of Capital and the Rise of Democracy," *New Left Review*, 103, pp. 3-41.

Tomeš, Josef（1982）, „Česká strana státoprávně pokroková v letech 1908-1914," *Acta Universitatis Carolinae: Philosophica et Historica*, 3-1982, pp. 117-150.

Tomeš, Josef（2015）, „Česká strana státoprávně pokroková za první světové války," *Moderní dějiny*, roč. 23, č. 1., pp. 41-88.

Tomeš, Josef eds.（2012）, *Tváře našich parlamentů 1861-2011: 150 let parlamentalismu v českých zemích*, Nakladatelství Lidové noviny.

Urban, Otto（1982）, *Česká společnost 1848-1918*, Nakladatelství svoboda.

Urban, Otto（1983）, „Otázka národní jednoty a politického stranictví v Čechách na počátku šedesátých let 19. století," *Acta universitatis Carolinae - Philosophica et historica 3 - 1982. Studia historica XXV (K dějinám politických stran v druhé polovině 19. a začátkem 20. století)*, pp. 9-32.

Urban, Otto（2003 [1979]）, *Kapitalismus a česká společnost: K otázkám formování české společnosti v 19. století*, Nakladatelství Lidové noviny.

Velek, Luboš（1999）, „Mladočeši a konec principu všenárodní strany: volby do říšské rady 1900-1901," *Paginae historiae (Sborník státního ústředního archivu v*

Praze), 7, pp. 126-158.

Velek, Luboš (2000), „Sdružení českých zemědělců a Národní strana svobodomyslná 1896-1899," *Politická a stavovská zemědělská hnutí ve 20. století: Sborník příspěvků z mezinárodní konference konané ve dnech 17.-18. 5. 2000 (Studie slováckého muzea 5)*, pp. 123-134.

Velek, Luboš (2001a), „Agrární proud v mladočeské straně v 90. letech 19. století," in Šouša, Jiří, Daniel E. Miller and Mary Hrabik Samal, *K úloze a významu agrárního hnutí v českých a československých dějinách*, Univerzita Karlova v Praze-Nakladatelství Karolinum, pp. 19-29.

Velek, Luboš (2001b), „Stáří, smrt a pohřeb politických vůdců," in Lorenzová, Helena and Taťána Petrasová, *Fenomén smrti v české kultuře 19. století: Sborník příspěvků z 20. ročníku sympozia k problematice 19. století, Plzeň, 9.-11. března 2000*, KLP Praha, pp. 298-308.

Velek, Luboš (2002), „Liberalismus, svépomoc a státní intervence v agrárním programu mladočechů na přelomu 19. a 20. století," *Osudy zemědělského družstevnictví ve 20. století: Sborník příspěvků z mezinárodní konference konané ve dnech 15.-16. 5. 2002 (Studie slováckého muzea 7)*, pp. 57-66.

Velek, Luboš (2004), „Klub českých a moravských katolíků na říšské radě 1907-1911," in Marek, Pavel ed., *Jan Šrámek: kněz, státník, politik*, Katedry politologie a historie Filozofické fakulty Univerzity Palackého v Olomouci v nakladatelství Moneta FM, pp. 113-129.

Velek, Luboš (2005a), "The Political Culture in the Czech Lands 1848-1918," in Hułas, Magdalena and Pánek, Jaroslav, *The Political Culture in the Czech Lands 1848-1918 part II. 19th and 20th Centuries*, Instytut Historii (Polska Akademia Nauk), pp. 45-70.

Velek, Luboš (2005b), „Strana ústavověného velkostatktku," in Malíř and Marek eds., pp. 87-108.

Velek, Luboš (2008a), „Projekt česko-německého národnostního vyrovnání v Čechách v letech 1890-1915 a jeho geneze," in Drašarová, Eva, Roman Horký, Jiří Šouša, Luboš Velek eds., *Promarněná šance: Edice dokumentů k česko-německému vyrovnání předprvní světovou válkou, Korespondence a protokoly 1911-1912 (1)*, Národní archiv, pp. 3-30.

Velek, Luboš (2008b), "Nationality Compromise as a Way towards Coexistence of Two Nations in One Country?: Severl Questions Concerning Attempts at Compromise in Bohemia 1870-1918," *Historica*, vol. 13., pp. 175-193.

Velek, Luboš (2009), „Karel Kramář a Národní strana svobodomyslná (mladočeská) 1890-1914," inBílek, and Velekeds., pp. 104-138.

Vojtěch, Tomáš (1977), „Organizační vývoj mladočeské strsany do roku 1891," *Československý časopis historický*, roč. 25, pp. 554-584.

Winters, Stanley B.（1969）."The Young Czech Party（1874-1914）: An Appraisal," *Slavic Review*, Vol. 38, pp. 426-444.
Winters, Stanley B.（1970），"Kramář, Kaizl, and the Hegemony of the Young Czech Party, 1891-1901," in Brock and Skilling, pp. 282-314.
Zahra, Tara（2008），*Kidnapped Souls: National Indifference and the Battle for Children in the Bohemian Lands 1900-1948*, Cornell University Press.
Zeman, Z. A. B.（1961），*The Break-up of the Habsburg Empire 1914-1918: a Study in National and Social Revolution*, Oxford University Press.
Ziblatt, Daniel（2006），"How did Europe Democratize?," *World Politics*, 58, pp. 311-338.

阿南大（2003）「世紀転換期のハプスブルク君主国における「ドイツ人リベラリズム」の方向性――リヒャルト・ハルマッツの同時代史観における「フライハイトリッヒ」諸政党の位相を焦点に」、『東欧史研究』第25号、28-47頁。
網谷龍介（2016）「20世紀ヨーロッパにおける政党デモクラシーの現実モデル――H. ケルゼンの民主政論を手がかりに」、『政党研究のフロンティア【年報政治学2016-II】』、木鐸社、78-98頁。
飯田芳弘（1999）『指導者なきドイツ帝国――ヴィルヘルム期ライヒ政治の変容と隘路』、東京大学出版会。
五百旗頭薫（2003）『大隈重信と政党政治――複数政党制の起源 明治14年―大正3年』、東京大学出版会。
板橋拓己（2010）『中欧の模索――ドイツ・ナショナリズムの一系譜』、創文社。
宇山智彦・前田弘毅・藤森信吉（2006）「グルジア・ウクライナ・クルグズスタン三国「革命」の比較」、藤森信吉・前田弘毅・宇山智彦、『「民主化革命」とは何だったのか：グルジア、ウクライナ、クルグズスタン［21世紀COEプログラム研究報告集 No. 16］』、北海道大学スラヴ研究センター、79-85頁。
大井知範（2016）『世界とつながるハプスブルク帝国――海軍・科学・植民地主義の連動』、彩流社。
大津留厚（1984）「ターボル運動 1868-1871――チェコ民族運動の展開」、『歴史学研究』第526号、35-46頁。
大津留厚（1991）「バルカン戦争と戦時動員法の成立――オーストリア・1912年」、『東欧史研究』第14号、57-75頁。
大津留厚（1995）『ハプスブルクの実験――多文化共存を目指して』、中公新書。
大津留厚・水野博子・河野淳・岩崎周一編（2013）『ハプスブルク史研究入門――歴史のラビリンスへの招待』、昭和堂。
小川有美（1992）「デンマークにおける議院内閣制問題と「体制変革」――スカンディナヴィア比較政治の視座から」、『国家学会雑誌』第105巻7・8号、587-628頁。
小沢弘明（1986）「オーストリア社会民主党における民族問題――「小インターナショナル」の解体と労働組合」、『歴史学研究』第572巻、19-38頁。

小沢弘明（1994）「ハプスブルク君主国末期の民族・国民・国家」、歴史学研究会編『国民国家を問う』、青木書店、70-86 頁。
ギジェルモ・オドンネル、フィリップ・シュミッター〔真柄秀子・井戸正伸訳〕（1986）『民主化の比較政治学——権威主義支配以降の政治世界』、未来社。
柏崎正憲（2015）『ニコス・プーランザス　力の位相論——グローバル資本主義における国家の理論に向けて』、吉田書店。
梶原克彦（2013）『オーストリア国民意識の国制構造——帝国秩序の変容と国民国家原理の展開に関する考察』、晃洋書房。
川村清夫（2005）『オーストリア・ボヘミア和協——幻のハプスブルク帝国改造構想』、中央公論事業出版。
桐生裕子（2012）『近代ボヘミア農村と市民社会—— 19 世紀後半のハプスブルク帝国における社会変容と国民化』、刀水書房。
栗栖継（1972-1974）「訳者あとがき」、ヤロスラフ・ハシェク、第 4 巻、421-472 頁。
作内(岸本)由子（2009）「オランダ型議院内閣制の起源——議会内多数派と政府との相互自律性」、『国家学会雑誌』第 122 巻 7・8 号、1024-1078 頁。
作内由子（2016）「オランダにおける「政党」の成立——保守党の失敗とカルヴァン派政党の成功」、水島編（2016）、57-78 頁。
薩摩秀登（2006）『物語チェコの歴史——森と高原と古城の国』、中公新書。
佐藤雪野（1991）「ネオ・スラヴ主義誕生の背景——主唱者クラマーシュと 19 世紀末のチェコ政治経済」、『東欧史研究』第 14 号、40-56 頁。
佐藤雪野（2004）「チェコにおける連邦制論と国家権概念—— 1848 年〜 1914 年」、『西欧史研究』新輯第 33 号、83-95 頁。
佐藤雪野（2005）「チェコと連邦制——第一次大戦前を中心に」、『ヨーロッパ文化史研究』6、143-156 頁。
ジョバンニ・サルトーリ〔岡沢憲芙・川野秀之訳〕（1992）『現代政党学——政党システム論の分析枠組み（新装版）』、早稲田大学出版部。
塩川伸明（2008）『民族とネイション——ナショナリズムという難問』、岩波新書。
篠原琢（1995）「「国民」形成と地域社会——ターボル運動を例として」、『歴史学研究』第 677 号、101-106 頁。
篠原琢（1996）「地方自治と「国民社会」——ボヘミアの事例を通してみたハプスブルク君主国の地方自治制度」、『人民の歴史学』第 126 号、1-13 頁。
篠原琢（1997）「チェコの 19 世紀をめぐって自己表象の歴史学」、『東欧史研究』第 19 巻、65-73 頁。
篠原琢（1998）「マサリクと「新しいヨーロッパ」——主体としての「国民」と「中央ヨーロッパ」多様性」、『地域と地域統合の歴史認識（その 3）中欧とバルカン』（「スラヴ・ユーラシアの変動」領域研究報告輯 No.74）、1-31 頁。
篠原琢（2003a）「文化的規範としての公共圏——王朝的秩序と国民社会の成立」、『歴史学研究』第 781 号、16-25 頁。
篠原琢（2003b）「歴史主義の時代におけるチェコ「国民」の自己表象」、『東欧・中央ユー

ラシアの近代とネイションⅡ』(北海道大学スラヴ研究センター研究報告シリーズ No. 89)、15-22 頁。

篠原琢 (2012)「国民がみずからの手で！——チェコ国民劇場の建設運動」、篠原琢・中澤達哉編『ハプスブルク帝国政治文化史——継承される正統性』、昭和堂、183-240 頁。

ジェームズ・ジョル〔池田清訳〕(1997)『第一次世界大戦の起源[改訂新版]』、みすず書房。

杉村豪一 (2015)『ヨーロッパ政党政治の再考——社会構造と政策対立の接点』、志學社。

空井護 (2008)「埋め込まれたデモクラシー」、『創文』第 506 号、1-5 頁。

高橋和 (1987)「チェコスロヴァキア独立運動におけるチェコ社会民主党の活動に関する覚え書き 1917 年-1918 年」、『国際関係学研究』第 14 巻、1-10 頁。

高橋和 (1990)「社会主義者のジレンマ——ボフミール・シュメラルとチェコスロヴァキア独立運動」、羽場久美子編 (1990)、43-60 頁。

カレル・チャペック〔石川達夫訳〕(1993)『マサリクとの対話——哲人大統領の生涯と思想』、成文社。

月村太郎 (1994)『オーストリア＝ハンガリーと少数民族問題——クロアティア人・セルビア人連合成立史』、東京大学出版会。

津田由美子 (2001)「ベルギーの柱状化に関する一考察——第一次大戦前の組織化過程を中心に」、『姫路法学』第 31・32 合併号、297-336 頁。

鳥越泰彦 (1991)「オーストリア＝ハンガリー帝国における反アウスグライヒ運動」、『東欧史研究』14 号、20-39 頁。

中澤達哉 (2009)『近代スロヴァキア国民形成思想史研究——「歴史なき民」の近代国民法人説』、刀水書房。

中澤達哉 (2014)「二重制の帝国から「二重制の共和国」と「王冠を戴く共和国」へ」、池田嘉郎編『第一次世界大戦と帝国の遺産』、山川出版社、135-165 頁。

永田智成 (2016)『フランコ体制からの民主化——スアレスの政治手法』、木鐸社。

中田瑞穂 (2008a)「議会制民主主義への突破と固定化 (1) ——経路・課題・結果」、『名古屋大学法政論集』第 226 号、1-45 頁。

中田瑞穂 (2008b)「議会制民主主義への突破と固定化 (2) ——経路・課題・結果」、『名古屋大学法政論集』第 228 号、157-207 頁。

中田瑞穂 (2010)「議会制民主主義への突破と固定化 (3) ——経路・課題・結果」、『名古屋大学法政論集』第 237 号、153-190 頁。

中田瑞穂 (2011)「議会制民主主義への突破と固定化 (4・完) ——経路・課題・結果」、『名古屋大学法政論集』第 238 号、147-207 頁。

中田瑞穂 (2012)『農民と労働者の民主主義——戦間期チェコスロヴァキア政治史』、名古屋大学出版会。

中田瑞穂 (2015)「ヨーロッパにおける政党と政党競合構造の変容——デモクラシーにおける政党の役割の終焉？」、『政党政治とデモクラシーの現在【日本比較政治学会年報第 17 号】』、ミネルヴァ書房、1-28 頁。

中根一貴 (2009)「19 世紀後半から 20 世紀初頭までの国民的一体性とチェコ政党政治」、『GEMC journal』no. 1、106-121 頁。

中根一貴（2012）「19世紀後半のハプスブルク君主国領ボヘミアにおけるチェコ人とドイツ人の「和解」の試み」、『GEMC journal』no. 7、164-176頁。
長濱幸一（2007）「1883/84年プラハ商工会議所の役員選挙規則改正問題——「近代チェコ民族の確立」への分水嶺」、『社会経済史学』第73巻第4号、69-84頁。
長濱幸一（2010）「19世紀後半のプラハにおける工業化と民族問題—— 1879/1882年プラハ大学分割問題を例に」、『経済論究（九州大学大学院経済学会）』第136号、169-191頁。
長濱幸一（2013）「1884年選挙後のプラハ商工会議所役員会——多数派交代と協調体制の再建に着目して」、『経済学部論集（長崎県立大学）』第47巻第1号、1-28頁。
長濱幸一（2015）「1900年プラハ経済界における民族和解の提案—— 19世紀末のオーストリア主義の例として」、『経済学部論集（長崎県立大学）』第49巻第3号、1-27頁。
中山洋平（2002）『戦後フランス政治の実験——第四共和制と「組織政党」1944-1952年』、東京大学出版会。
中山洋平（2016）「福祉国家と西ヨーロッパ政党制の「凍結」——新急進右翼政党は固定化されるのか？」、水島編（2016）、25-56頁。
長與進（1990）「シロバール博士の多忙な日々——スロヴァキア1918-1919」、羽場久美子編（1990）、61-80頁。
ハシェク・ヤロスラフ〔栗栖継訳〕（1972-1974）『兵士シュヴェイクの冒険』、第1巻 – 第4巻、岩波文庫。
ハシェク・ヤロスラフ〔栗栖継訳〕（2012）『プラハ冗談党レポート——法の枠内における穏健なる進歩の党の政治的・社会的歴史』、トランスビュー。
羽場久美子編（1990）『ロシア革命と東欧』、彩流社。
馬場優（2006）『オーストリア＝ハンガリーとバルカン戦争——第一次世界大戦への道』、法政大学出版局。
馬場康雄（1979）「ジョリッティ体制の危機（1）——形成期のイタリア民主制をめぐって」、『社会科学研究』第31巻2号、1-73頁。
馬場康雄（1980）「ジョリッティ体制の危機（2）——形成期のイタリア民主制をめぐって」、『社会科学研究』第31巻4号、1-78頁。
馬場康雄（1988）「イタリア議会政治における普通選挙権問題——第4次ジョリッティ内閣成立前史」、『国家学会雑誌』第101巻5・6号、373-444頁。
林忠行（1990）「チェコ人「帝国内改革派」の行動と挫折——ズデニェク・トボルカを中心にして」、羽場久美子編（1990）、23-42頁。
林忠行（1993）『中欧の分裂と統合——マサリクとチェコスロヴァキア建国』、中公新書。
平田武（2007）「オーストリア＝ハンガリー君主国における政治発展の隘路（1）」、『法学』第71巻2号、193-236頁。
平田武（2014）「ハンガリーにおけるデモクラシーのバックスライディング」、『体制転換／非転換の比較政治【日本比較政治学会年報第16号】』、ミネルヴァ書房、101-127頁。
福田宏（2006）『身体の国民化——多極化するチェコ社会と体操運動』、北海道大学出版会。
伏見岳人（2013）『近代日本の予算政治　1900-1914 ——桂太郎の政治指導と政党内閣の確立過程』、東京大学出版会。

セイラ・ベンハビブ〔向山恭一訳〕(2006)『他者の権利——外国人・居留民・市民』、法政大学出版局。
アントニー・ポロンスキ〔羽場久美子監訳〕(1993)『小独裁者たち——両大戦間期の東欧における民主主義体制の崩壊』、法政大学出版局。
水島治郎 (1993)「伝統と革新——オランダ型政治体制の形成とキリスト教民主主義」、『国家学会雑誌』第 106 巻 7・8 号、685-744 頁。
水島治郎編 (2016)『保守の比較政治学——欧州・日本の保守政党とポピュリズム』、岩波書店。
三竹直哉 (2014)「多民族国家における民主化の再検討」、『駒澤大學法學部研究紀要』第 72 号、59-96 頁。
南塚信吾編 (1999)『ドナウ・ヨーロッパ史 (新版世界各国史 19)』、山川出版社。
村上亮 (2017)『ハプスブルクの「植民地」統治——ボスニア支配にみる王朝帝国の諸相』、多賀出版。
森康一 (2010)「オーストリア・ホーエンヴァルト内閣による 1871 年のボヘミア「和協」の試み」、『摂南法学』第 42・43 号、89-228 頁。
森下嘉之 (2013)『近代チェコ住宅社会史——新国家の形成と社会構想』、北海道大学出版会。
安武裕和 (2006)「スウェーデンの選挙権改革期における右派の理念転換—— 1904 年のボストレーム政府法案と普通選挙民同盟 (AVF) 設立」、『名古屋大学法政論集』第 214 号、75-125 頁。
安武裕和 (2007)「20 世紀初頭のスウェーデンにおける「議会主義」を巡る右派の思想——「スウェーデン型議会主義」のもう一つの源流」、『名古屋大学法政論集』第 217 号、83-115 頁。
矢田部順二 (1997)「「追放」ズデーテン・ドイツ人補償問題をめぐるチェコ—ドイツ関係の現状」、斉藤孝編『二十世紀政治史の諸問題』、彩流社、263-300 頁。
矢田部順二 (1998)「「チェコ=ドイツ和解宣言」の調印に見る戦後の清算——ズデーテン・ドイツ人の「追放」をめぐって」、『修道法学』第 20 巻 1 号、119-155 頁。
ヤーン・ユリーチェク〔長與進訳〕(2015)『彗星と飛行機と幻の祖国と——ミラン・ラスチスラフ・シチェファーニクの生涯』、成文社。
横田正顕 (1997)「ヨーロッパ「ペリフェリー」における寡頭的議会政—— 19 世紀ポルトガル政治に関する考察」、『思想』第 873 号、102-139 頁。
ジョセフ・ロスチャイルド〔大津留厚監訳〕(1994)『大戦間期の東欧——民族国家の幻影』、刀水書房。

図版典拠一覧

図 4 - 1　クラマーシュ（Kramář, Karel）　Tomeš, Josef eds.（2012）, *Tváře našich parlamentů 1861-2011: 150 let parlamentalismu v českých zemích*, Nakradatelství Lidové moviny.
図 4 - 2　ベック（Beck, Maximilian Vladimir）　http://data.onb.ac.at/rec/baa8081573
図 4 - 3　1907 年の帝国議会下院の風景　http://data.onb.ac.at/rec/baa9997826
図 4 - 4　プラーシェク（Prášek, Karel）　Tomeš, Josef eds.（2012）, *Tváře našich parlamentů 1861-2011: 150 let parlamentalismu v českých zemích*, Nakradatelství Lidové moviny.
図 4 - 5　ビーネルト（Bienerth-Schmerling, Richard Graf von）　http://data.onb.ac.at/rec/baa1557156
図 4 - 6　シュヴェフラ（Švehla, Antonín）　http://data.onb.ac.at/rec/baa8078982
図 4 - 7　ラシーン（Rasín, Alois）　http://data.onb.ac.at/rec/baa10387608
図 4 - 8　クロファーチ（Klofáč, Václav Jaroslav）　Tomeš, Josef eds.（2012）, *Tváře našich parlamentů 1861-2011: 150 let parlamentalismu v českých zemích*, Nakradatelství Lidové moviny.
図 4 - 9　シュトゥルク（Stürgkh, Karl Graf von）http://data.onb.ac.at/rec/baa1557117
図 4 - 10　当時のボヘミア領邦議会と領邦行政を揶揄した挿絵　*Humoristické listy*（1.8.1913, 1）
図 5 - 1　トボルカ（Tobolka, Zdeněk Václav）　Tomeš, Josef eds.（2012）, *Tváře našich parlamentů 1861-2011: 150 let parlamentalismu v českých zemích*, Nakradatelství Lidové moviny.
図 5 - 2　マトシュ（Mattuš, Karel）　Tomeš, Josef（eds.）（2012）, *Tváře našich parlamentů 1861-2011: 150 let parlamentalismu v českých zemích*, Nakradatelství Lidové moviny.
図 5 - 3　ハインドリヒ・クラム = マルティニツ（Clam-Martinic, Heinrich Graf）http://data.onb.ac.at/rec/baa1557256
図 5 - 4　ストラーンスキー　Tomeš, Josef eds.（2012）, *Tváře našich parlamentů 1861-2011: 150 let parlamentalismu v českých zemích*, Nakradatelství Lidové moviny.
図 5 - 5　シュメラル（Šmeral, Bohumír）　Tomeš, Josef eds.（2012）, *Tváře našich parlamentů 1861-2011: 150 let parlamentalismu v českých zemích*, Nakradatelství Lidové moviny.

あ と が き

　本書は、東北大学大学院法学研究科に提出した修士論文や博士論文に基づいて執筆された以下の論文に加筆修正を施したものである。

　　「一次大戦期チェコにおける政党間協調の始まり」、『法学』第65巻第
　　　6号、2002年、843-886頁。
　　「19世紀後半から20世紀初頭までの国民的一体性とチェコ政党政治」、
　　　『GEMC journal』no. 1、2009年、106-121頁。
　　「一体性と競合のあいだ（1）」、『法学』第75巻第5号、2012年、
　　　518-569頁。
　　「一体性と競合のあいだ（2）」、『法学』第78巻第6号、2015年、
　　　514-561頁。
　　「一体性と競合のあいだ（3・完）」、『法学』第79巻第1号、2015年、
　　　71-118頁。

　博士論文を提出した2010年1月からあとがきを書いている今日までの時期を振り返ると、公私における変化や出来事に翻弄されていた気がする。それ以上に、刊行までに長い年月を要したはずにもかかわらず、本棚やパソコンに未読文献や史料がますます積み上がってしまった。この現実には深く反省している。しかし、論証が甘い箇所や検討が不十分な箇所が多々あるが、少なくとも「学問的仮説」（かもしれないもの）を本書が提示できたことは信じようと思っている。

　それでも、このように本書を刊行できたことは、ひとえに周りの皆様のおかげである。少し長いあとがきになるにもかかわらず、お世話になった全員を挙げることができないことを笑って許していただければ幸いである。

　今までご指導いただいた平田武先生には、ただただ頭を下げるしかない。大学3年生のときに初めて研究室を訪問した際、先生が私の目の前に本を積

み上げられていかれたことを今でも鮮明に覚えている。大学院進学後には、とりわけ期限と日本語については、先生にはご迷惑しかおかけした記憶しかない。それにもかかわらず、先生は、まさに原稿が真っ赤になるまで懇切丁寧に辛抱強く指導してくださっただけでなく、常にあたたかく見守ってくださった。本書が先生の学恩に少しでも報いていることができれば、これほどの幸せはない。

空井護先生からは、大学3年生のときに履修したゼミや修士論文の口頭試問などにおいて、常に的確な助言と励ましをいただいた。しばしば先生の研究室で相談とも愚痴ともならない話をさせていただいた時間は、私にとって本当に貴重であった。なにより、ゼミなどの機会に先生から伺ったことが、後に私の研究のアイディアにつながったこともある。せめて、本書が、そのような学恩に対する「遅れたレポート」になっていることを願っている。

大西仁先生は、大学4年に演習を履修してから親身に見守ってくださった。とりわけ、博士論文の口頭試問の際に先生からいただいたご指摘がなければ、本書は日の目を見ることはなかった。その後も、後述するGCOEフェローを務めていた際には、拠点サブリーダーであった先生は私に様々な機会を与えてくださった。この場を借りて感謝申し上げたい。

横田正顕先生は、私が留学から戻った後、西洋政治史や比較政治学に関する幅広い学識を惜しげもなく与えてくださった。さらに、研究者としての心構えなどについても、常に先生からご教示いただいた。先生の熱意と優しさは、留学後の私の大学院生活とポスドク生活にとって欠かせないものであった。心からお礼申し上げたい。

川人貞史先生の大学院ゼミを履修しなければ、定量研究やリサーチ・デザインという単語すら知らずに研究生活を続けていたのかもしれない。また、異動される最後の時期まで先生が主宰された読書会では、多くのことを学ばせていただいた。

もちろん、ここではお名前を挙げることができない、東北大学大学院法学研究科の政治系の先生方にも書ききれないほどにお世話になっている。それぞれの先生方への謝辞を書くことができないことをお許し願いたい。

あとがき

　私の研究にとって、もっとも幸運であったことの1つは、私が博士前期課程に進学した1999年に、佐藤雪野先生が東北大学大学院国際文化研究科に着任されたことである。先生からは、チェコ語を1から教えていただいたことはもとより、私の研究や留学に対しても的確なアドヴァイスなどをいただくことができた。また、先生の下で一緒にチェコ語を学んだメンバーがいなければ、孤独感を味わっていたに違いない。先生と皆様には感謝を捧げたい。

　同じく、東欧史研究会における交流は、自身の研究にとって役立つことはもちろんのこと、研究の面白さや大変さを肌身で感じる機会となっている。とりわけ、林忠行先生と中田瑞穂先生には心から感謝申し上げる。私自身が非力であるとはいえ、東欧史研究会と研究会を中心とする研究ネットワークの発展に少しでも役立つことができれば幸いである。

　カレル大学に留学していた時期においても、多くの方にお世話になった。留学中の出会いや交流はなによりの財産である。この場でお礼をお伝えしたい。また、チェコ共和国科学アカデミー歴史学研究所のヨゼフ・ハルナ先生（Josef Harna）は、事実上の受入教官を引き受けていただき、先行研究や史料などに関して惜しみなく助言をくださった。カレル大学哲学部政治学科のイジー・クンツ先生（Jiří Kunc）が担当されていた政党論の講義では、少人数の履修者による活発な議論と先生の学識をつうじて、学問の楽しさを再確認することができた。残念ながら、本書をお見せする前に、両先生とも鬼籍に入られてしまった。心からお悔やみ申し上げる。

　一般論として、大学院在籍中は様々な理由から人生における困難な時期である。それでも、このような大学院時代に、学問的に刺激的な時間だけでなく、助け合いの精神を共有できる人間関係が築けたことはまさに恵まれていた。政治学専攻の先輩や後輩、専攻は違えども率直に話すことができた同じ研究室のメンバー（320研と321研）や同期には本当に助けられた。とりわけ、上野友也さん、池亨さん、池田丈佑さん、河北洋介さん、中村文子さんからは多くの助力をいただいた。

　博士論文提出後に路頭に迷いかけたときに、東北大学GCOEプログラム「グローバル時代における男女共同参画と多文化共生」のGCOEフェローと

して採用していただいた。このプログラムに携われたことにより、様々な面において私自身の視野を広げることができた。このような機会を与えてくださった、拠点リーダーの辻村みよ子先生と拠点サブリーダーの水野紀子先生には謝意を表したい。また、必ずしも楽な業務ではなかったとはいえ、楽しく仕事をすることができたのは、同僚とスタッフの皆様のおかげである。とりわけ、研究企画マネージャーという重責を担われていた三隅多恵子さんからは、細やかな配慮とあたたかい励ましを常にいただいた。

　2013年4月から奉職している大東文化大学法学部政治学科は、近年における大学を取り巻く厳しい環境にもかかわらず、自由闊達な雰囲気と研究を疎かにしない環境を維持している。このような職場で研究や教育、校務に携われることを常に感謝をしている。どれだけ忙しくとも、研究にも教育にも校務にも手を抜かない同僚を尊敬している。

　また、分担研究者として参加した科学研究費助成事業における研究が本書においても活用されている。挑戦的萌芽研究「アメリカ文学と啓蒙主義」（平成26年度～平成27年度）と基盤研究（C）「啓蒙主義からアメリカの独立にいたる宗教の変貌」（平成28年度～平成31年度）の研究代表者を務める小倉いずみ先生にはこの場を借りて感謝申し上げたい。

　本書は、大東文化大学国際比較政治研究所叢書第10巻として出版された。出版に関する環境が厳しい状況において、同研究所からこのような支援が得られることを有り難く思う。研究所の前所長である武田知己先生と現所長の齊藤哲郎先生からは多大なる助力をいただいた。心より感謝を捧げたい。せめて、第10巻という節目に恥じない内容に本書がなっていることを願うばかりである。吉田書店の吉田真也さんのお力とご助言がなければ、本書を出版することはできなかった。さんざんご迷惑をおかけしたお詫びとともにお礼申し上げる。

　最後に研究以外の人間関係や家族に謝辞を述べたい。

　友人、サークルやアルバイト先の先輩や後輩、アルバイト先の雇用者や上司の皆様には、本当にお世話になった。皆様の支えと理解、温かい言葉がなければ、大学院生活を続けることはできなかった。この場を借りてお礼を伝

えたい。

　父の憲三と母の公江、妹の啓子には、長きにわたる私の大学院生活を物質的にも精神的にも支えてくれて本当に感謝している。また、義父と義母、さらには伯父と伯母の中根敏男・高嶺、砂川雅紀・美恵子は、常に温かく励ましてくれた。

　妻の由子は、常に私を支えてくれている。特に、なかば「粗大ごみ」状態である、原稿を書いているときの私にも、「適切な」アドヴァイスとともに優しくサポートしてくれている。心からありがとうを伝えたい。

　本書は、私たちが到底真似できないほどの努力にもかかわらず、産まれてからわずか23日間で息を引き取った、娘の環に捧げる。

2018年1月

　　　　　　　　　　　　　　　　　　　　　　　　　　　中根　一貴

事項索引

【ア行】

愛邦主義　45
アウスグライヒ　39-40, 60
『アカデミア』　127
アネンスケー勅令　148-151, 154, 207
移行　→議会制民主主義
ウィーン党大会　54
ウィーン和協　→和協
『ヴェチェル』　184, 188
『ヴェンコフ』　50, 95, 142, 166, 184
オーストリア社会民主労働党　→全オーストリア社会民主党
オーストリアにおけるチェコ社会民主労働党　→チェコ社民党中央派
オーストリアにおけるチェコスラヴ社会党　54
オーストリアにおけるドイツ人社会民主党　→ドイツ・オーストリア社会民主党
「オムラディナ」　72

【カ行】

ガウチュ言語令　76
寡頭的議会政　6
カトリック国民党　53, 218-219
カトリック国民党（スロヴェニア）　→スロヴェニア人民党
カトリック人民党　53, 88, 218
カトリック政党（カトリック陣営）　16, 18, 20-21, 52-53, 77, 87-88, 90-93, 95-97, 102, 106-110, 116, 123, 130-133, 146, 150, 152-153, 160, 162-163, 169, 205, 207
「かなめ党」　212-213
「カルテル」　125, 127-132, 135, 137, 153, 206-207

「カルテル選挙」（ドイツ）　125
「議会化」　30
議会制民主主義　1-2, 5, 7, 9-10, 14-15, 24, 26-27, 29-31, 36-37, 211-215
　——の移行　4
　——の固定化　1, 3, 5, 9-11, 13, 15, 27-29, 31, 34, 36, 210-212
　——の崩壊　5-7, 9, 12, 25-27, 29, 213
議事運営規則　21, 122
　——の時限改正（1909年）　117-118, 120, 121, 124
議事妨害　7, 76, 78, 85, 101-104, 106, 109-110, 113-114, 116-118, 122, 139, 145, 147, 151-153, 170, 206
基本条項　60, 63, 67, 134
基本法（1867年第141号法）　40, 78, 108, 115, 117-118, 138-139, 151-152, 158, 182, 184
急進派
　——（第一次世界大戦）　13, 23, 32-33, 157, 159-164, 166, 170-174, 176-179, 181, 184-204, 209-210
　——（青年チェコ党内）　48, 68, 71, 73, 77-78, 80, 89, 94, 105, 107, 109, 205
　——（フス派内）　61
「挙国一致」内閣　86-88, 91, 105-106, 134-135, 205
キリスト教社会党　88, 100, 133, 165, 212-213
亀裂（構造）　6-7, 9-10, 15, 17, 28
緊急令　7, 40, 78, 108, 117-118, 138-139, 151-152, 158, 182, 184
クーリエ　20, 33, 60-61, 66, 72, 74-75, 77-78, 81, 88, 100-101, 149, 220
クロアチア農民党　212
経済アウスグライヒ　40, 49, 75, 92-94, 99
憲法危機（ハンガリー）　83

246

事項索引

行動委員会 →青年チェコ党
国外独立運動　8, 10, 161, 163-164, 170, 172, 180, 182-183, 186, 188, 192, 196, 198, 203, 209
「公現祭の宣言」　202
合法的穏健進歩党　215
国民委員会　12-13, 23, 37, 157, 177-182, 184, 187-188, 190-194, 200-204, 209-210
国民クラブ　96-111, 129, 135, 205-206
国民社会　15-16, 18-20, 23, 32, 34-35, 43-44, 48, 58, 60-69, 71-74, 77, 79-81, 85, 89, 140, 142, 152, 155, 167, 182-185, 191, 196-198, 200-201, 204, 207, 210
国民社会党　16, 18, 20-21, 33, 51-52, 56, 73, 77-79, 81, 83, 86-87, 89-90, 92-94, 96-98, 100, 102-116, 118-135, 137-147, 151-156, 159, 163, 166, 168, 170-171, 173, 184, 186, 188, 192, 195, 197, 199-201, 205-208, 218-220
国民社会党・急進派帝国議会議員同盟　97
国民自由党 →青年チェコ党
国民的一体性
　——（ウルバンとヴェレク）　15-18, 22-23, 36, 62, 78
　——（ラストウ）　2-3
国民的指導者　18, 62
国民的無関心　44, 74
国民党 →老チェコ党
「国民党」　168, 170-174, 177, 179, 203, 209
国民の人権に関する基本法（1867年第142号法）　40, 121, 158
国民連合　167-174, 179, 203, 209
国家権 →ボヘミア国家権
国家権進歩党　56, 101-102, 110-114, 116, 118-123, 127, 132, 137, 139, 142-143, 146, 151-152, 162-163, 168, 170-172, 176-177, 191, 199-201, 219-220
国家権宣言　65, 92, 185
国家権民主党　200

国家性　3
固定化 →議会制民主主義

【サ行】

三十年戦争　103
ジヴノステンスカー銀行　42
自然権　45, 59, 160, 186-187, 189, 191
社会的亀裂 →亀裂
シュヴィハ事件 →シュヴィハ（人名索引）
シュヴェフラ派 →シュヴェフラ（人名索引）
集権派大土地所有者 →大土地所有者
シュトゥルク内閣 →シュトゥルク（人名索引）
シュトレマイヤー言語令　67, 71, 100, 106
「消極的反対」　60
小選挙区二回投票制　20, 84
陣営　17-18, 77
進歩主義運動（進歩派勢力）　47, 51, 56, 72-73, 75-76, 119, 143, 188
進歩派同盟　132, 137, 139, 145-146
ストックフォルム和平会議　197-198
スラヴ会議　160
スラヴセンター　110
「スラヴ帝国」　160-161
スラヴ同盟　110-118, 120-123, 129-131, 206
スロヴァキア人民党　210
スロヴェニア人民党　110-111, 113, 121-122, 211-212
政治的一体性　214-215
政治的サブカルチュア構造　7, 17, 77
政治的指導者　62
政党間競合　4-5, 11-15, 21-26, 29-31, 33-37, 47, 73, 81-83, 86-88, 91, 93, 97, 101, 104, 106, 109-110, 113, 115, 118, 120, 125, 128-131, 133, 135, 140, 144, 146-147, 149, 151-157, 162, 167, 170, 174, 194, 202, 204-208, 210-215
青年チェコ党（派）　13-14, 16-22, 24, 32-33, 37, 46-48, 49-51, 56-58, 60, 63-83, 85-108, 110-115, 117-134, 136-137, 139-156, 160-161, 163-164, 166, 168-173, 176-180, 184,

186, 189-190, 192, 197, 199-202, 205-208, 218-220
――の行動委員会　48, 166, 172, 177, 189
積極政治　85-88, 92-93, 98, 100, 103-106, 109
積極派　12-13, 23, 32-33, 37, 49, 157, 159-168, 170-179, 182-191, 193-199, 201-204, 209-210, 214
セルビア急進党　212
セルビア民主党　212
全オーストリア社会民主党　54-55, 110, 126, 165, 174-175
戦時動員（関連）法案　139, 144, 207
戦争監督局　158
ソコル　74

【タ行】

第一次世界大戦　7-8, 10-14, 23-26, 29-30, 32-33, 36-37, 41, 43, 49, 52, 55, 83, 152-154, 157, 159, 162, 167, 186, 202-203, 208, 210-211, 213-215
「大妥協」　4
大土地所有者　45-46, 53, 59-60, 63, 65-66, 68- 69, 72, 78, 80, 84, 88, 102, 122, 220
大不況　16, 212
多極共存型デモクラシー　6, 17, 26
多数派形成問題　27-29, 80
ターボル運動　61, 77
「段階的な政治」　75, 85
チェコ営農家連合　49
チェコ急進進歩党　56, 86, 89-90, 92, 94, 96-97, 100-101, 218
チェコクラブ　90-97, 100, 104, 205
チェコ国家権クラブ　201
チェコ国家権党　56, 86, 89-90, 92, 94, 96-97, 100-101, 218
チェコ国家権党クラブ（帝国議会におけるチェコ人議員クラブ）　65
チェコ社民党　14, 16, 20, 33, 45, 51, 54-56, 73, 77, 83, 86-91, 93, 96, 101, 104-105, 117, 121, 123, 125-127, 129, 131-132, 138-139, 144, 146, 150, 160, 162-166, 168-169, 172-179, 182, 184-189, 191-192, 197-198, 200-201, 205-206, 218-219
チェコ社民党中央派　126, 177, 219
「チェコ人作家の宣言」　188-191, 199
チェコ進歩党　→リアリスト党
チェコ人民党　→リアリスト党
チェコ人無所属議員クラブ　68-69
チェコ人領邦議会議員連盟　102-103, 137
チェコスラヴ労働組合連合　55, 166
チェコスロヴァキア共産党　199
チェコスロヴァキア国民委員会　202
チェコスロヴァキア国民会議　161
チェコスロヴァキア国民民主党　→国家権民主党
チェコ政治社会の多極化　15-18, 20, 23, 36, 78
チェコ連盟
　――（1908年設立）　108-110, 120, 129, 206
　――（1916年設立）　12-13, 23, 37, 157, 177-182, 184-195, 197-198, 201-204, 209-210
チェコ労働者共同体　52
『チェスケー・スロヴォ』　52, 110-111
『中欧論』　165
「柱状化」　6, 17-18, 20
帝国議会補欠選挙　32, 103-104, 106, 112, 119-120, 124, 127, 130, 206-207
「鉄の環」内閣　67, 69, 71, 81, 212
『デン』　48, 90, 98, 119
ドイツ・オーストリア社会民主党　54, 126, 165, 174-175
ドイツ国民連盟　165
ドイツ語公用語化法案　115, 118
ドイツ人自由派　28, 30-31, 60-62, 65, 67, 69, 72, 75-76, 212-213
ドイツ人保守＝教権派　28, 31, 60, 67, 212
統一チェコクラブ　123-136, 138, 140, 153-154, 206-207

統一的な政治行動　9-15, 18-24, 28-33, 36-37, 46-47, 58-59, 61-65, 70-73, 78-79, 80-83, 85-88, 91-97, 100-101, 103-106, 108-110, 112-116, 118-124, 126, 128-136, 140, 142, 144, 149, 151, 154-155, 167, 176, 178, 194, 202, 205-208, 211-212

独墺共同声明　175

【ナ行】

内国総合博覧会　42

『ナーロドニー・リスティ』　48, 51, 60, 68, 89, 98, 105, 119, 143, 152, 163, 166, 168, 170, 172, 197, 199

二元主義的政治慣行　28

二元的立憲制　9, 11, 30, 84, 212

二重制　39, 160, 170, 187, 191-196

ニンブルク綱領　73

『ノヴァー・ドバ』　189

農業党　14, 16-18, 20-21, 33, 49-50, 77-79, 81, 83, 86-106, 108, 111, 113-115, 117-118, 120-124, 128-133, 136-138, 140-141, 144-155, 162-164, 166, 168-169, 176-177, 179-180, 184, 186, 188-189, 192, 195, 198, 201, 205-206, 208, 218-220

【ハ行】

ハインフェルト統一党大会　54

バデニ言語令　75-78, 81

バルカン戦争（第一次及び第二次）　138-139

反軍国主義　51, 127, 138, 140, 158-159

「パン屑事件」　68

ビーネルト内閣　→ビーネルト（人名索引）

複合国家　8

フス派　61

普通選挙クーリエ　→クーリエ

部分社会　→陣営、政治的サブカルチュア構造

『プラーヴォ・リドゥ』　55, 117, 125, 166, 172, 189, 201

プラハ印刷所　119, 172, 197

プラハ大学の分割　67

「フリーハンドの政治」　85-88, 104

プロイセン＝オーストリア戦争　39

『兵士シュヴェイクの冒険』　215

ベック内閣　→ベック（人名索引）

「ベネシュ大統領令」　41

ボイコット（戦術）　39, 60, 63-65, 69

防衛関連法案　137-138, 140, 142, 144, 154, 207

崩壊　→議会制民主主義

ボスニア・ヘルツェゴビナ併合　104, 112

「ボタン事件」　164

「ホツ綱領」　→ホツ（人名索引）

ボヘミア王国独立農村同盟　141

ボヘミア王国農民同盟　49, 73

ボヘミア王国領邦銀行　57

ボヘミア国家権　45, 47, 55-56, 65, 91, 94, 96, 160, 185-187, 191

ボヘミア・ドイツ国民評議会　165

ボヘミア・モラヴィア無所属進歩派議員同盟　→進歩派同盟

ポーランド社会民主党　175, 211

ポーランド人議員クラブ　111, 116, 124-125, 135, 175, 210-211

ポーランド人蜂起　46, 60

【マ行】

マフィア　163-164

民主化　1-5, 213

モラヴィア・シレジアキリスト教社会党　53

モラヴィア人民党　57, 90-91, 97, 116, 123, 132, 142-143, 181, 199-201, 218-219

【ラ行】

リアリスト・グループ　56, 70

リアリスト党　47, 56, 90-91, 97, 132, 161, 164, 168, 170-173, 177, 199-200, 218-220

『リドヴェー・ノヴィニ』　57

連合国覚書　180-182, 185, 188

連邦派大土地所有者　→大土地所有者

老ウクライナ党　111
老チェコ党　16-19, 33, 46, 52-53, 57, 59-71, 76, 80-81, 86, 91-92, 96-97, 102, 107, 109, 119, 125, 127, 131, 137, 146, 168, 170-171, 176, 200-201, 218-220
ロシア革命
　ロシア第一革命　83
　ロシア2月革命　183-184

【ワ行】

和協（交渉）　31-32, 35, 79, 102, 109, 114-115, 120-124, 129, 133-135, 137-140, 142, 147, 149-151, 154, 206, 211
　ウィーン——　57, 69-70, 72
「和協」（オランダ）　4

【数字】

「10月28日の男達」　10
「12月憲法」　40, 186, 194-196
1848年革命　16, 39, 59, 62, 77, 187
1885年帝国議会選挙　67
1889年ボヘミア領邦議会選挙　69
1891年帝国議会選挙　46, 57, 70-72, 81
1897年帝国議会選挙　51, 75
1900/1901年帝国議会選挙　77-78, 81, 89
1907年帝国議会選挙　33, 36, 46, 82-83, 86-87, 90, 121, 128, 205, 218
1908年ボヘミア領邦議会選挙　100, 102, 220
1911年帝国議会選挙　21, 125, 128-131, 133, 135, 137, 140-143, 153, 155, 168, 174, 177-178, 202, 206-207, 215, 219
「2つの鉄による政策」　162
「5月30日宣言」　185-188, 190-197, 200, 204, 209-210
「6人裁判所」　152

人名索引

＊本文で登場する二次文献の著者は、一部の著者を除いて掲載しなかった。

【ア行】

アートマン（Ertman, Thomas） 25-27, 29
アドラー、ヴィクトル（Adler, Victor） 54, 174
アドラー、フリードリヒ（Adler, Friedrich） 174
ウィルソン（Wilson, Thomas Woodrow） 180
ヴェレク（Velek, Luboš） 18-19, 35, 46, 62, 73
ウドルジャル（Udržal, František） 50, 87, 97-98, 111, 113, 117, 121, 128, 132, 141, 146, 155, 176-177, 208
ウルバン（Urban, Otto） 16-20, 70

【カ行】

カイズル（Kaizl, Josef） 70, 73, 75-77, 80-81, 85
ガウチュ（Gautsch, Paul） 133-135, 137, 154
カニェラ（Kaněra, Josef） 107
カール（Karl） 180, 184, 196
クヴァピル（Kvapil, Jaroslav） 188
クビーチェク（Kubiček, J. O.） 14
クブル（Kubr, Stanislav） 49, 98
クラマーシュ（Kramář, Karel） 19, 21-22, 24, 32, 37, 46-48, 58, 70, 73, 75-77, 80-81, 85-89, 91-92, 94-95, 97-98, 100, 104-109, 111-114, 116-119, 121-126, 129-130, 132-134, 142-143, 145, 147-152, 154-155, 160-161, 163-164, 166, 172, 179, 196-197, 200-202, 206-207
クラム＝マルティニツ、ハインリヒ（Clam-Martinic, Heinrich） 180-182, 190, 193, 196
クレク（Krek, Janez Evangelist） 117, 124
グレーグル、エドアルト（Grégr, Eduard） 63
クロファーチ（Klofáč, Václav） 51-52, 56, 73, 90, 94, 97-98, 110, 123, 127, 132, 134, 138, 152, 159, 196, 199-202
ゲスマン（Gesmann, Albert） 100
ケルバー（Koerber, Ernest） 79, 175-176, 179, 203, 209

【サ行】

ザイドラー（Siedler, Ernst） 196
シース（Sis, František） 161, 164, 166, 172-173, 184
シチェファーニク（Štefánik, Milan Rastislav） 161
ジャーチェク（Žáček, Jan） 57, 107, 109, 115
シャーマル（Šámal, Přemysl） 161, 163-164, 170-173, 177, 188
シュヴィハ（Šviha, Karel） 152-155, 162
シュヴェフラ（Švehla, Antonín） 49-50, 95, 98, 103, 105, 114, 128-129, 136, 141-142, 148-149, 151, 155, 162-164, 169, 176, 178-180, 186, 189-192, 194, 198, 201-202, 205, 208
シュカルダ（Škarda, Jakub） 48
ジュジャールスキー（Žďárský, Josef） 49
シュステルシッチ（Šusteršic, Ivan） 111
シュチャストニー（Šťastný, Alfons） 73
シュトゥルク（Stürgkh, Karl） 133, 135-137, 139-140, 145, 148, 150-154, 158, 169, 174, 207
シュパチェク（Špaček, Josef） 188-189
シュメラル（Šmeral, Bohumil） 55, 160, 163-164, 167, 169, 173, 176-177, 179, 181, 184, 187-190, 196-199
シュラーメク（Šrámek, Jan） 53
ジョリッティ（Giolitti, Giovanni） 28
シロバール（Šrobár, Vavro） 186
スクレイショフスキー（Skrejšovský, Jan

251

Stanislav） 64-65
スタニェク（Staněk, František） 50, 128, 141-142, 144-146, 150, 155, 177-178, 181, 192-193, 196, 202
ストシーブルニー（Stříbrný, Jiří） 184, 192
ストラーンスキー（Stránský, Adolf） 57, 143, 181, 188-191, 195
ソウクプ（Soukup, František） 14, 55-56, 73, 101, 163-164, 166

【タ行】

ターフェ（Taaffe, Eduard） 67-69, 71, 81, 212
チェラコフスキー（Čelakovský, Jaromír） 14
チェルニーン（Czernin, Ottokar） 180-182
ツェンカー（Zenker, František） 136
デューリヒ（Dürich, Josef） 164
トゥザル（Tusar, Vlastimil） 55, 177
トゥン（Thun-Hohenstein, Franz） 76, 134-135, 137, 147-149, 151, 165
トボルカ（Tobolka, Zděněk） 13, 47, 49, 67, 78, 147, 160, 163, 166, 168-172, 176-177, 179, 186-187, 191-192, 195, 197-199
トルンカ（Trnka, Otakar） 136, 169

【ナ行】

ナウマン（Naumann, Friedrich） 165
ニェメツ（Němec, Antonín） 55, 188-189, 197, 201

【ハ行】

ハイン（Hajn, Alois） 56, 163, 188
バクサ（Baxa, Karel） 188-192
ハシェク（Hašek, Jaroslav） 215
パツァーク（Pacák, Bedřich） 86-87, 92, 95, 112, 120
バデニ（Badeni, Kazimierz） 75-76
ハブルマン（Habrman, Gustav） 55, 162, 166, 178, 184, 197-198, 201-202
パラツキー（Palacký, František） 59, 62, 64, 68, 77, 187
ピウスツキ（Piłsudski, Józef） 211
ビスマルク（Bismarck, Otto） 125
ビーネルト（Bienerth-Schmerling, Richard） 106-115, 117, 120-122, 124-125, 129, 133, 206
フィードレル（Fiedler, František） 49, 96, 98, 103, 112, 123-126, 132, 134, 138, 160, 166, 168-170, 176, 178, 194
フェルディナント（Ferdinand） 45
フェルディナント、フランツ（Ferdinand, Franz） 56, 104, 122, 152, 157
フォシュト（Fořt, Josef） 86-87, 92, 95, 112
プラーシェク（Prášek, Karel） 50, 90, 95-96, 98-99, 103, 128, 131, 136, 140-142, 144, 155, 177, 184, 189, 192, 198, 208, 219
ブラーフ（Bráf, Albín） 57, 109, 115, 136
フランケンベルガー（Frankenberger, Otakar） 14
フランツ・ヨーゼフ（Franz Joseph） 39-40, 75, 83, 106, 108, 120, 133, 135, 175, 179-180
フルバン（Hruban, Mořic） 53, 97, 106, 132, 162
ベック（Beck, Max Wladimir） 86, 88, 91-96, 99-106, 120, 129, 135, 205-206
ベネシュ（Beneš, Edvard） 161, 163-164
ヘーベルト（Höbelt, Lothar） 28, 149
ベルグマン（Bergman, Rudolf） 128
ヘロルト（Herold, Josef） 48
ホツ（Choc, Václav） 51-52, 97, 133, 136, 144-145, 170-171
ポップ（Pop, Josef） 107

【マ行】

マサリク（Masaryk, Tomáš Garrigue） 8-10, 56, 70, 132, 152, 161, 163-164, 182, 183, 186, 190, 198
マシュタルカ（Maštalka, Jindřich） 177-178
マトシュ（Mattuš, Karel） 57, 169, 173, 178-179, 200-201

マリーシュ (Malíř, Jiří)　17, 20, 35, 46, 57, 68
モドラーチェク (Modráček, František)　55, 162, 166-167, 184, 198

【ラ行】

ラシーン (Rašin, Alois)　47-48, 56, 73, 89, 119, 126, 143, 152, 161, 163-164, 166, 196-197, 200
ラストウ (Rustow, Dankwart A.)　2-4
リーゲル (Rieger, František Ladislav)　59-60, 62, 64-65, 67-71, 77, 81, 187
リュバート (Luebbert, Gregory M.)　25-27, 29
ルフト (Luft, Robert)　17

著者紹介

中根 一貴（なかね・かずたか）
大東文化大学法学部政治学科准教授
1977年愛知県岡崎市生まれ。東北大学法学部卒業、同大学大学院法学研究科博士前期課程修了を経て、2010年東北大学大学院法学研究科博士後期課程修了。博士（法学）。この間、カレル大学ÚJOPと哲学部に留学。東北大学GCOEプログラム「グローバル時代の男女共同参画と多文化共生」GCOEフェロー、宮城学院女子大学非常勤講師などを経て現職。
専攻は、ヨーロッパ政治史、中東欧地域研究。

政治的一体性と政党間競合
20世紀初頭チェコ政党政治の展開と変容
（大東文化大学国際比較政治研究所叢書第10巻）

2018年3月1日 初版第1刷発行

著　者		中根　一貴
発行者		吉田　真也
発行所		合同会社 吉田書店

102-0072　東京都千代田区飯田橋2-9-6 東西館ビル本館32
TEL：03-6272-9172　FAX：03-6272-9173
http://www.yoshidapublishing.com/

装幀　野田和浩　　印刷・製本　シナノ書籍印刷株式会社
DTP　閏月社
定価はカバーに表示してあります。
©NAKANE Kazutaka, 2018
ISBN978-4-905497-62-2

―――― 吉田書店刊 ――――

黒いヨーロッパ
――ドイツにおけるキリスト教保守派の「西洋(アーベントラント)」主義、1925〜1965年

板橋拓己 著

20世紀におけるキリスト教系の政治勢力とヨーロッパ統合との関係を、「アーベントラント」運動を軸にして描き出す。　　　2300円

連邦国家ベルギー――繰り返される分裂危機

松尾秀哉 著

政治危機の要因は何か。「ヨーロッパの縮図」ベルギー政治を多角的に分析する。　　　2000円

ニコス・プーランザス　力の位相論
――グローバル資本主義における国家の理論に向けて

柏崎正憲 著

国家とは何か――。衰退それとも強化？　分解それとも再編？　忘れ去られたマルクス主義者の議論を大胆に読み解く。　　　5800円

ミッテラン――カトリック少年から社会主義者の大統領へ

M・ヴィノック 著　大嶋厚 訳

2期14年にわたってフランス大統領を務めた「国父」の生涯を、フランス政治史学の泰斗が丹念に描く。口絵多数掲載！　　　3900円

ジャン・ジョレス　1859-1914
――正義と平和を求めたフランスの社会主義者

ヴァンサン・デュクレール 著　大嶋厚 訳

ドレフュスを擁護し、第一次大戦開戦阻止のために奔走するなかで暗殺された「フランス史の巨人」の生涯と死後の運命を描く。口絵多数。　　　3900円

21世紀デモクラシーの課題――意思決定構造の比較分析

佐々木毅 編

日米欧の統治システムを学界の第一人者が多角的に分析。執筆＝成田憲彦、藤嶋亮、飯尾潤、池本大輔、安井宏樹、後房雄、野中尚人、廣瀬淳子　　　3700円

定価は表示価格に消費税が加算されます。
2018年3月現在